Ludwig Harig

Spaziergänge mit Flaubert

Reisegeschichten

Carl Hanser Verlag

1 2 3 4 5   01 00 99 98 97

ISBN 3-446-19115-1

Satz: Fotosatz Otto Gutfreund, Darmstadt
Druck und Bindung: Clausen & Bosse, Leck
Printed in Germany

Wir haben manche Pfeife in verfallenen Schloßgärten geraucht, die von Gräsern überwachsen und vom Duft des Ginsters durchweht waren. Und dann das Meer, das Meer! die freie Luft, die Felder, die Freiheit, ich meine die wahre Freiheit, jene, die darin besteht zu sagen, was man will, zu zweit mit lauter Stimme zu denken, auf gut Glück draufloszumarschieren und die Zeit hinter sich verstreichen zu lassen, ohne sich mehr darum zu kümmern als um den davonziehenden Rauch seiner Pfeife.

Gustave Flaubert: Aus einem Brief an Ernest Chevalier

Die Rosen blühen wie dazumal

In Theodor Storms Landschaft

Was da am Himmel steht, ist eine Augustsonne, wie sie nur in einer Sommergeschichte von Theodor Storm vorkommt. »In den höchsten Zweigen des Ahornbaums, der an der Gartenseite des Hauses stand, trieben die Stare ihr Wesen. Sonst war es still; denn es war Sommernachmittag zwischen eins und zwei.« So beginnt die Geschichte »Im Sonnenschein«, und so beginnt auch meine Stormsche Sommergeschichte, abseits vom Lärm des Marktes, vom Getriebe des Hafens, draußen am Wasserturm von Husum.

Zwischen den Giebelhäusern hat sich die Sommerhitze gestaut. In einem Vorgarten, neben Goldregen und Flieder, sitzt ein Mann auf einer Bank, mit Augen, die so hell und blau sind wie zwei Siamkatzenaugen. Vor dem Haus Hinter der Neustadt 56, in dem Storm von 1845 bis 1852 gewohnt, seine ersten Erzählungen geschrieben hat und als Rechtsanwalt arbeitete, bleibe ich stehen und riskiere ein Auge durch die Erkerfenster. Ich blicke auf Aktenregale und Registraturtheken, auf Schreibmaschinen und Diktiergeräte. Immer noch haben Advokate und Notare das Haus in Beschlag.

Als ich von der Neustadt in die Hohle Gasse eintrete, empfängt mich ein wahrer Irrgarten von Stormschen Schauplätzen. Ich sehe die Gebäude der Familien Storm und Woldsen, aber auch die Häuser, in denen die wehmütigen Erzählungen und die tragischen Liebesgeschichten spielen. Sie sind aus rotem Backstein, manchmal unverputzt, ein andermal weiß geschlämmt. Das Hotel *Friesenhof* ist zur griechischen Gaststätte *Mykonos* geworden, Perseus und Andromeda prangen als Bildwerke neben der Tür. Die Butzenfenster der Lena Wies haben sich zu goldeloxierten Ganzglasrahmen ausgewachsen. Hinter einer Scheibe sitzt ein Zaunkönigpärchen aus Porzellan, mit goldenen Krallen und goldenen Schnäbeln. Im Wohnhaus der Eltern praktiziert Dr. Holtz, die Augenärztin, im Haus der Söhne des Senators Dr. Engelke, der Hautarzt.

Unten in Storms Geburtshaus am Markt blitzen Juwelier Jensens Goldketten, im *Storm-Café* daneben klappern die Kuchenteller. Im Wernerschen Haus in der Großstraße, wo der junge Rechtsanwalt Storm am Abend seinen Schoppen Wein trank, gibt es jetzt Arko-Kaffee, gegenüber, wo der Junggeselle wohnte, ist heute die Parkplatzeinfahrt von Karstadt. Im Pole-Poppenspäler-Haus wohnt oben im runden Lukenfenster ein Schwalbenpaar, im Parterre ist das Frauenzentrum untergekommen. Es ist der alte Schützenhof, wo der Mechanikus seine Puppen tanzen ließ. Eine Rose kümmert an der grauvioletten Hauswand, das Oberlicht des Saalfensters steht weit offen. Mir fallen sommerliche Schultage ein, Deutschstunden bei offenem Fenster, Lehrer Zülicke hält das Reclam-Bändchen in der Hand und liest: »Es waren prächtige Leute, der Paulsen und sein Puppenspieler-Lisei.«

Am Osterende, unter hohen Bäumen, eine mächtige Steinplatte mit geplätteltem Vorplatz: die Totengruft der Familien Storm und Woldsen. Im Stiftsgarten dahinter blüht die letzte Sonnenblume, an der Hauswand rankt Clematis empor. Immer noch hängt die alte Klosterglocke unter dem Dach, immer noch gähnt der Brunnen an der Holunderwand des Gartens. Petrus Sibbersens Schnurrbart auf dem Kirchengemälde ist immer noch so »seltsam geschoren«, und die hundert »kleinen in Blei gefaßten Scheiben« mit den Namen der Speisemeister sind immer noch zu sehen, unter ihnen Christian Albrecht und Christian Moritz Woldsen und Ernst Storm, der Sohn des Dichters. »Storm wird hier lebendig«, hat eine Frau aus Fellbach ins Gästebuch geschrieben.

Es ist Abend geworden; ich kehre um. Mitten auf dem

Marktplatz steht die Husumer Trine, in schwarzbrauner Bronze, das Kopftuch straff gebunden, das Ruder fest in der Hand. Auch auf dem Brunnenrand sitzen drei Husumer Trinen, aus Fleisch und Blut, eine vierte kommt hinzu und zeigt etwas Sehenswertes: erst ein Sträußchen Heidekraut, dann ihre lackierten Fingernägel. »Mok fast in Husum!« ruft es von blauen Plakaten: »Mach fest in Husum!« Im Hafen von Husum ist was los. In *Charly's Pantry* gibt es Aal in Aspik, in der *Friesenklause* Tiefseegarnelen auf malaiische Art. Die Bunte Meile ist zur Budengasse geworden. Es duftet nach türkischem Honig und gebrannten Mandeln.

Ein junger Kerl im blau-weiß gestreiften Friesenhemd schlägt für eine Mark mit drei Hammerschlägen einen vierzölligen Nagel ein und gewinnt eine Flasche Kellergeister. Beim Bürgervogelschießen schieße ich eine weiße Plüschmaus. Ich schenke sie einem Mädchen, das sie sich gewünscht hat. Das Fräulein von der Schießbude sagt: »Kiek an, der Oppa!«

Die meisten sitzen auf den Treppenstufen des Stormschen Urgroßvaterhauses, lärmen und lachen, grölen und gähnen, das Schifferklavier spielt zum letztenmal »Schön ist die Liebe im Hafen«. Der Abend ist warm, ein sanfter Seewind streicht über die Buden und bewegt die bunten Markisen. Husum ist nicht mehr die graue Stadt am Meer. Zur Nacht esse ich in der *Fischpfanne* eine gebratene Makrele.

Sonntagmorgen: Ich sitze in der Kirche von Drelsdorf, unter den Gemälden aus dem 17. Jahrhundert zur Erinnerung an die Familie Bonnix. Die vier Bilder zeigen die alte Pfarrfamilie, Vater, Mutter, Tochter und den Knaben mit den erschreckten Augen, der die Linke in die Hüfte stützt und in der Rechten eine Nelke trägt. »Aquis submersus« ist darunter zu lesen: im Wasser ertrunken. »Ein unwiderstehliches Mitleid befiel mich, wenn ich vor diesem Bild stand«, schrieb Storm. Aus der Unachtsamkeit des Knechts, von der das Bild auch spricht, wurde in der Novelle die Schuld des Vaters. Und tatsächlich, der strenge Pastor im Bild hält eine Bibel auf die

Tischkante gestützt, sie ist aufgeschlagen bei der Stelle: »Gott sei mir Sünder gnädig.«

Nun dröhnt es im Glockenstuhl, die Glocke läutet, die Orgel klingt auf. Pastor Martin Hansen hält eine Philippika gegen die olympische Leistungsidee. »Oh, die in der Kampfbahn laufen!« zitiert er Paulus, und mit Matthäus ruft er aus: »Also werden die Letzten die Ersten und die Ersten die Letzten sein!« Ein junger Mann in Windbluse krempelt die Ärmel hoch, die Mädchen schütteln ihre Haare. Pastor Hansen sagt: »Gott sei mir Sünder gnädig.« Da erhebt sich alt und jung, der grüne, zartsamtene Klingelbeutel geht durch die Reihen, das Glöckchen an der Stange läutet hell, die Gemeinde singt: »Tu uns nach dem Lauf deine Türe auf!«, und schon drängen die Jugendlichen ins Freie.

Über der Tür des Arlewatt-Hofs, im Sandsteinwappen über der herzoglichen Krone, grinst eine Chimäre, die geschweiften Bögen drücken einer zweiten Auge und Wangen ein. Grieshuus ist längst abgebrochen. »Nur meine Phantasie hatte sich dort den Turm erbaut«, schrieb Storm in der Novelle »Zur Chronik von Grieshuus«. Der Hof liegt heute in der hohen Geest, hinter Sandwegen, Sandbuhnen, Sandkuhlen. Die Ställe, halb aus Backstein, halb aus Eternit erbaut, sind leer. In den Sandkuhlen, wo einst Heide war, stehen jetzt Bagger und Kippautos einer Baufirma, über den Gruben blühen Erika und der rote Porst. Hier, auf dem Weg nach Olderup, schrieb Storm das Gedicht »Abseits«: »Es ist so still, die Heide liegt / im warmen Mittagssonnenstrahle.«

Zurück nach Husum: Das Storm-Haus öffnet bald nach Mittag. Es ist kühl in den Räumen, der Schimmer, der »auf die Gipsrosen an den weißen, mit Stukkaturarbeit verzierten Wänden fällt«, ist grell und silbern. Im Viola-tricolor-Zimmer steht die Wiege von Storms achtem Kind, der Tochter Dodo, die endlich Stiefmutterprobleme löste. Über dem Sekretär im Arbeitszimmer hängen die Bilder der Storm-Frauen Constanze und Dorothea und die Fotos der Kinder. Im Schrank der Geschirrstube ist das Woldsen-Stormsche Tafelgeschirr ausgestellt: chinesisches Porzellan, um 1760 durch die Dansk Asiatisk Compagni aus Kanton nach Kopenhagen eingeführt. Im Saal steht immer noch das Notenblatt von Clementis Sonate, aber es ist aus Gips. Dafür ist das mit grünem Samt bezogene Sofa echt. Hier saß der Dichter nachmittags beim Tee und las aus seinen Novellen.

Storms Schreibtisch aus massiver Eiche, aufgestellt im Hademarschen-Zimmer, war ein Geschenk der Kieler Damen zum siebzigsten Geburtstag. Am Schreibsekretär im Poetenstübchen – vier Schubladen links und rechts, zwei hohe Schiebetürchen daneben und ein geräumiges Fach in der Mitte – hat er »Immensee« und »Der kleine Häwelmann« geschrieben. Im Bücherschrank hinter Glas stehen Adalbert Stifter und Karl Immermann, Walter Scott und Gottfried Keller. Vom Marktplatz her klingt Pfeifenton, es sind die Pfeifenmännchen des Husumer Spielmannszugs.

Montagmorgen: Die Stadtreiniger fahren über den Markt, geschäftige Sommerfiguren mit orangefarbener Latzhose, orangefarbener Schirmmütze, orangefarbener Schubkarre. Mich zieht es hinaus auf die Marsch, und bald sitze ich auf der Deichkrone von Hattstedt, mitten in einem Wiesenstück voller Marienkäfer. In der Marsch ruhen die Kühe, sie schnurren behaglich beim Wiederkäuen. Am Deichrand weiden Schafe, sie sind kahlgeschoren und tragen einen dicken blauvioletten Punkt an der Flanke.

Nur ein paar Schritte weiter in Richtung Sterdebüll, auf halber Höhe des Binnendeichs, wie Storm es beschreibt, liegt der *Schimmelreiter-Krug*. Ich trete ein und bestelle erst einmal einen Schimmelreiter-Hallig-Köm. Das Etikett der Flasche zeigt den Reiter auf dem Schimmel, sein Rockschoß weht, sein Südwesterhut ist tief in die Stirn gezogen. An den Wänden, auf plastischer Tapete, hängt eine ganze Schimmelreiter-Serie in Aquatinta, darüber ein Foto aus dem Film mit Schimmel und Mathias Wieman, beide im Profil, als seien sie

Geschwister. Die Gaststube ist neu bestuhlt, eine Touristenfamilie sitzt bei Wiener Schnitzel, Bratkartoffeln und Blumenkohl. Sie essen mit Appetit, und der Papa bekommt nach dem Schnitzel noch eine Portion Heringe in Remouladensoße. Darauf hat er sich schon den ganzen Vormittag gefreut.

Ins Gästebuch haben sich Deutsche und Dänen, Japaner und Amerikaner eingetragen und vor allem Saarländer, vielleicht weil sie es gerne kundtun, wenn sie im Ausland weilen. Eine saarländische Jugendgruppe schrieb 1968 den Vierzeiler: »Es wogt das Meer wohl auf und nieder, / es wogt das Ährenfeld im Wind. / Der Jungfraun Busen wogt im Mieder, / frisch auf, mein Kind, wer wogt, gewinnt.«

Ich lese, ich lächele, ich nicke mit dem Kopf. Das freut den Wirt, der dem aus Storms Novelle wohl aufs Haar gleicht. Denn, wie es im »Schimmelreiter« heißt, »ehe ich meine Bestellung bei dem Wirte machen konnte, war schon ein dampfendes Glas mir hingeschoben«.

Auf den Hauke-Haien-Koog brennt die heiße Mittagssonne, im Schlick fischen Möwen, in den Buhnen schlingert Algengestrüpp. Der Koog ist eine einzige weite Sommerlandschaft. Wo in der Novelle der Schimmel im Novembernebel über den Graspfad galoppiert, bewegen sich im Hochsommerlicht die Wattläufer im gelösten Gänsemarsch.

Die Kirche von Fahretoft hat angeblich keinen Turm. »Doch«, sagt eine Frau zu mir, »einen kleinen aus Holz und Blech, den sehen Sie, wenn Sie hinkommen, der steht nebenbei.« In Fahretoft ist Hans Mommsen geboren, Astronom, Mathematiker, Deichvogt, der Hauke Haien der Stormschen Novelle. Mommsens berühmte Sonnenuhr, aus rotem Sandstein gemeißelt, zeigt die elfte Morgenstunde an. Aber es ist Sommerzeit, und so ist es schon Mittag. Zur Abendrast sitze ich auf dem Schobüller Berg. Die laue Luft streicht durch die Pappeln und kehrt die Unterseite ihrer Blätter hervor, es blitzt wie Tausende von Blättchen Silberpapier. Wo früher Heide war, ist jetzt gepflegter Forst, doch das Veilchen, das hier blühte, war keine poetische Erfindung. »Es wuchs bei Husum auf der Heide des Schobüller Bergs«, schrieb Storm an Friedrich Eggers. Die Hautevolee von Husum hat hier ihre Villen gebaut, Blautannen und Blutbuchen gepflanzt. Auf der Uferstraße windet sich der Autowurm, der von Pellworm und Nordstrand hervorkriecht. Kanus, Surfbretter, Schlauchboote möblieren die Dachgärten, und die drehenden Speichen der aufgebockten Räder flirren in der Abendsonne.

Dienstagmorgen: Über den Mühlbach, wo die launische Eislaufgeschichte aus der Novelle »Auf der Universität« spielt, fahre ich aus der Stadt hinaus. Im begradigten Bett, über flutenden Hahnenfuß, streicht das fließende Wasser und biegt die Halme in sanfter Strömung. Drei Enten putzen ihr Gefieder, Sommerfalter taumeln über die glitzernde Wasserfläche. Auf dem Wilheidsberg, einem längst gerodeten Heidberg vor der Stadt, stehe ich eine Weile mit dem Knecht vor dem Heidhof. Die Hunde sind angekettet, die Bäuerin, im weißen Kleid mit rotem Apfelmuster, tritt aus dem Haus und erzählt: »O ja, das ist alles neu gemacht, die Backsteinmauer haben wir vorgeblendet, es ist viel Arbeit, zum Lesen kommen wir ja nicht.«

Eine »kleine, allerliebste Sommertour« hatte Storm 1862 die Idee zu der Novelle »Abseits« gegeben. »Die Wintersonne lag über der Heide«, heißt es dort, »sie spiegelte sich in den Fensterscheiben eines neuen strohgedeckten Hauses, das in dieser Einsamkeit wie hingestellt war auf die braune, unabsehbare Decke des Heidekrautes.« Doch meine Sommergeschichte soll nicht zur Wintergeschichte werden, und das kann auch nicht geschehen, denn im gehäufelten Beet neben dem Hof sind eben die Rosen voll aufgeblüht. »Es war eine andere Zeit«, erzählt Storm, »wohl über sechzig Jahre später. Aber es war wieder an einem Sommernachmittage, und die Rosen blühten auch wie dazumal.«

Im Wilden Moor, hinter Winnert und Winnertfeld, ist es grabesstill. »Ein Vogel mag sich bald hinüberschwingen«, heißt es in Storms Novelle, doch Renate greift mit beiden Händen den Arm des Erzählers und sagt: »Das Moor, Herr Studiosi, kennt Ihr das Moor? Wir können nimmermehr hinüber.« Ich sitze auf der Böschung des Moorpfads, das Buch auf den Knien, und lese. Hin und wieder reißt die Grasdecke auf, der schwarze Moorboden blakt und läßt ein tiefes Glucksen hören. Unter dem Dach des Schöpfwerks hat die Schwalbe gebaut, sie fliegt dicht über meinen Kopf hinweg und zirpt, eine Ratte schlüpft ins Riedgras.

Zwischen Schwabstedt und Hude, wo die Dorfknechte Renate als Hexe verfolgten, ist das Wasser des Moorgrabens immer noch klar wie in Storms Novelle. Im tiefen Grund flirrt das Wurzelgeflecht der Teichrosen, es ist ein Dschungel aus Schilf und Erlen, aus Winden und Brombeergestrüpp. Die Schwabstedterinnen heißen Anna und Frieda, Martha und Auguste. Hat niemand seine Tochter nach der Hexe nennen wollen? Doch, ich finde noch eine Renate, sie liegt allein, unter unbehauenem rosafarbenem Granitblock im hintersten Winkel des Kirchhofs. 28 Jahre ist sie geworden.

»Auf einem Vorsprunge oberhalb des Wassers stand der Kirchspielkrug mit seinem alten wetterbraunen Strohdach«, schreibt Storm in der Novelle »Zur ›Wald- und Wasserfreude‹«. Der Dorfkrug ist heute ein weitläufiges Ausflugslokal, die patriarchalische Gaststätte einem modernen Restaurationsbetrieb gewichen. Die Waldfreunde legen ihren Rucksack ab und trinken einen Doppelkorn, die Wasserfreunde ketten ihre Kähne an und essen Katenschinken mit Bauernbrot.

Noch einmal fahre ich eiderabwärts, um den »Staatshof« bei Koldenbüttel zu sehen, dessen Vorbild Detlev von Liliencron in Schloß Hoyerswort nördlich von Tönning erblickte, dessen Nachbild wohl aber im »Roten Haubarg« zwischen Simonsberg und Witzwort zu finden ist. Traktoren, Melkmaschinen, Erntegeräte säumen die Tenne. Der alte Haubarg ist längst abgerissen, schon zu Storms Zeiten war »ein modisches Wohnhaus an die Stelle gesetzt. Die Wirtschaftsgebäude liegen getrennt daneben.« Und doch weht ein Hauch der frühen Novelle in die Gegenwart herüber. Ein Habicht fliegt vor mir her. Er pfeift und spreizt aufgeregt seinen Schwanz. Ich folge ihm entlang der Gracht, die den Hof in weitem Bogen umschlingt. Der Wasserspiegel ist grün von Entengrütze. Unter Erlen und Ebereschen steht der alte Pavillon, rot angestrichen, mit weißen Fensterrahmen. Die Bodenplanken des Balkons reichen nicht mehr über den Wasserlauf, der dem letzten Nachkommen derer van der Roden zum Verhängnis wurde.

Der »Rote Haubarg« wird eben renoviert, so ist er nicht rot, sondern grau, der Fußboden aufgerissen, die Wände durchbrochen, überall Stützen und Stempel. Im Innenraum verschränken sich Balken und Streben wie im Schnürboden einer Theaterbühne. Hoyerswort, zweistöckig, weiß geschlämmt, sieht fast nach einem Wasserschloß aus. »Rumgehen können Sie mal«, sagt der Herr in orangeroter Schirmmütze, der eben die fahrbare Pferdebox an seinen Mercedes ankuppelt, »doch reingehen können Sie nicht.« Ich kehre mich ab und wende mich ins Landesinnere.

Das Dorf Westermühlen ist noch immer, wie zu Storms Großvaterzeiten, in Busch und Baum vergraben. Unter der Holzbrücke, zwischen Holunder- und Brennesselbüschen, stürzt der Mühlbach über ein kleines Wehr. Ein eisernes Geländer, einst weiß gestrichen, rostet im Schatten. Der Mühlstein ist zum Geranientrog geworden; auf dem Türsturz ist eingemeißelt: HST 1787.

Vor dem Wohnhaus, mit Dreiecksgiebel, hoher Tür und abgetretenen Steinstufen, stehen zwei weiße Plastikbänke, so blütenweiß, als seien sie frisch gestrichen. »Alles lag unter den Wipfeln ungeheurer Eichbäume, wie ich sie nie zuvor gesehen hatte«, schreibt Storm. Die Eichen an der Stallseite haben sich in Linden, die an der Frontseite in Ahornbäume verwandelt. Aber das Wald- und Mühlenidyll ist geblieben, und immer noch könnte der Knabe Theodor mit seinem Onkel auf einer der Gartenbänke sitzen und Schlingen aus Pferdehaaren drehen.

Hademarschen dagegen, Storms Alterssitz, ist heute eine kilometerlange, verkehrsreiche Durchgangsstraße. Storms Haus, zweistöckig, mit hohen Fenstern, Efeu an der einen Hauskante, gehört Dr. Ott. Er praktiziert und wohnt hier. Auf dem asphaltierten Vorplatz sind Autos geparkt, im Vorgarten blühen Astern und Rosen. Der Rasen im Garten hinter dem Haus ist frisch gemäht, eine getigerte Katze streicht durch das Levkojenbeet. Hier, dem Verkehr der Straße abgewandt, haben die Dinge ihr Alter bewahrt: die Bank an der Geißblatthecke, der Pavillon unter den Birken. Die Blutbuche hat Storm selbst gepflanzt. Auf sie hat er aus dem schmalen hohen Fenster geschaut, als er todkrank den »Schimmelreiter« zu Ende schrieb.

Zwischen Sansibar und Samoa

Ein Frühlingsbrief von der Insel Sylt

Wie kommt man nach Sylt? Am besten mit Phantasie. An jedem Zeitungskiosk auf der Insel wird eine Ansichtspostkarte verkauft, auf der ein Zug der Bundesbahn bei Sturmfahrt über den Hindenburgdamm zu bestaunen ist. Haushohe Wellen schlagen über den Waggons zusammen – eine bedrohliche Szenerie. Beim genauen Hinsehen jedoch erkennt man die List der Collagekunst: Die Wellen stammen von einem ganz anderen Bild, sie sind mit der Schere ausgeschnitten und effektvoll in den gewünschten Zusammenhang geklebt.

Auf der Insel Sylt ist alles anders, als man's kennt. Es gibt Sturmtage mit Regen, Sturmtage ohne Regen, Dunsttage, Nebeltage, Sonnentage, doch immer kommt's einem vor, als sei der Regen regnerischer, der Dunst dunstiger, der Nebel nebliger als anderswo, und wenn die Sonne scheint, ist es auf der Insel Sylt sonniger als im sonnigsten Landstrich der Erde. Die Dünen sind Saharadünen, die Strände Südseestrände: Als Max Frisch nach wochenlangem Aufenthalt von Kampen nach Keitum kam und wieder einmal Bäume sah, schrieb er in sein Tagebuch: »Was wir Landschaft nennen: das grüne Vergessen, daß wir auf einem Gestirn wohnen.«

Hier dreht sich das Gestirn nach dem Sylter Uhrzeigersinn, und wir fragen: Wo ist hinten, wo ist vorn? Wo ist oben, wo ist unten? Wir suchen uns Inselwege auf der Karte heraus, mit Vorbedacht und mit Phantasie.

Wenn wir schon einmal zu einer Kirche pilgern, dann liegt sie am Heidrand, wo die Welt mit Brettern zugenagelt ist. Und wenn man hinkommt, ist auch dort alles anders als erwartet. In St. Severin zum Beispiel, abseits von Keitum auf der Geest gelegen, trägt Justitia statt Augenbinde, Waage und Schwert ein blutendes Herz in der Hand, die Steinlöwen als Füße des Taufbeckens sind verkommene Untiere aus orientalischen Wüsten, und von dort scheint auch der sehnige Gesell herzukommen, der als geschnitzter Christus über dem Altar steht: ein friesischer Bursch im Lendenschurz, mit langen, dünnen Beinen und gestutztem Bart, ein besessener Seefahrer, der von langer Reise zurückgekehrt ist, damit er seinen Landsleuten die Barbarei austreibe.

»Jesus lebt!« steht über dem Türbalken eines Westerländer Kapitänshauses zu lesen; der alte Marineflieger, der hier wohnt, tritt aus dem Haus, sieht uns über den Friedhof der Heimatlosen spazieren, kommt zu uns zwischen die Gräberreihen und beginnt zu erzählen. Er pflege die Gräber, sagt er, aber jedermann gehe achtlos vorüber, und die Sommertouristen seien noch gedankenloser als jene, die im Winter nach Sylt kämen. Hier sei eine Stätte der Einkehr, denn hier seien die namenlosen Gestrandeten aus dem vergangenen Jahrhundert beerdigt, all die armen Seelen, die bei Westerland und Rantum an Land gespült wurden und den ersten Badegästen ein gräßlicher Anblick waren. Nur Harm Musker aus Holtersehn habe man nach Strandung der »Gerhardine« am 3. Oktober 1890 identifizieren können, ein Schlüsselbund mit seinem Namen habe er bei sich getragen, doch die Eltern hätten den Sohn bei seinen toten Kameraden ruhen lassen wollen.

Der alte Herr zeigt uns den Stein aus rosa Granit, den Carmen Sylva, die Königin aus Rumänien, dem Friedhof als Gedenkstein gestiftet hat. Ihm ist eine Gedichtstrophe des Pfarrers Kösel eingemeißelt, darin reimt sich »Eiland« auf »Heiland«, ein seltener, fast ein exotischer Reim, doch was kommt hier auf dieser fremdartigen Insel auf natürlichere Weise zusammen als ein solcher Reim? Auch selbst gedichtet hat die rumänische Königin, das wissen wir aus unserer Kinderzeit: In den dreißiger Jahren strotzten die Poesiealben der Mädchen von Carmen-Sylva-Versen mit riskantem Hintersinn: »Die feinsten Reben fordern / Nicht lauter Sonnenschein; / Erst Reif und Nebel zeugen / Den reichen Feuerwein.«

»Eine Märchenkönigin!« ruft der Marineflieger aus, »hier in Westerland hat sie in den Dünen gesessen und den Kindern ihre Märchen vorgelesen. Am andächtigsten, so wird immer noch erzählt, lauschten sie den Märchen aus ihrem Königreich.« Sylt hatte sich in Transsylvanien verwandelt, kein Wunder, wenn Peter Suhrkamp sich in der Sahara, Ernst von Salomon sich am Strand von Abessinien wähnte!

Uns geht's ja nicht anders. Als wir gestern den breiten Strand von *Sansibar* nach *Samoa* entlangspazierten, stutzten wir plötzlich und blieben wie versteinert am Ufer stehen: Vor uns im Sand lag ein Kamel, tief eingekauert in eine Kuhle, und barg den Kopf auf den Vorderhufen. Beim Näherkommen stellte sich zwar heraus, daß es nur ein angeschwemmter Baumstamm war, zum Tierkörper verdreht, zur Tierschulter verbogen, zum Tierkopf gedrechselt und rundum mit gebleichtem Tang behaart, doch auf dem Parkplatz von *Samoa* begrüßte uns das gelbe Schild mit dem Dromedar von Camel, und in Westerland, beiderseits der Treppe, die von der Kurpromenade zur Strandterrasse hinaufführt, saßen zwei steinerne Pferde – mit Schwimmfüßen, wie sie sonst nur in »Tausendundeiner Nacht« vorkommen –, und wir begriffen, wie morgenländisch Europa dort ist, wo man es am abendländischsten glaubt.

Das Lamm aßen wir nicht in Mekka, sondern bei Ekke Nekkepen, es schmeckte nach Lebkuchen und türkischem Honig. Der Kellner stand wie ein muslimischer Tafelmeister an unserem Tisch und fragte: »Hat es Ihnen geschmeckt?« Als ich sagte: »Ganz exotisch« und er argwöhnisch die Stirn runzelte, fügte ich rasch hinzu: »Wir kommen aus dem Orient.«

In die Dünen geschmiegt, liegt das reetgedeckte Haus der Freundin, worin wir wohnen. Wir schauen über den vordersten Dünenbuckel auf die Brandung der See, es sind nur ein paar Schritte über den Holzsteg zum Strand hinunter, wo schon die ersten Touristen unterwegs sind. Der Inselkenner schreitet in Versteinerungen, er tritt auf Krebsknollen und Kieselschwämme und denkt in Jahrmillionen; der Feriengast geht im Strandgut, er scharrt im Sand, stößt auf Fischbein und Austernkalk und sammelt Muschelschalen in sein Taschentuch; wir sammeln nicht, wir denken nicht, unkundig, wie wir sind, tappen wir in Ölfladen und sitzen hinterher auf der Haustreppe, um die fettigen Krusten von den Schuhen zu kratzen.

Uns tragen die Füße weit. Wir erkunden die Südspitze der Insel, wo das Land jedes Jahr ein Stück abbröckelt, und wir spähen den Ellenbogen im Norden aus, wo die Dünen wandern und nicht einmal im Winter zur Ruhe kommen. Und doch haben sich die Zeiten geändert: Pidder Lüng auf Hörnum ist lieber tot als Sklave gewesen; heute kooperiert die Lister Schiffahrt mit dänischen Reedern. Die Strandräuber sind nicht wiedergekehrt, doch immer noch herrscht rauhe Sitte: In der Bücherstube von Hörnum gibt es statt Büchern selbstgebackene Krüge, Mickymaus- und Donald-Duck-Figuren, und im Hafen von List öffnet sich das Sperrholzportal von *Gosch* zu Scampi-Grill und Fischbrötchen-Theke.

Die Fisimatenten werden nach wie vor in Kampen gemacht. Es wird erzählt, die Dichterfürsten von einst hätten sich zu modernen Medienpäpsten gemausert: Hier könne man Talkmaster und Chefredakteure in Turnschuhen und Wollsachen sehen, die sonst nur mit Schlips und Gilet auf der Mattscheibe zu erblicken seien. So ist alles an seinem Platz, und auf die Elemente ist auch Verlaß. Die Erde ist sandig, das Wasser salzig, die Luft jodhaltig, und man braucht nicht zu befürchten, einen Kropf zu bekommen wie in Oberbayern.

Am südländischsten empfanden wir es im Watt, am afrikanischsten im Rantumer Becken, wo auf den Süßwiesen mannshohe Gräser wachsen. Als wir über die Deichkrone spazieren, pfeifen Rotschenkel und Ringelgänse im Schilf, Austernfischer und Säbelschnäbler segeln über Wassergräben, Rehe stehen weitab im gelben Gras. Jeden Augenblick könnten Antilopen ins hohe Gestrüpp, könnten Zebras zur Tränke an einen Tümpel treten, und was wäre, wenn einer der steinernen Löwen vom Keitumer Taufstein sich am Blute der Justitia das Leben erschlürfte und hierher ans Rantumer Bekken geschlichen käme, um Zebras und Antilopen beutegierig aufzulauern? Es würde uns so selbstverständlich erscheinen wie das Suahelischnurrbarthaar am Kattegat in dem Gedicht von Ringelnatz – so südländisch ist das Nordmeer, so afrikanisch das friesische Dünenland!

Es ist zwar noch nicht auf Frühling eingestellt, Strandhafer und Heidekraut leuchten herbstmodefarben, und es wird noch eine Weile dauern, bis in Kampen die Nackten an Buhne 16 ihre Plätze eingenommen haben, doch die Gastronomie ist jetzt schon gerüstet: Der Koch von *Sansibar* brät die Seezunge im März so knusprig wie im September, die *Fischfiete* brilliert mit Pannfisch und das *Landschaftliche Haus* mit Deichlamm, kein malaiischer Zimt, kein indisches Kardamom schreckt die Zunge, allenfalls sind es Dijoner Senf und Holländische Sauce, die unsere Gaumen stimulieren. Doch mehr und mehr und je näher der Abend rückt, kehrt sich das Deutsche hervor.

Wir schlendern am Roten Kliff entlang und erreichen die Stelle unterhalb von Wenningstedt, wo im Jahre 1867 der Kreisrichter Löhnefinke aus Groß-Fauhlenberge dem Dichter Raabe vor die Füße fiel. Löhnefinke war vor dem deutschen Mondschein geflüchtet; den Strahl des blauen Gestirns im Nacken, war er die Düne von Wenningstedt heruntergerutscht und flehte den Dichter um Hilfe an. »Hätte ich doch meiner Phantasie die Zügel auf den Hals geworfen und die Gefahr, abgeworfen zu werden und das Genick zu brechen, zur rechten Zeit auf mich genommen!« rief Herr Löhnefinke aus, »unterdrückte Poesie ist es, welche mich verrückt macht – verrückt, weit nach dem vierzigsten Lebensjahre. Der deutsche Mondschein rächt sich an mir, und ich bezweifle, daß mir irgendein Bad, Sauer- oder Bitterwasser helfen würde!«

Glücklicher Kreisrichter Löhnefinke! Heutzutage würde der mondsüchtige Musenfreund die Düne nicht mehr ungestraft herunterrutschen dürfen, um einem Dichter in die Arme zu fallen. »Herunterspringen verboten!« steht auf einem Schild der Naturschutzgemeinschaft Sylt-Nordfriesland e.V. am Weißen Kliff zu lesen. »Das schöne Weiße Kliff ist Jahrtausende alt. Es kann Herunterspringen und Hinaufkrabbeln nicht mehr vertragen!« Wir sind in Deutschland, nirgendwo sonst!

Hinter dem *Landhaus Nösse*, dort wo die Welt am anderen Ende mit Brettern zugenagelt ist, beginnt die Heide und leuchtet bronzefarben im Abendlicht über dem Morsumer Kliff. »Lieber Wanderer«, mahnt ein anderes deutsches Schild, »bitte lassen Sie uns hier ungestört leben. Danke im Namen der Vögel. Ihre Brandgans.« Ja, wir sind in Deutschland, wer möchte es bezweifeln!

Eine Stunde später stehen wir am Fenster, der Nebel fällt, die Brandung rauscht, der Mond ist aufgegangen, ein durch und durch deutscher Mond – obwohl er heute abend eher wie ein schmales chinesisches Boot am Himmel schwebt. »Wenn ich auch ein Mann der Prosa bin«, schreibt Wilhelm Raabe, »so kann ich doch einen toten Seehund mit einer gewissen Melancholie vom Rücken auf den Bauch wenden und meine Gedanken dabei haben.«

Promenade mit Fräulein Annette

Ein Herbsttag auf Schloß Hülshoff

Zwischen Havixbeck und dem Dorf Roxel, unweit der Landstraße, die nach Münster führt, liegt das Wasserschloß Hülshoff im gleißenden Mittagslicht. Bis tief in den Herbst hinein, wenn die Oktobersonne mit spitzen Strahlen in die Büsche sticht, ist das Münsterland ein weit aufgeschlagenes Buch, und wir sind gekommen, einen Tag lang darin zu lesen. Schloß Hülshoff, hinter Bäumen verborgen, gibt sich nicht gleich zu erkennen; wir treten durch ein weißes, sanft geschwungenes Holztor in den Park, doch erst nach einer kleinen Kehre, hinter Stall und Remise, erblicken wir das Gebäude im Wasser. Hier ist Annette von Droste-Hülshoff geboren, sprachmächtigste Dichterin deutscher Zunge, hier lebte sie in ihrem Elternhaus, ein adliges, katholisches Fräulein, hier suchte sie, drei Jahrzehnte lang in täglicher Berührung mit dem Münsterschen Lande, die lebhafte Einsamkeit, das fröhliche Alleinsein mit der Natur, wie am vierten Tage der Schöpfung.

So erzählt sie in ihrem Buch »Bilder aus Westfalen« und schildert ihre Landschaft in Bildern, deren fein ausgemalte Details uns auf dem Weg hierher eine Weile begleitet haben. »Die wüsten Steppen haben sich in mäßige, mit einer Heideblumendecke farbig überhauchte Weidestrecken zusammengezogen, aus denen jeder Schritt Schwärme blauer, gelber und milchweißer Schmetterlinge aufstäuben läßt. Fast jeder dieser Weidegründe enthält einen Wasserspiegel von Schwertlilien umkränzt, an denen Tausende kleiner Libellen wie bunte Stäbchen hängen, während die der größeren Art bis auf die

Mitte des Weihers schnurren, wo sie in die Blätter der gelben Nymphäen wie goldene Schmucknadeln in emaillierte Schalen niederfallen und dort auf die Wasserinsekten lauern, von denen sie sich nähren.«

Wir haben das weiße Törchen hinter uns geschlossen, Wiesen und Tümpel, Heide und Moor liegen jetzt draußen im flachen Land hinter Straßenbanketten und Bachläufen; hier, im Park von Schloß Hülshoff, ist die Natur sanft gebändigt, es herrscht der anmutige Wechsel von geometrischer Ordnung und locker gegliederten Wald- und Rasenstücken. Ein Fichtenhain von nicht mehr als zwei Dutzend Bäumchen säumt die eine Seite des Schloßteichs, vor den schlanken Stämmen weiden zwei Schafe aus Beton, mit spitzen Hörnern, mit brauner Decke auf dem Rücken. Eine mächtige Buche, vom Sturm entwurzelt, streckt ihren Wipfel ins Wasser, die Äste spreizen sich, wie vielhändige Arme, über den Wasserspiegel, auf dem ein Schwanenpaar seine Spur zieht. Es gleitet still dahin: ein blendendweißes Silhouettenspiel, als zöge eine Theaterhand die beiden Vögel an unsichtbarer Schnur über eine Naturbühne. Über die Brücke kommt ein Herr in grauem Anzug, er hat das Tor hinter sich mit einem Schlüssel abgeschlossen, stützt sich mit der Rechten auf das weiße Geländer und lenkt seine Schritte nach dem Rosenrondell. Vielleicht ist es ein später Nachfahr aus Annettes Familie, er trägt ein Buch unter dem Arm, tritt mit ihm an zwei Gärtner heran, schlägt es auf, liest ein paar Zeilen, hält es dann dem einen der Männer unter die Nase und legt einen Zeigefinger auf die Buchseite. Ist es ein Pflanzenbuch, ein Gartenratgeber, ein Gedichtband?

Die Rosen sind kurz geschnitten, die Beete glatt geharkt, der Rhododendron protzt mit dicken Knospen, doch sie sind, so spät im Jahr, nicht wieder ausgeschlagen. Auf halbhohem Podest steht die Bronzebüste Annettes, Haarkranz und Schillerlocken rahmen das schmale Gesicht mit scharfer Kontur. Wie oft mag sie hier herumgesprungen sein als Kind, Blumen gepflückt, Beeren gegessen, Käfer gefangen haben, wie oft mag sie den Wunsch gehabt haben, »sich tief hinten im Garten versteckt die Strümpfe auszuziehen und mit bloßen Füßen umherzulaufen, ganz wie es die beneideten Kötterkinder tun durften«.

Annette liebte den Garten, das Schwellen der Blüten, das Rauschen der Bäume, das ungestüme Gewimmel der Kreatur. »Süßer Taumel im Gras« heißt eine Zeile in einem späten Gedicht. Zart, zerbrechlich, immer kränklich, von hartnäckigen Katarrhen gequält, früh verbraucht und ausgezehrt, steigerte sie sich hin und wieder in wilde Räusche, in lyrische Ekstasen, die sie nur mühsam, dann aber in herben, strengen Gedichten bändigte.

Drei Jahre vor ihrem Tod denkt Annette an ihr erstes Gedicht zurück, das sie hoch oben im Schloßturm in einer Balkenspalte versteckte:

Da klomm ich sonder Harren
Hinan den Zinnenring,
Und in des Daches Sparren
Barg ich ein heimlich Ding.

Das sollten Enkel finden,
Wenn einst der Turm zerbrach:
Es sollte etwas künden,
Das mir am Herzen lag.

Die Wetterfahne auf der Spitze des Turms weist nach Osten, ein leichter Wind bläst über das Dach, doch am Boden rührt sich kein Halm, kein Zweig, kein Glied. Das Schwanenpaar ist längst im Blätterdunkel verschwunden, wir umrunden das Rosenrondell und wenden uns dem kleinen Waldstück zu, das der Rückseite des Schlosses gegenüberliegt. Es ist schon später Vormittag, die Sonne steht hoch über dem Dachfirst, ein letztes Frühwölkchen löst sich am Himmel auf, es scheint, als zerfließe es im Blauen. In ihrem Gedicht »Im Grase« sagt Annette, die Wolke verrauche am Azure, nun sei sie selbst umhaucht vom Duft der Kräuter, umgaukelt von süßem Lachen, in tief trunkene Flut getaucht.

Auch wir spüren etwas von diesem Taumel, diesem verzückten Strahl, der über Gräser und Gräben gleitet. Wir kehren uns wieder nach dem Wasser hin, wo sanftes Glucksen den Klang unserer Schritte mildert. Die Brückengeländer sind weiß vom Seidenglanzlack, die Wassergräben grün von Entengrütze; auf den Geländern sitzen die trunkenen Mücken im Licht, auf der Wasserfläche schwimmen die ersten gelben Blätter.

Ja, alles ist weiß und grün, eine blanke Säule, ohne Fuß und Architrav, steht verloren in der Wiese, Schilfkolben, von Algen besäumt, ragen aus den Wasserlöchern. Ein Truthahnpaar stolziert über die Wiese, das Männchen reckt seinen grüngoldenen Hals in die Sonne und läßt sein blechernes Schnattern hören, das von den Wänden widerhallt.

Immer noch ist es der Garten Annettes, immer noch spürt man den Hauch ihrer Person, glaubt man den Klang ihrer Stimme zwischen den Rosen, den Kräutern und den Gräsern zu hören, den Abdruck ihres Kinderschuhs im Grase zu erblicken. »Komm, liebes Hähnchen, komm heran / Und friß aus meinen Händen; / Nun komm, du lieber kleiner Mann, / Daß sie's dir nicht entwenden«, schreibt sie, siebenjährig, und das Hähnchen, dessen Krähen jetzt vom Wirtschaftsgebäude her zu vernehmen ist, bleibt unsterblich in Annettes Kindergedicht.

Die beiden Gärtner haben ihre Arbeit im Rosenbeet vollendet, sie laden Spaten, Harke, Baumschere in ihre Schubkarre und fahren den Kiesweg hinab zum Wasser. Sie haben ihre Blaujacken aufgeknöpft, die Mittagssonne brennt auf ihre Brust, sie recken ihre Glieder und lassen ihre Muskeln spielen. Es sind keine Erlkönige aus dem Moor, keine Hausgeister in altmodischer Tracht, nicht der diebische Torfgräber, nicht der kopflose Geiger; sie tragen ihre Hemdkragen offen, ihren Kopf ohne Mütze und schlendern mitten durch den Park, man könnte ihren Spaziergang für eine philosophische Promenade halten, so aufmerksam sind sie in ihr Gespräch vertieft. Oder sind sie nicht doch verkleidete Waldschrate aus dem Rüschenfeld? Sie seien einsamer, träumerischer Natur, schreibt Annette von ihren landsmännischen Kobolden, »schreiten, wenn es dämmert, wie in tiefen Gedanken langsam und schweigend an irgendeiner verspäteten Milchmagd oder einem Kinde vorüber und sind ohne Zweifel echte Münsterländer, da man kein Beispiel hat, daß sie jemanden beschädigt oder absichtlich erschreckt hätten«. Plötzlich dringt Motorengeräusch und schrilles Hupen über das Wasser, und die Männer schauen erschrocken auf.

An der Vorderseite des Schlosses passiert das Auto der Konditorei Goedereis die steinerne Brücke, ein Konditor in weißer Jacke und blaugewürfelter Hose lädt Torten und Kaffeestückchen aus dem Lieferwagen, er trägt sie, in blitzenden Blechbüchsen, hoch aufeinandergetürmt, ins Schloßcafé hinab, während wir die Treppenstufen hinaufsteigen und über die breite Schwelle ins Haus eintreten. »Auf meiner Heimat Grunde, da steht ein Zinnebau!« tönt es uns aus einem verborgenen Lautsprecher entgegen, eine Dame empfängt uns hinter dem Postkartentisch, sie ist nett und fürsorglich und scheint aus der Familie zu stammen; sie bittet uns, keine Gegenstände zu berühren, in der Absperrung zu bleiben und die Filzpantoffeln anzubehalten!

Von Tür zu Tür folgen wir den Anweisungen aus dem Lautsprecher, die uns im weitläufigen Kreise durch die Zimmer des Schlosses geleiten. Sofas, Sessel, Sekretäre plaudern aus der Familiengeschichte, hier saß der Vater beim Lesen, dort saß die Mutter beim Teetrinken, und Annette, streng katholisch erzogen, saß unter dem Bildnis des Wiedertäuferkönigs Johann Bockelson von Leiden und seines Henkers, stets das blanke Schwert im Nacken. Eine Tischplatte ist aus Nußbaum-, ein Sofarahmen aus Wurzelholz gezimmert, elfenbeinerne Kameen zeigen Gelehrtenköpfe, auf dem Geschirrbord erzählen Porzellanteller von jahreszeitlichen Landarbeiten, der Märzteller von der Gartenbestellung, der Juliteller von der Schafschur, der Novemberteller vom Sauschlachten. In den Eichenschränken drängt sich die Bibliothek der Familie, Reinhards vermischte Schriften, Dietrichs Lexikon der Gärtnerei und Botanik; prächtig präsentieren sich die Trommel des Söldners auf dem Dielenschrank, das Jagdhorn des Bruders an der Kalkwand, das Bildnis des Vaters in der Ahnengalerie.

Ja, der Vater, pensionierter Münsteraner Rittmeister, ein Vogelzüchter, Botaniker, Naturaliensammler, ihn hat Annette über alles verehrt und beschrieben. »Denkt euch einen großen, stattlichen Mann, gegen dessen breite Schultern und Brust fast weibliche Hände und der kleinste Fuß seltsam abstechen, ferner eine sehr hohe, freie Stirn, überaus lichte Augen, eine starke Adlernase und darunter Mund und Kinn eines Kindes, die weißeste Haut, die je ein Männergesicht entstellte, und der ganze Kopf voll Kinderlöckchen, aber grauen, und das Ganze von einem Strom von Milde und gutem Glauben überwallt.« Als der Vater stirbt, ist Annette 29 Jahre alt, sie ist tief getroffen, jahrelang verstört. Noch anderthalb Jahrzehnte später berührt sie dieser Tod mit unbezähmbarer Heftigkeit. Sie schreibt:

's gibt Gräber, wo die Klage schweigt
Und nur das Herz von innen blutet;
Kein Tropfen in die Wimper steigt
Und doch die Lava drinnen flutet.

Der älteste Bruder Annettes folgt dem Vater als Schloßherr auf Hülshoff nach, Annette und ihre Schwester Jenny beziehen mit ihrer Mutter den vorsorglich erworbenen Witwensitz, das Rüschhaus, unweit Hülshoff gelegen, ein schlichtes, efeuumranktes Elfenschloß, mit tief heruntergezogenem Dach, hoher Treppe auf der Gartenseite, Wappen über der Tür und sanftem Walmknick über dem gebogenen Mittelfenster.

Dahin sind wir unterwegs, und wieder wölbt sich ein weiter Himmel über unseren Köpfen, schwankt der Boden unter unseren Füßen. Wir steigen aus dem Wagen, spazieren querfeldein, wir gehen und schauen, stehen still und staunen. »Was man nicht alles bemerkt auf einer Tagfahrt zwischen Wallhekken, den Himmel über, die Pfütze unter sich!« rief Annette aus, ihr Auge ruhte auf dem segelnden Falken, ihr Ohr vernahm das Glucksen des Moors. Noch flattern die Schmetterlinge zwischen den Wacholderbüschen, schwirren die Libellen über die Wassertümpel, doch auch ein Pulk Phantome rauscht über die Heide, ein Bulldozer rattert im Feld. Sie lenken den Blick zum Horizont, beleidigen das Ohr mit Mißklang.

Rüschhaus liegt noch immer abseits im Ried. Die Kieswege im Garten sind lange nicht geharkt worden, Dahlien und Astern blühen am Zaun, in die letzten Sonnenblumen sind Sperlinge eingefallen, sie sitzen da und picken die reifen Kerne aus den Fruchtkörben. Auf dem Hundestall liegt ein Jagdhund und gähnt, eine Frau geht über das Rasenstück, vor einer alten Steinputte sitzt eine getigerte Katze und blinzelt in die frühe Nachmittagssonne.

Im September 1843 schreibt Annette an ihre Freundin Elise Rüdiger: »Es ist heute herbstlich, die Sonne bereits untergegangen und hat ein paar schlechte, gelbliche Streifen in den grauen Regenwolken hinterlassen, in meinem Kämmerchen dämmert's, daß ich kaum die Feder mehr sehen kann, und die Eichen draußen rauschen so feucht und schaurig, daß einem grauen sollte, und doch dünkt mich, ich wüßte mir nichts Lieberes als hier – hier – nur hier! Wenn's auch nie anders wäre!« Es ist alles anders geworden. Rüschhaus wird renoviert, uns bleibt nur ein Gang außen um den Wassergraben. An der Böschung sitzt ein Mädchen mit einem Buch auf dem Schoß, es liest und blickt auf, senkt den Blick und vertieft sich wieder in seine Lektüre. Doch es liest nicht Annettes Gedichte, nein, es liest in einem Sachbuch zum Architekturstudium. »Die Stadt im Untergang« heißt das Buch, und wir fragen uns, was wohl überhaupt noch Bestand haben wird in dieser Welt.

Am Nachmittag, auf der Suche nach Annettes Wohnstätten im gebirgigen Westfalen, dringen wir über die münsterländische Grenze hinaus und fahren Höxter zu. Dort, wo Felswände wie glattrasierte Irokesenköpfe mit Hahnenkammfrisuren über den dichten Wäldern stehen, liegt Bökerhof, fern aller Welt. Hierher kam Annette zu den Großeltern zur Erholung, hier lebte sie ein Jahr lang in stiller Abgeschiedenheit, ihr Lungen- und Augenleiden pflegend, hier traf sie Studenten aus dem Göttinger Freundeskreis, die Onkel August von Haxthausen nach Bökerhof brachte. In den ruhigen Tagen langweilte sie sich; sie schreibt: »Ich sitze jetzt eigentlich den ganzen Tag und faulenze, denn ich darf nichts tun wie stricken und Klavier spielen; das erstere tu' ich fleißig, aber mit großer Langeweile, und was das letztere anbelangt, so wird man das ewige Phantasieren doch endlich müde, wenn man nicht nach Noten spielen darf.« In den bewegten Tagen poussiert sie; August schreibt an seinen Freund Straube: »Du weißt, nirgends küßt's sich so gut wie in den Treibhäusern von Bökendorf und Hülshoff.«

Die Freunde singen und musizieren, tragen Gedichte vor und lassen sich malen, und Annette, gestern noch still und melancholisch, ist heute vergnügt, ja keß und überreizt, es ist Liebe im Spiel, doch Annette, verwirrt von Verliebtheit zwischen den Freunden Heinrich Straube und August von Arnswaldt pendelnd, wird von beiden schmählich getäuscht. Der Sommer von 1820 stürzt die Dichterin in eine schwere Krise, später erinnert sie sich an den Garten von Bökerhof, an die Bäume, den Efeu, die grüne Bank hinter der Taxushecke.

Ich stehe gern vor dir,
Du Fläche schwarz und rauh,
Du schartiges Visier
Vor meines Liebsten Brau.

Vorhang am Heiligtume,
Mein Paradiesestor,
Dahinter alles Blume,
Und alles Dorn davor.

Schon sechs Jahre früher war Annette, im Fieber häufig erregt, der Schrecken der jungen Männer auf Bökerhof. Sie suchen und sie meiden sie; der sanfte Wilhelm Grimm, von den Schwestern Annette und Jenny umschwärmt, rettet sich in Träume. Am 12. Januar 1814 schreibt er in sein Tagebuch: »Von Fräulein Nette hat mir's neulich recht wunderlich und ängstlich geträumt: Sie war ganz in dunkle Purpurflammen gekleidet und zog sich einzelne Haare aus und warf sie in die Luft nach mir; sie verwandelten sich in Pfeile und hätten mich leicht blind machen können, wenn's Ernst gewesen wäre.«

Auch hier das Gaukeln und Säuseln, das tief Trunkene, das farbig Schillernde, der Taumel im Gras! Bökerhof, mit doppeltem Walmdach, schmalen, hohen Gauben, fachwerkgezimmert, liegt abseits am Dorfrand. Der Garten ist zugewuchert, Disteln und Goldrauten überborden die Beete, auf das Dach des Holzschuppens ist wilder Wein gekrochen. Auf der kleinen Weide, in eingezäuntem Korral, stehen Melkeimer und Milchkanne. Wir treten vor das Haus, das Annette in duftigem Aquarell gemalt hat: vier geschwungene Steinstufen führen auf die Terrasse; doch die Stufen, vom Wetter zersprengt, sind mit eisernen Klammern zusammengebunden.

Es ist nicht weit nach Bellersen, dem Dorf B. aus der »Judenbuche«, in abgeschlossenem Erdwinkel, in grüner Waldschlucht, wie die Dichterin erzählt. Die münsterländische Helligkeit ist ostfälischer Düsternis gewichen, die Umgebung des armen Friedrich Mergel liegt im tiefen Schatten, der Weg, der an Storchschnabel und Hohlrippe vorbei ins Masterholz führt, wo die Waldfrevler hausten, heißt »Blinder Weg«. Im Wald zwischen Bellersen und Ovenhausen halten wir unter hohen Buchen; eine Inschrift auf einem Stein berichtet, daß einen Steinwurf waldeinwärts die Judenbuche gestanden habe.

Unter dem Laubdach der Buchen, in stabilem Betontisch, sind ein Mühle- und ein Schachbrett eingelassen, das Mühlebrett mit vertieften Rillen, das Schachbrett mit gelben und braunen Emailleplättchen. Ein A.P., ein B.H., ein V.K. waren hier zur Rast, sie haben ihre Initialen in die Rinde geschnitten.

Nur für Augenblicke belebt sich die Szene, es regt sich, bewegt sich, als seien Personen der Novelle in die Wirklichkeit getreten: Oberförster Brandes fährt im grünen Golf vorüber, Ohm Simon geht am Waldrand vorbei, er trägt die Axt auf der Schulter, über sein Hechtgesicht huscht die späte Oktobersonne. Doch die Toten sind nicht wieder auferstanden, auch wenn in Annettes Gedicht vom Taumel im Gras die Leichen sich strecken und regen, Atem ziehen, Wimpern beugen.

Tote Liebe, tote Lust, tote Zeit,
All die Schätze, im Schutt verwühlt,
Sich berühren mit schüchternem Klang
Gleich den Glöckchen, vom Winde umspielt.

Wir verlassen die Wälder. Ein letztes Mal dringen Annettes münsterländische Klänge an unser Ohr, noch in Höxter klingen die Töne aus dem Haus Hülshoff nach. Hier auch trat Annette in einem öffentlichen Konzert auf, »und hätte ich nicht überhaupt besser gesungen wie die Fennewitz«, eine bekannte Sängerin ihrer Zeit, »so wäre es mir übel ergangen«, schreibt sie. Immer noch tönt es in Höxter, zu Weihnachten wird es Orgelmusik in der Marienkirche geben, beim Sommernachtsball der Schützengilde spielte die »Swinging Esquire«. Ja, bis nach Wehrden weht ein Hauch von Musik zu uns auf den alten Wachturm am Ufer der Weser.

Trikolore und Schwarzrotgold flattern über dem Eisernen Kreuz an der Gräbergedenkstätte, ein deutsch-französischer

Freundschaftstag ist zu Ende gegangen, die Feuerwehrkapelle intoniert die Marseillaise, die Jäger präsentieren ihre Säbel.

Im Park des Schlosses, hinter Birken und Blautannen, ragt der Droste-Turm in den Nachmittagshimmel. Es sind fast hundertfünfzig Jahre vergangen, seit Annette hier saß und ihre Ballade vom »Fundator« schrieb; längst sind die Scheiben der Fenster zerschlagen, Brennesseln säumen den Turmsokkel, im Eingangsgitter hängt ein verrostetes Vorhängeschloß.

Die letzten Töne verklingen, es wird still hinter den Bäumen. »Im Westen schwimmt ein fahler Strich, / Der Abendstern entzündet sich«, beginnt Annettes Gedicht; zwischen den klobigen Zinnen schimmert ein blasses Abendrot zu uns in den schon dunkelnden Park.

Schade um die schönen Rosen

Bei Agnes Bernauer in Straubing

Erdbeeren aus Italien, Gurken aus Holland, Ananas von der Elfenbeinküste, kein Blattgemüse aus dem Freiland, nein, nur Rettiche und Kohlrabi, Tomaten und Zucchini aus dem Treibhaus! Es ist ein Montag im Mai 1986, Markttag in Straubing: Die Steckschilder auf den Ständen künden von fremden Ernten, auf den Treckeranhängern vom Gäu sind mehr Steigen mit Geranien und Fleißigen Lieschen gestapelt als Kisten mit frischem Salat.

Auf dem Stadtturm, in roter Schrift, ist zu lesen: »Tschernobyl – SR 2000 km / WAA – SR 70 km / AUFWACHEN!« Aus den Kürzeln sind Straubing und Wackersdorf leicht zu entschlüsseln, der Gäubauer steht verwirrt hinter seinem Gemüsestand und schüttelt den Kopf, die Blumenfrau unter ihrer Markise ordnet Tulpen und Nelken in schmalen Metallvasen an, doch die Lilien sind geknickt, die Rosen lassen die Köpfe hängen, sie nimmt sie wieder aus der Vase heraus, schmeißt sie in einen Pappkarton und sagt: »Schade um die schönen Rosen!«

»Eine Blume kann einem Hagelschauer nicht widerstehn«, sagt der Domherr von Augsburg im Festspiel der Agnes Bernauer zu Straubing, »die Macht zerschlägt, was ihr im Wege steht« und fordert die schöne Baderstochter auf, nicht länger auf ihrer Ehe mit dem jungen Herzog zu beharren. Wir sind im 15. Jahrhundert, Albrecht verwaltet die Residenz zu Straubing für seinen Vater, Herzog Ernst, doch der Sohn hat heimlich eine Kleinbürgerliche geheiratet, der Vater fürchtet um die Erbfolge, die Staatsmacht ist in Gefahr. »Da kam ein schwarzer Ritter rein, stach Dornröschen ins Herz hinein!« singen die Kinder im Straubinger Spiel, ja, es ist spätes Mittelalter, doch die Geschichte von Liebe und Macht wird alle vier Jahre von neuem gespielt, sie ruft die alten Gefühle wach, die Hoffnungen der kleinen Leute, die Agnes weckte, die Sehnsüchte der Bürger nach neuen Rechten, das Verlangen der Bauern nach mehr Freiheit. Mittermeier, der Bauer von Gunthiring, sagt: »Gäb's keine Bauern, gäb's keine Schrann! Gäb's keine Schrann, gäb's kein Straubing, und auch kein Herzog hätt' hergefunden, wenn nit Gäubauern den Dung ausbroaten taten, daß a im mageren Gartl von den andern Leut a golders Körndl wächst!«

Straubing ist Kreisstadt und Stadtkreis, Mittelpunkt, Treffpunkt, und Agnes Bernauer ist allgegenwärtig. Dem Stadtturm gegenüber, bei Krönner, Lebzelterei und Wachszieherei, sitzen junge Leute auf rosabezogenen Stahlstühlen bei Kaffee und Kuchen. Sie essen ein Stück »Agnes-Bernauer-Torte«, ein zartes Gebäck, das nach Weihnachten schmeckt, mit Buttercreme, Nüssen, Zimt und Mandelsplittern dazwischen.

Vor der Löwen-Apotheke sitzen die Pärchen auf Bänken, der goldene Löwe auf der schmiedeeisernen Konsole hat sein Maul aufgesperrt und brüllt den Salamander an, der die Fenster des Schuhgeschäfts auf der gegenüberliegenden Rokokofassade ziert. Eine Tafel erzählt, daß der Maler Carl Spitzweg in dieser Apotheke gearbeitet und in Straubing gezeichnet habe; in seinen Bildern kehren die Türmchen und Erker, die Zinnen und Dachgauben wieder, Straubings Rokokostukkaturen sind um seine gemalten Fenster und Türen geschlungen. Mädchen in rosa Blusen und blauen Stirnbändern sitzen bei ihren Freunden; sie lächeln kokett und sind so biedermeierlich geputzt, als seien sie eben einem Ölgemälde entstiegen. »Mein Schatz is wie a Röserl! / Grad so schön lachts oan on, / Mi verdrießt nur, daß i's net / Aufn Hut stecka kon!« dichtete Spitzweg und animiert die Straubinger Burschen, es schlankweg zu versuchen.

Die Häuser im Spitzwegwinkel sind begradigt und rauhverputzt; die Fenster haben ihre alten Maße eingebüßt, eine Honda-Maschine ist im Eingang der Gasse geparkt, nur ein alter Erker aus Holz ragt noch über das Kopfsteinpflaster, auf dem Mülltüten und Steinhaufen liegen.

Am äußeren Ende des weitläufigen Schlosses liegt der Agnes-Bernauer-Turm, ein Polygon, rotgemauert, zinnengekrönt. Hier saß die Baderstochter gefangen, bevor Herzog Ernst sie aburteilen und ertränken ließ. Albrecht, ihr Ehegemahl, zur Jagd nach Landshut gelockt, kam zu spät, sie zu retten; noch immer ist sie Straubings ungepflückte Rose, keine Hand darf an sie rühren, kein Finger ihre zarte Blüte knicken. Der Turm ist restauriert, es glänzt die Mauer, es blitzen die Zinnen, das Gedächtnis an Hexenprozeß und Wassertod bröckelt nicht ab.

»D' Hex geht um, die Bernauerin, de Bodhur, de greißlich. Vo dera kommts Unglück!« ruft der Bettelmönch im Festspiel, »dasaufa soll d' Hex!« Wenn im weiten Innenhof des Schlosses das Spiel beginnt, ist die Reitertreppe, die zwischen den beiden mächtigen Roßkastanien in die Tiefe führt, mit Bühnenböden und Kulissen überbaut. Das Treppenhaus in der Nordostecke des Hofes wird zur Werkstatt des Gießmeisters, die St.-Georgs-Kapelle öffnet ihr Tor für Abt und Prior, und die Glocke, die hoch im Stuhle schwingt, läutete schon in Agnes Bernauers Todesstunde. Aus allen Türen treten Ritter und Bürger, quellen Spießknechte und Armbrustschützen, die Turniergäste aus Augsburg, die buntgekleideten Musikanten, das fahrende Volk.

Wir sind nach Straubing gekommen, um Agnes Bernauers letzten Weg nachzugehen. Wir stehen im Schloßhof, der jetzt, in einem Jahr zwischen den Festspielen, aufgeräumt und verlassen daliegt. Reinhold Perlak, Darsteller im Festspiel, und Johanna Wagner vom Städtischen Kulturamt führen uns über die leere Fläche, die nun eine imaginäre Bühne, eine vorgestellte historische Stätte ist.

In der Waffenschmiede drängt sich der Fundus, Fahnen und

Hellebarden, Trommeln und Fanfaren, Mehlsäcke, Armbrüste, Schweinsblasen; in den Köpfen hat sich das Bild der schönen Agnes verfestigt, für die Straubinger ist sie immer noch der Engel von Augsburg, sie hatte Arme gespeist, Kranke gepflegt, den Herzogsgemahl von seinen höfischen Prinzipien abgebracht. Für Reinhold Perlak ist sie eine Evita Perón; »Sie war eine Volksherzogin«, sagt er; für Johanna Wagner ist sie eine Nitribitt; »Ich kann mir nicht vorstellen, daß eine solche sich geläutert haben soll«, sagt sie.

Reinhold Perlak hat sich in vier Jahren vom Sohn zum Vater gewandelt, erst spielte er den Albrecht, dann den Ernst. »Es ist alles Schminke«, sagt er, »und doch ist es wahr.« Ist also Agnes Bernauer die Volksherzogin gewesen, war sie die Badehure? Ist sie die Duchesse gewesen, war sie die Hexe? Hatte ihr böser Blick den Mitregenten Wilhelm III. ins Grab gebracht, hatte sie seinem kränklichen Sohn in die Wiege gespuckt, so daß er kurz nach der Geburt starb? Oder war sie, aus niederem, mißachtetem Milieu in Herzogskreise aufgestiegen, eine Gefahr für Fürstenmacht und Staatsmoral, so wie Kanzler Hans von Preising es in Friedrich Hebbels deutschem Trauerspiel vorträgt? Auf Agnes' Frage, was sie verbrochen habe, hebt er das Todesurteil in die Höhe und ruft: »Die Ordnung der Welt gestört, Vater und Sohn entzweit, dem Volk seinen Fürsten entfremdet, einen Zustand herbeigeführt, in dem nicht mehr nach Schuld und Unschuld, nur noch nach Ursach und Wirkung gefragt werden kann!«

»Die Historiker bezweifeln alles«, sagt Reinhold Perlak, »und so haben sie niemanden überzeugen können. Unser Spiel ist das einzig Wahre, denn wenn Agnes im Spiel den Richtspruch empfängt, wenn der Herzog sagt, sie solle das Büßerhemd anziehen, wenn dann der Karren über den Kies fährt, den wir hingestreut haben, wenn es dann knirscht und knarrt, dann rührt sich noch was. Ja, dann fangen die Leute zu weinen an.«

Herr Perlak hebt seine Hand und zeigt über die bemooste

Reitertreppe, er dreht sich um und erzählt: »Als ich den Herzog Ernst spielte und sagte: Es gibt keine andere Lösung als den Tod. Wie es dem Weib geziemt: unblutig, durch Ertränken!, da riefen die Leute aus dem Publikum: Du Schuft! Du Drecksack! Du gemeiner Saubär!« Herr Perlak reckt das Kinn, sein herzoglicher Bart leuchtet in der Sonne, er führt uns aus dem Schloßhof ins Freie.

Am Torbogen, vor dem Schloß, steht Joseph von Fraunhofer, in Bronze gegossen, den Kragen hochgeschlossen, den Mantel in weite Falten geworfen. Zuversichtlich schaut er auf den Vorplatz, er trägt sein Fernglas, doch künden die dunklen Linien, die er als erster damit gesehen hat, nicht von künftigen Katastrophen? Gegenüber dem Karmeliterbraugarten, vor dem Finanzamt, liegt ein steinernes Raubtier auf dem Pflaster, ein kleiner Junge turnt ihm auf der Nase herum. Herr Perlak geleitet uns zum Fluß hinunter, weist mit dem Finger nach Osten, wo zwei romantische Türme über den Dächern stehen, und sagt: »Dahinüber ging Agnes ihren letzten Weg.« Ja, zu ertränken sei die Hexe laut Urteil in der Donau zu Straubing unterhalb der Brücke bei St. Peter im Kirchlein, berichten die Münchner Kammerbücher.

Gelb blühen beiderseits der Treppe zur Donau hinab Löwenzahn und Schöllkraut. Christophorus ist in vielfacher Lebensgröße ans Schloßeck gemalt, er hält seinen Stab fest in der Faust, Jesus streckt zwei Finger aus, als wollte er einen Schwur tun, die Augen des Riesen sind weit geöffnet. Am Uferpfad hinter der Brücke kräuseln Strudel den Strom, unter silbernen Weiden schießt das Wasser über begrünte Uferplatten. Hier legt die MS »Agnes Bernauer« an, wenn sie von Regensburg nach Passau unterwegs ist, hin und zurück, bei Kaffeefahrten, Betriebsausflügen, Tanzpartien.

Ob die Passagiere das Schicksal der Patin ihres Fahrgastschiffs kennen? Ob sie ihr Kirchlein sehen, das hinter dem hohen Dom an der Friedhofsmauer liegt? Apfel- und Fliederbäume blühen in den Gärten, hinter denen nun, dicht beieinander und von schmalen Doppel- und Dreifachfenstern unterbrochen, die Türme von St. Peter über den Dächern der Oststadt aufragen. Beiderseits am schmalen Pfad zu den Sportplätzen hinauf blühen die Ebereschen, sie duften aufdringlich, ja beklemmend, ihre Übersüße ruft Szenerien schwülstiger Romane ins Gedächtnis, doch was vorzeiten hier geschah, steht in faulem Geruch, stinkt zum Himmel.

Wo heute Turmair-Gymnasium, Turnhalle, Keglerzentrum stehen, streckte die Donau einst einen Arm gegen den Friedhofshügel von St. Peter vor. Hier, von hölzerner Brücke, stieß der Henker die junge Frau ins Wasser. Eine Fußfessel löst sich, Agnes schwimmt ans Ufer, ruft um Hilfe, da springt der Henker hinzu, wickelt ihre Haare um die Flößerstange und taucht sie in den Fluten unter, bis die Frau ertrunken ist.

Das Wasser ist zurückgetreten, die Brücke zerbrochen, das Holz vermodert, rote Schlackenerde, glitzernd und feingemahlen, bedeckt die neuen Sportplätze von Peterswöhrd; ist es die Stelle, wo die Leiche an Land geschwemmt wurde? Wegearbeiter und Gärtner stehen in der Gasse, sie essen ihre Vespersemmel, trinken eine Flasche Bier, plaudern mit vollen Backen. Die Gasse ist frisch asphaltiert, die Mauer des Friedhofs mit rotem Klinker ausgebessert, aus den Fugen des alten Gemäuers sprießen Birkenschößlinge und Zymbelkraut mit blauroten Blüten. Eine Taube fliegt auf und überquert die Dächer der Kirchgasse. Die Sonne kommt hinter den Wolken hervor und wirft eine glitzernde Lichtbahn über den Friedhof.

Sie steigt an den Türmen der Kirche empor, die nun in vollem Licht stehen. Über den Säulen des Portals wölben sich wülstige Archivolten mit schwellenden Blattarabesken, im Tympanon reckt sich der geflügelte Teufel in Drachengestalt, weit auf sperrt er seinen Rachen, aus dem ein Männerkopf ragt, mit Kurzhaar und Stutzbart. Doch der lombardische Georg tritt dem Untier entgegen, Schild und Helm decken ihn, und er schwingt sein Schwert über dem Haupt des Teufels, der schon in die Knie gegangen ist.

Über dem Altar hängt der romanische Christus am Kreuz,

er trägt die Lombardenkrone, keine Wunde entstellt seinen Leib, die Beine sind nicht gekreuzt, die Arme gerade nach der Seite gestreckt. Es ist ein hagerer, zarter Christus, sein Brustkorb ist flach, seine Hüfte schmal, es ist nicht der athletische Bräutigam, wie ihn die Barocken gemalt haben, es ist der asketische Intellektuelle, er strahlt von innen heraus, »der Männer mildester«, wie es im Wessobrunner Gebet heißt. Ein Gitter trennt uns vom Chor, verwehrt uns den Eintritt; so sehen wir den Christus nur durch eine gedämpfte Helle hindurch, und auch der Sarkophag, in dem die Leiche Agnes Bernauers liegen sollte, bleibt uns verborgen. Als dieser Steinsarg geöffnet wurde, lag ein männliches Skelett darin, die Knochenreste eines Augsburger Domherrn.

Wir schlendern über den Friedhof. Ein Kindergrab ist ein eisernes Kinderbettchen, mit Maschendraht bespannt; im Bettchen sprießen Efeu und Immergrün, im Weihwasserkessel liegt Zigarettenasche. Der Grabstein des letzten Scharfrichters, des geachteten Herrn Joseph Zankl, der am 22. 11. 1846 verstarb, ist frisch beschriftet, auf der Rückseite prangt das Richtschwert in breiter Scheide, am Griff liegt die Hand, die einst die Klinge zog. Der unehrenhafte Stadtkämmerer steht, in Stein gemeißelt, gegen seinen Grabstein gelehnt, ein steinernes Tuch ist über das Gefäß geworfen, das die Lose der dunklen Geschäfte barg. Der Kämmerer hat sein Gesicht in den Tuchfalten aus Stein verborgen, der Stadt entgegen streckt er seinen Hintern, den grünliche Flechten bedecken.

In den schmiedeeisernen Kreuzen sind Türchen eingebaut, sie verschließen schmale Kämmerchen, die Photographien, Lebensdaten, Erinnerungsstücke enthalten.

Der Friedhofsgärtner erzählt, eine Dame aus Wasserburg habe nachgefragt, ob sie wohl ein solches Schmiedekreuz kaufen könne, als Kleiderständer für die Kellerbar. Da ist es kein Wunder, wenn der Stamm einer kanadischen Buche ein besonders reich gegliedertes Kreuz umklammert hält; nur ein Kreuzarm und zwei geschlungene Bögen ragen aus der grob genarbten Rinde, einem wahren Noppenmantel, gewebt aus lauter Rosenknospen.

Ihre Kelchblätter, auf den Kreuzen im Kreis geordnet, entfalten sich zu gotischen Rosetten, auf den Kupferstichen der »Vaterländischen Immortellen« aus dem vergangenen Jahrhundert prangen Strohblumen, die sich in Heckenrosen verwandeln werden. Die Rose ist Agnes Bernauers Blume, doch ist es die rote, die Liebe und Hochzeit, oder ist es die weiße, die Tod und Entsagung bedeutet? Hundertfältig kehrt sie auf den Schmiedekreuzen wieder, und tausendfältig ist sie in den Köpfen aufbewahrt. Der Friedhof von St. Peter ist ein Rosenanger, ein Rosenfeld ohne Rosen, ein Rosenhügel, aufgeworfen aus Wörtern, die zu Rosen erblüht sind; wohin wir uns wenden, wir durchqueren einen heimeligen Rosengarten, aus Sprüchen gepflanzt, aus längst verwelkten Albumversen angelegt. Von der tugendsamen Jungfrau Karolina Singer, gestorben nach Empfang der heiligen Sterbesakramente, den 20. November 1875 im zwanzigsten Lebensjahre, heißt es:

Eltern! lindert eure Schmerzen,
Seht, es hat's der Herr gethan.
Ihm gefiel die schöne Rose
Und er pflückte sie für sich,
Daß sie da in seinem Schoße
Blühe, grüne ewiglich.

Und wenn es keine Rose ist, die der Spruch besingt, so ist es eine Blume, die nur den Namen des Verstorbenen trägt. »Ein Blümlein, zart und wunderbar / Hienieden unsre Freude war. / Da kam der Tod, von Gott gesandt, / Und führte es ins bessere Land«, sprechen Vater und Mutter von ihrem Knäblein, sieben Jahre alt, und hoffen selbst auf einen gnädigen Himmel.

Aus den Papieren der Münchner Stadtschreiberei vom 15. Oktober 1435, drei Tage nach ihrem Tode, geht hervor, daß man auch »die Bernawerin gen hymel gefertigt hett«. Ist sie doch nicht die Hexe gewesen, war sie nicht gar eine

Heilige? Herzog Ernst stiftete ein Dreivierteljahr später eine ewige Messe für der »Bernawerin Sel« in der Kapelle, die er über ihrem ersten Grab hatte erbauen lassen. Ernst und Albrecht versöhnten sich, der Vater arrangierte eine standesgemäße Ehe, der Sohn fügte sich in die Staatsräson; im Kammerbuch der Stadt München ist eingetragen: »Des sull wir alle fro sein, das wir nit wieder ain Bernawerin gewunnen haben.«

Agnes Bernauers Grabstein finden wir in der Kapelle, der Tür schräg gegenüber. Wir treten ein, Grabluft umfängt uns, wir stehen vor dem lebensgroßen Epitaph. Agnes trägt ein gefälteltes Häubchen, Kinn und Schultern umhüllt das Rissentuch. Ihr Kopf ruht auf einem großen Kissen, dessen vier Ecken vier geflammte Quasten säumen. Für einen Augenblick sieht es so aus, als brächen Strahlen eines Heiligenscheins aus ihm hervor, doch es sind nur die Falten, die der Kopf in das Kissen drückt. Das Gesicht ist aufgebläht. Es sei wohl zu weich gebildet, um schön zu sein, sagt der Kunsthistoriker, die Stirne sei hoch und kahl, der Mund zusammengedrückt, breit und nach vorne geschoben, als habe man der Toten das herabgesunkene Kinn hochgebunden, nein, dieses Gesicht sei nicht schön, sagt er, das sei nicht das sanfte Mädchen gewesen, dessen Liebreiz einen Herzog habe bezaubern können, und es sei wohl auch die Möglichkeit nicht vom Tisch zu wischen, daß man es doch mit einer Hexe zu tun gehabt habe.

Ihre Hände sind übereinandergelegt, als habe der Totengräber sie eben von den Fesseln befreit. An ihrer rechten Hand hängt der Rosenkranz, am Ringfinger trägt sie den Ehering, am kleinen Finger den Verlobungsring. Fest in den pelzverbrämten Mantel haben sich zwei kleine Hunde geklammert. Sind es die Hündchen, die mit ihr im Sack eingebunden waren? Sind es Symbole der ehelichen Treue?

Wer war sie nun, die wir gesucht, die wir womöglich gefunden haben? War sie der Engel, war sie die Badhur? War sie strohblond, war sie strohdumm? Wenn sie wie Claudia Mayer war, die schöne Apothekerin, die sie auf der Festbühne gespielt hat, dann war sie die selbstbewußte Frau mitten im finsteren Grauen ihrer Zeit, und die Darstellung ihres Lebens braucht nicht bei ihrem Epitaph zu enden, wie es der Kunsthistoriker so herrisch verlangt.

Wir kehren in die Stadt zurück, es ist spät am Abend. An der Fassade unseres Hotels springt ein bemalter Erker vor, links vom Fenster steht Agnes mit drei Rosen, rechts Albrecht mit dem Federhelm. Unter dem Fenster senken die Henkersknechte die gebundene Schöne vom Brückenrand in die aufgewühlten Wogen, die in grüngelben Gischten durch die gemauerten Bögen drängen. Das Stadtvolk, rechts im Bild, betet, das Kriegsvolk, links, steht starr unter bewimpelten Lanzen.

Im *Wiener Café* gibt's nur eine nachgemachte Agnes-Bernauer-Torte, wie die Kellnerin sagt, also essen wir eine nachgemachte. Das ganze Café sitzt voller Agnesse und Albrechte, die den fetten Mandelkuchen über die Lippen führen. In St. Jakob ruht der brave Domherr, satt vom Leben, auf seinem steinernen Kopfkissen aus, er hält ein dickes Buch auf die Brust gepreßt, und neben und über dem Kopf quellen Bücher haufenweise unter dem Kopfkissen hervor; auch wenn er nicht schreiben und lesen kann, so hofft er doch, wie der faule Peter aus der Lesebuchgeschichte, daß ihm die Weisheit der Welt im Schlaf aus den aufgeschriebenen Buchstaben in den Kopf übergehen werde. Was soll er, im Chor der Seligen geborgen, noch für wahr halten?

»Die Historiker bezweifeln alles«, sagte Herr Perlak, der erst den Albrecht, dann den Ernst spielte, aber lügen deshalb die Dichter? In Friedrich Hebbels Theaterstück tritt Theobald, der Badergeselle, mit einem Blumenstrauß in die Stube, er liebt die schöne Baderstochter Agnes, er hält den Strauß hoch empor, er weiß nicht, was er mit ihm anfangen soll. Theobald sagt: »Zertret' ich dich? Um die schönen Rosen wär's schade, die sind unschuldig!«

Es war ein Leuchten und Flimmern

Aus dem Worpsweder Tagebuch

In der Nacht ist auf Dahlien und Sonnenblumen ein kalter Frühherbstregen niedergegangen. Jetzt, am Morgen, steht das Gesträuch wie zerschlagen in den Vorgärten am Weyerberg. Die Blätter hängen schlaff von den Stengeln herab, und was gestern an Blüten noch aufgesprungen war, ist vom Regen zerdrückt worden. Der Sommer ist zu Ende, Worpswede keucht und fröstelt, es ist in eine grünsilberne Lichtglocke gehüllt. Ein Sonnenstrahl rührt an das Erz, die Glocke zerspringt, und das Grünsilber zerstiebt in Myriaden von Tautropfen. Irgend jemand hat geschrieben, hier sei schon der erste Septembertag anders als der letzte Tag im August. Die Kühe beißen sich in die Zehen, und die Waldtauben paradieren auf der Pferdeweide.

Linker Hand am Pfad, breit und hoch zugleich, thront Mackensens Haus über einer Wiese. Mit seinem geknickten Walmdach als Vordergiebel hat es einen Zug ins Majestätische wie sein Hausherr, der Maler, der schon vor der Jahrhundertwende mit seinen Freunden nach Worpswede kam und ein ganz Großer werden wollte. Zwanzig Jahre nach seinem Tod lassen die überdimensionalen Buntstifte, die kreuz und quer im Wiesenboden stecken, an Zeigefinger des Schicksals denken: »Die Malerei ist schön, nur sehr, sehr schwer.« Das aber schrieb Paula Becker, seine früh verstorbene Schülerin.

Wir spazieren bergauf, enggeführt in einer Allee kleiner Eichbäume, die sich an abgemähter Sommerwiese entlang zur Höhe des Berges zieht. Das Maisfeld am Wegknick steht hoch im Halm, Disteln blühen im Pferdeampfer, und aus dichtem Gesträuch strotzt es von schwarzen Vogelkirschen. Hans, der Maler, trägt den Skizzenblock in der Tasche, ich habe die Landkarte auseinandergefaltet: Wir sind unterwegs; es gilt, eine Landschaft auszukundschaften. Wir bücken uns zur Erde nieder, um Spuren zu entdecken. Wir spähen aus, wir fahnden, wir verrenken uns den Hals, doch es ist nichts zu finden von dem, was wir suchen. Wie sollen wir das verstehen? In den Boden des Weyerbergs müßten, wenn man den Kunstführern glauben darf, unauslöschliche Spuren eingegraben sein: die Umrisse von Mackensens Stiefelsohlen, die Abdrücke von Modersohns Staffeleibeinen, und hat nicht Overbeck eine einzige Stapfe, Hans Am Ende eine winzige Fährte hinterlassen? Oder ist der Wind über den Sand gefegt und hat alle Spuren hinweggewischt? Wenn man Rilke trauen könnte, hätten wir es jetzt sehen müssen, denn er behauptet in der Monographie über Worpswede, die Landschaft liege unverbraucht da, wie am ersten Tag, und warte auf einen, dessen Zeit noch nicht gekommen sei.

Aber das ist fast ein Jahrhundert her, und Rilke, der aus Worpswede ein Mysterium gemacht hat, kann nicht mehr aus dem Schatten treten, den er selbst geworfen hat. Ist *der*, dessen Zeit noch nicht gekommen war, nicht eine *die* gewesen? Als Paula Becker ihr erstes Pleinair-Porträt gemalt hatte, schrieb sie nach Hause: »Es stand zu schön auf dem gelben Sand. Es war ein Leuchten und Flimmern. Mir hüpfte das Herz.«

»Irgendwo muß Worpswede liegen. Im Karree durchziehen breite Gräben das Land. Zu breit, um drüberzuspringen. Oft sind es richtige Boots- und Schiffskanäle. So spazieren wir eingesperrt nahe beim Ort, unendlich weit entfernt vom Ort aus der Welt heraus.« Diese Sätze von Felicitas Frischmuth lese ich in einem Text mit dem Titel »Spaziergang mit Jutta an den Polderdeich oder: wenn wir heute nicht gehen, kommen wir nie mehr hin«.

Dieser Tage wird Felicitas sechzig Jahre alt. Sie ist Berlinerin, studierte Musik, Philologie und Philosophie in Frankfurt und München. Auch wenn ihre Kindheit und Jugend, ihre Jahre an der Seite von Leo Kornbrust für sie nicht immer nur eine mit Wörtern angefüllte Zeit gewesen sein mögen, für mich ist ihre Lebensspur die Spur ihrer Gedichte, der ich folge, round and about St. Wendel, in die Steinbrüche des Burgenlandes, auf die Pferdeweiden, ins Weyermoor, auf den Polderdeich von Worpswede. Hier wohnen wir im gleichen Atelierhaus wie Felicitas Frischmuth vor zwölf Jahren: Vor dem Eingang wachsen Rhododendronbüsche, über die eine Spinne ihre Fangnetze gezogen hat, hauchfeine Fäden, die silbrig in der Sonne glänzen; und nach hinten öffnet sich das Land mit Weiden, die sich in sanftem Anstieg auf die Geest von Osterholz hinaufziehen.

In meinem Zimmer gibt es nach zwei Seiten Fenster, die vom Fußboden bis zur Decke reichen: Blicke ich von meinem Schreibtisch auf und schaue geradeaus, dann vermag ich nur Wiesen und Bäume zu sehen. Drei Pferde grasen auf der Weide, das eine hat einen weißen Hinterhuf, den es gravitätischer auf den Boden setzt als die anderen beiden Tiere, die aufeinander zugelaufen sind, Hals über Kopf dastehen und sich liebkosen. Nichts als ein dünner Draht trennt mich von den Pferden, von denen zu Felicitas' Worpsweder Zeit nur zwei über die Weide gingen; doch zum nahen Bahndamm hin ist es ein richtiger Zaun mit dicken, verwitterten Pfosten. Hinter dem Brennesselbusch und dem flachen Graben, durch den sich ein dichtes Brombeergesträuch schlingt und mir den Zutritt verwehrt, liegen die Bahnschwellen auf gelbbraunem Schotter.

»Lauf / spring doch / spring / geh / bleib / komm«, liest man auf den Schwellen, und drei Schwellen weiter liest man noch einmal, Schwelle für Schwelle: »Lauf / spring doch / spring / geh / bleib / komm.« Es braucht kein Hänsel aus dem Märchen zu kommen, Kieselsteine zwischen die Schwellen zu streuen, damit man den Weg nach Hause nicht verfehlt: Jutta Amsel, ihre Freundin, hat Felicitas' Wörter aufgenommen und mit dem Schnitzeisen in die Eichenbohlen gekerbt. Wir bleiben noch eine Weile, folgen Felicitas Frischmuths Spur über Pferdeweide und Eisenbahnlinie hinaus an die Ufer der Hamme, wo sich die grüne Hebebrücke über das Moorwasser neigt. Felicitas hatte sich auf meinen Rat ein Meßtischblatt gekauft und war bis an den Rand des Bekannten vorgestoßen. Dort gibt es Rhododendron, die Büsche so hoch wie Bäume, die Blüten so rot wie Blut. Dahinter, im Unbekannten, liegen Geheimnisse, die sie ergründen möchte: das Rätsel des Fudschijama, das sich ihr auch schon im Schaumberg vor ihrem Fenster offenbaren kann.

Jeden Tag weht eine andere Luft, glänzt ein anderes Licht. Jeden Tag ist anderes Wetter. In der Morgenfrühe war noch ein zarter Nebelschleier über das Moor gezogen, jetzt ist die Sonne über Dächer und Baumspitzen gekrochen, ihr warmer Strahl schmelzt den bleiernen Teppich, der die Ebene deckt. Auf der Pferdewiese weiden schon die Waldtauben, der Fasan stolziert über den Bahndamm, die drei Pferde stehen am Zaun, recken ihre Hälse über den Weidedraht und schauen vorwitzig zum Klönfenster herein.

Wieder steigen wir den Weyerberg hinan, nehmen mit scharfen Nasen Witterung welken Laubs auf, kosten mit empfindsamen Sohlen Graspolster und Bodenwellen aus. Weit draußen in den Hammewiesen grasen Pferde und Kühe; als helle und dunkle Punkte gehen die Tierkörper aneinander vorbei, gruppieren sich zu abstrakten Objekten, formen ein momentanes Bild, das im nächsten Augenblick zerfällt. Rilke hat die Bilder in impressionistischen Farben gemalt, das Stengelrot, das Blättergelb: geblümte Bauerntücher, köstliche Seidenstoffe. Wir spähen danach aus, verrenken uns die Hälse, nichts ist zu finden von dem, was er so poetisch verheißt.

Die Bilder haben gewechselt. Der gestutzte Obelisk im Buchenhain, dem »thätigen Foerderer dieser Moorcolonien« Jürgen Christian Findorff von seinen Freunden und Verehrern errichtet, steht da wie ein abgebrochener pharaonischer

Fleischspieß; und der Niedersachsenstein, zwischen 1915 und 1922 von Bernhard Hoetger in roten Hartbrandsteinen gemauert, sieht aus wie ein Riesenlebkuchenherz. Der gemauerte Lebkuchen ist begehbar: Wir steigen Treppenstufen auf und ab an gemauerten Niedersachsenmädeln, gemauerten Niedersachsenburschen, gemauerten Niedersachsenrössern entlang. Erst sollte es ein Siegesmal werden: ein Jüngling vor dem Niedersachsenadler, dann, nach dem Ersten Weltkrieg, ein Mahnmal: eine Pieta vor der Friedenstaube. Doch der expressionistisch-germanische Jüngling hat sich nicht recht in eine Leidensmutter verwandeln lassen, und aus einem Adler läßt sich schwerlich eine Taube machen. Zu Füßen des Monuments liegen zerschmetterte Mumm-Sekt-Flaschen. Überbleibsel eines Sommerfests? Reste einer Skinheadfeier?

Über die Heidwende, wo dem Kiefern- und Birkenhain gegenüber Hohlrippe wächst, deren Stengel Rohrstärke hat, vorüber an Manfred Hausmanns Villa und den Holzbauten mit Mickymausbemalung, erreichen wir Hoetgers *Kaffee Worpswede*, das *Café Verrückt*. Auf dem breiten Türbalken, einem natürlich gewachsenen, doch krummen Eichenholzstamm, lesen wir den Hausspruch: »Wer't mag, de mag't. Un wer't nich mag, de mag't jo woll nich mögen.« In die Kuppel des Innenraums ragt die große hölzerne Esche auf, Hoetgers Weltbaum Yggdrasil, nordisch-germanisch geformt, mit Anklängen an Pagodenstil und Bahlsen-Muster; steif stehen die Äste im Raum, »wie verunglückte Mistgabeln«, sagt Hans. Ich betrete die Toilette. Anthroposophische Stereometrie: spitzwinklige Ecken, stumpfwinklige Flure, gewölbte Pißwände. Ein junger Mann, yuppieschlank, betritt mit mir den Raum, sucht zwar nur die Pißecke auf, findet aber nicht wieder aus dem Irrgarten heraus. Er rüttelt an der Tür, hinter der ich sitze, und da sie geschlossen ist, fürchtet er eingesperrt zu bleiben in diesem minotaurischen Labyrinth. Er scharrt mit den Schuhen auf den glatten Fliesen, die in Schwartenmagenmanier ausgelegt sind, als suchte er den letzten Halt.

Auf der Außenterrasse liegt jetzt die Sonne. Hoetgers Frau

aus Bronze schaut mir ins Notizbuch. Ein Spinnennetz ist von ihrer linken Brustwarze bis zum linken Ohr hinauf gespannt, an ihrer Nasenspitze hängt ein Tautropfen. Gestern glänzte die Nase noch, heute läuft sie. Jeden Tag ist anderes Wetter.

Auf sanft gewölbter Warft, mitten in St. Jürgensland, liegt die Kirche St. Jürgen. Pfarrhaus und Küsterschulhaus, in rotem Backstein gemauert, aus türkisfarbenem Fachwerk gefügt, sind reetgedeckt. Der Kirchhof mit den frisch geharkten Gräberrabatten ist von alten Bäumen gesäumt, einer Silbertanne, einem Essigbaum, einer mächtigen Caspar-David-Friedrich-Eiche, die nur noch wenige Blätter treibt. Auf den alten Grabsteinen sind ganze Psalmen zitiert, so als müßten die Toten über einen Schwall von Worten in die ewigen Gefilde katapultiert werden.

Hier in St. Jürgen bewarb sich Arno Schmidt einst als Küster und Glockenzieher, er wollte ein Buch über die Astronomen von Lilienthal schreiben und suchte per Annonce in der Osterholz-Scharmbecker Zeitung eine Wohnung. Am 9. Oktober 1957 schrieb er Alfred Andersch: »Lilienthal: in der Nähe ist eine beneidenswerte Wohnung frei! Nur Kirche & 2 Häuser (Pfarre & Küsterhaus). Ich könnte sie evt. kriegen; unter der Bedingung, daß ich ›Küsterdienste versähe‹. Eine ideale Lage: auf 5 km ringsum kein anderes Haus; im Norden der Sandrücken von Worpswede; im Süden das ›Kirchfleet‹: Einsamkeit, Sumpfmoorheideflachland! 80 Mark Miete im Monat; allerdings ›Der Tod als Freund‹ (Rethel; Sie wissen: wie er am Strang zieht: ›Küsterdienste‹!: Schmidt als Küster an St. Jürgen! . . .)« Und als Nachsatz: »Es ist keine Kleinigkeit, in Norddeutschland zu wohnen: dazu gehören Männer!! (That's me!).«

Pastor Schulz von St. Jürgen verhehlte er weder seine private noch seine weltanschauliche Situation. In seinem Brief vom 22. Oktober heißt es: »Allerdings darf und will ich Ihnen eines nicht verschweigen: ich gehöre keiner Religion an. Ich bin zwar als Lutheraner geboren und getauft, jedoch vor 25 Jahren aus der Gemeinschaft jener Kirche ausgetreten (meine Frau ebenfalls); und wir haben seitdem unbescholten (und unvorbestraft) unser Leben geführt./ Es ist selbstverständlich, daß ich Ihnen diesen Umstand nicht verschweige; zumal wenn wir tatsächlich für längere Zeit zusammen wohnen sollten. (Vergönnen Sie mir die Bemerkung, daß ich nichts weniger als etwa ›militanter Atheist‹ bin; wir sind gewohnt, in völliger Stille und Zurückhaltung zu leben, so sehr, daß ich meinen Kollegen schier als Mirakel gelte.)«

St. Jürgen liegt abseits von aller Welt. Kein Lärm dringt ins Grasland vor, hin und wieder klingt ein Fiepen aus schilfigem Gebüsch, schallt ein Quaken aus einem Wassergraben, über den grüne, enggewebte Teppiche aus Entenflott gezogen sind. An der Hamme, bei Tietjens Hütte, nur wenige Kilometer weiter an der Bootsanlegestelle des Rudervereins von Osterholz-Scharmbeck, regt sich geschäftiges Wasserleben. Die Boote heißen »Cormoran«, »Rasputin« und »Tempête«, doch ihre Besitzer halten inzwischen noch die *Moordiele* in Beschlag und stärken sich bei Schweinskopfsülze und Bratkartoffeln, bevor sie ins Freie treten, ihre Zigarettenkippen im Sand zerstampfen und Segel setzen.

Kleine Reise nach Rechtenfleth, wohin die Worpsweder Maler im Mai 1890 mit dem Torfkahn fuhren, um Hermann Allmers, den friesischen Hofbesitzer und Heimatdichter, zu besuchen. Allmers' Hof, hinter dem Weserdeich in Baumgruppen versteckt, ist nur durch einen schmalen Brückensteg über den Wassergraben zu erreichen. Doch der Eingang ist mit Gatter und Kette versperrt. Immer kommen wir zur Unzeit. Schon einmal wollten wir das Haus besichtigen, in dem ein Museum eingerichtet ist: Wir waren eine Stunde zu spät, wie jetzt auch.

Allmers' Hof gegenüber ist zu des Dichters Lebzeiten eine Gedenkstätte für den siebziger Krieg errichtet worden. Die Linde im Mauerkarree hat sich inzwischen dick und breit gemacht und läßt dem Besucher keinen Platz mehr, sich zwischen dem Gemäuer zu bewegen. Ein Stein spricht von Deutschlands Erbfeind, preußischer Adler, Eisernes Kreuz, zinnengekrönte Türmchen erzählen eine abgestandene Geschichte.

Vor dem Nachbarhaus sitzt ein alter Kapitän auf der Bank und schaut über die Deichkrone nach zwei bunten Doppeldrachen, die im Formationsflug wie italienische Sportflieger aufsteigen, wenden, hektische Kapriolen schlagen. Der Kapitän raucht die Tonpfeife, über dem Schirm seiner Mütze blitzt eine messingfarbene Ankerkokarde, groß wie die Handfläche eines Schauermanns. Während Hans das Haus von Allmers zeichnet, spazieren wir über den Deich. Die Drachen flitzen im Wind hin und her, Regenböen peitschen von der Weser herüber. Ich denke an ein Sommergedicht von Hermann Allmers; es ist das erste Gedicht in Mutters Gedichtanthologie »Silberne Glocken«, die ich immer noch besitze: Allmers kommt vor Arndt und Avenarius im Alphabet. Jedesmal, wenn ich das Buch aufschlage, fällt mir das Gedicht ins Auge. Es heißt »Feldeinsamkeit« und erzählt vom Liegen im Gras, vom Blick nach den ziehenden Wolken: Ein poetisches Bild für elementar erlebtes Freisein.

Ich ruhe still im hohen, grünen Gras
Und sende lange meinen Blick nach oben,
Von Grillen rings umschwirrt ohn' Unterlaß,
Von Himmelsbläue wundersam umwoben.

Und schöne, weiße Wolken ziehn dahin
Durchs tiefe Blau, wie schöne, stille Träume; –
Mir ist, als ob ich längst gestorben bin,
Und ziehe selig mit durch ew'ge Räume.

Die Turmspitze der Zionskirche sitzt auf einem vergoldeten Knopf, der für einen Augenblick so schillernd im Sonnenlicht glänzt, als habe die Königstochter aus dem Märchen ihren

Ball in ein Wolkenloch hinaufgeschleudert. Das Loch schließt sich rasch, und der Goldknopf verblaßt wieder. Doch nun wippt die Wetterfahne elegant auf ihrer gut geölten Achse, sie dreht sich in raschen Schwingungen und zeigt in westliche Richtungen, wo die wilden Schwäne über Neuhelgoland hinfliegen.

Wir kamen vom Brünjeshof, wo Paula Becker ihr Atelier und eine kleine Wohnung besaß. »Schön in der Stille«, schreibt sie in ihr Tagebuch, »da versuche ich alles Eitle, was die Großstadt mit sich brachte, abzustreifen.« Sie war aus Paris nach Worpswede zurückgekehrt, ihr Blick war geschärft, ihr Geist geklärt, sie feierte die Natur, die Bringende, die allein das Leben habe und schenke, und spottete über Rilkes Schwafeleien vom werdenden Gott. Otto Modersohn ließ ihr ein Atelierfenster einbauen, damit sie beim Malen Oberlicht bekomme. Paula kam zu sich selbst und malte leidenschaftlich, »es wird in mir Morgenröte, und ich fühle den nahenden Tag«, schrieb sie, »ich werde etwas.« Noch immer ist der Brünjeshof riedgedeckt, rostrot in den Farben, schön in seiner Stille, und auch das Atelierfenster ist noch zu sehen. »O Gott, die armen Leute, die Paula Becker hier suchen!« sagt die Dame des Hauses, die im Garten arbeitet, »nichts, gar nichts ist hier zu finden, wie es einmal war.« Sie schiebt eine Karre über den Kiespfad, Kapuzinerkresse schießt üppig aus den Beeten, »nichts außer dem Fenster.« Die Dame streicht sich durchs silberweiße Haar und fügt hinzu: »Aber das Fenster kann man auch betrachten, ohne dem Haus zu nahe zu kommen.« Wir stehen in gemessener Entfernung, die Sonne spiegelt sich in Paulas Fenster. Ich verharre für einige Augenblicke starr auf der Stelle und warte, ob sich das Fenster nicht öffnet und ein goldener Ball auffliegt und in den Himmel schießt. Doch das Fenster bleibt geschlossen, und wir kehren auf dem Absatz um.

Otto Modersohns Haus, ein schlichtes, graugrün gestrichenes Gebäude aus Holz, liegt am Hemberg, gegenüber dem Gasthaus, in dem wir einige Male zu Mittag gegessen haben.

Das Atelierfenster in der breiten Giebelwand ragt über den Dachfirst hinaus. Rosen blühen spärlich am Spalier, eine Holzstele mit Paulas Bildnis berichtet: »Dem Gedächtnis Paula Modersohn-Beckers, die in diesem Hause lebte und starb.« Paula hatte Otto Modersohn geheiratet, am 2. November 1907 eine Tochter zur Welt gebracht und ist noch im Kindbett gestorben: Ein Blutpfropf verstopfte das Herz, als sie zum erstenmal aufstand, sich eine Rose an die Brust steckte, Kerzen anzünden und sich das Kind in den Arm legen ließ. »Schade«, sagte sie, es waren ihre letzten Worte. Heute besitzt die Firma Uphoff das Haus: Planung und Ausführung von Gartenanlagen, Garten- und Landschaftsgestaltung, Staudenanzucht. »Ich weiß, ich werde nicht sehr lange leben«, schrieb Paula Becker schon im Juli 1900 in ihr Tagebuch, »aber ist das denn traurig? Ist ein Fest schöner, weil es länger ist? Und mein Leben ist ein Fest, ein kurzes, intensives Fest.« Paulas Glut ist verraucht, die Stauden vor Herrn Uphoffs Haus wollen nur mehr spärlich wachsen.

Auf dem Friedhof suchen wir die Gräber der Maler. Ihr Grab müsse gar keinen Hügel haben, sinniert Paula Modersohn-Becker in ihrem Tagebuch, ein längliches Beet, mit weißen Nelken umpflanzt, ein sanfter Kiesweg, gleichfalls mit Nelken gesäumt, ein anspruchsloses Holzgestell, von Rosen beladen: Das wünsche sie sich. Doch sie bekam ein Gebirge aus Stein, einen porösen Travertin, den Bernhard Hoetger bearbeitet hat: Da liegt eine halbnackte Frau mit einem Baby im Schoß, auf die Hüfte gestützt, den Blick nach oben gerichtet, ihre spitze Nase ist abgebrochen. Auf dem Oberschenkel des Babys liegt eine rote Rose. Die Kleine ist rasch gewachsen, sie kann schon sitzen, hält einen Apfel in der Hand und schaut, pausbackig und gesund, über die blühenden Geranien hinweg. Paula schrieb: »Daß da eine Schale stünde, in die man frische Blumen setzte, das wollte ich auch wohl.«

Fritz Mackensen, Paulas Lehrer, ist auf seinem Grabstein im Profil zu sehen: streng, hakennasig, ausgesprochen rembrandtdeutsch. »Kunst ist die Spiegelung der Natur in einer

Menschenseele«, heißt es in gemeißelten Buchstaben, »wie die Seele, so die Kunst.« Mackensens Kunst ist die Kunst, die nach Blut und Boden riecht. Julius Langbehn hatte gefordert: Ariertum, Deutschtum, Aristokratismus, Mackensen hat es beherzigt. Über seinem Grab breitet sich deutsches Grünzeug, üppiger als auf allen anderen Malergräbern. Hans Am Ende hat über seinen Tod hinaus seinem Namen alle Ehre gemacht: Er liegt am Ende der Reihe begraben, nur ein kleiner Strauß Astern leuchtet aus dem wetterfesten Hartlaub, über sein Grabkreuz schwingt sich sanft ein Trauerweidenzweig. Wir sind lange über den Friedhof gelaufen, Clara Westhoffs Grab haben wir nicht gefunden. Ich hoffte auf einen Grabspruch von Rilke, irgendein schönes Wort, das mir hätte ein Signal geben können, heiterer, getrösteter herauszufinden aus dieser steinernen Gräberwelt. Es blieb verborgen, es hat sich uns verweigert.

Auf dem Rückweg fällt uns ein heftiger Westwind an. Das Wolkenloch über der Turmspitze ist vollends geschlossen, die Wetterfahne steht steif und ungerührt. Über Neuhelgoland ballen sich Wolkenberge zusammen, die Schwäne sind nicht zurückgekehrt.

Was ist ein »demokratisches« Kriegerdenkmal? Und was ist, selbst mit Gänsefüßchen, wie wir es im Literaturführer lesen, demokratisch am Kriegerdenkmal von Osterholz-Scharmbeck? Gegenüber dem Rathaus steht, mit deutschem Eichenkranz und Eisernem Kreuz dekoriert, der hohe steinerne Sockel: Stahlhelm, Kartätschenrohre und Kanonenkugeln bekrönen den Stein. Eine demokratische Beigabe, ein demokratisches Bukett? Aus den verwitterten Schriftzügen ist mühsam herauszulesen: »Mit Gott den Kampf zu bestehen zur Errettung des Vaterlandes«: ein demokratischer Satz? König Wilhelm von Preußen hatte am 31. Juli 1870 zu diesen großen Worten gegriffen, und nach dem Krieg gegen die Franzosen hatte Hermann Allmers, der Inspirator des Denkmals, gut reden. Die Gitterstäbe, die das Denkmal einst vom

Betrachter trennten, sind über dem Fundamentsockel abgesägt; wohl das einzig Demokratische am Kriegerdenkmal von Osterholz-Scharmbeck.

Es gibt hier andere Denkmäler: Standbilder aus Holz wie die alte Marktfrau und einen Totempfahl in der Fußgängerzone. Dort lärmen die Kinder, wälzen sich mit wildem Kriegsgeschrei durch die Gasse und drücken ihre Nasen an den Fenstern des italienischen Eispalastes platt. Dort sitzen wir im Übersüßen: Der Geschmack der übersüßen Liköre setzt sich im Geruch der Pißpillen fort, und auch das übersüße Art déco ist aufdringlich und falsch: Wandlampen wie Paradiesmuscheln, Kunststoffverkleidungen wie intarsierte Holzpaneele.

Über Heißenbüttel wölbt sich ein prächtiger Regenbogen. Gewitterwolken, wie Modersohn sie nicht schöner gemalt hat, türmen sich über den Vollersoder Wiesen auf, und schon donnert es über dem Moor. Im grellen Licht des Spätnachmittags leuchtet das Hartbrandgemäuer röter als sonst. Die Häuser des Dorfs sind um das Kriegerdenkmal gewürfelt. In Zyklopenmanier gemauert, liegt es unter der Dorfeiche, auch hier umschlingt bronzenes Blattwerk das Eiserne Kreuz, ganz ohne demokratischen Anspruch wie in Osterholz-Scharmbeck.

»Heißenbüttel, ein deutscher Dichter? Nee, hier in Heißenbüttel gibt's keinen Heißenbüttel, und einen Dichter mit dem Namen Heißenbüttel gibt es hier auch keinen«, sagt der Bauer, der neben dem Denkmal wohnt, und schiebt seine Mütze ins Genick, »Heißenbüttel, nee, den Namen gibt's nicht in Spredding, nicht in Heilsdorf, nicht in Wallhöfen, den gibt's in ganz Hambergen nicht, jedenfalls nicht, daß ich wüßte.« Der Bauer kratzt sich hinter den Ohren, legt den Finger unter die Nase und fährt fort: »Wir hatten hier nur die Moordichter, den Lehrer Schriefer aus Schlußdorf und Pastor Speckmann aus Grasberg, aber die werden Sie wohl nicht kennen. Als Kinder sind wir selbst ja noch ins Moor gegangen, da gab's einen Knüppeldamm ins Verlüßmoor, auf dem sind wir bis an die Hamme nach Neuhelgoland gekommen, und von dort nach Worpswede hinein, wo die Fohlen auf der Pferdeweide sprangen. Hießi, so sagten wir als Kinder zu den Fohlen, Hießi, und von daher käme der Name Heißenbüttel, hat der Lehrer uns erklärt. Das ist das einzige, was ich von Heißenbüttel weiß.«

Das Gewitter ist vorübergezogen, Heißenbüttel liegt im malerischen Abendsonnenschein.

In der Ratsdiele hält Professor Naumann aus Münster einen Vortrag über Rilkes Monographie »Worpswede«. Die Diele, in Form und Farbe abgestimmt von Dunkelbraun in Hellbraun restauriert, hat immer noch Stallgeruch, den eine der Zuhörerinnen nobel als einen Duft nach Heu und Stroh beschreibt. Sie trägt eine schwarze, breit gehäkelte Stola über grünschwarz genopptem Kleid und eine grasgrüne Schleife um den blonden Haarknoten geschlungen.

»Die Monographie ›Worpswede‹ ist eine wichtige Station im Werdegang Rilkes«, sagt Herr Naumann; er steht am Rednerpult, das im bretternen Landhausstil aus einer Futterkrippe angefertigt scheint. Sieht Herr Naumann nicht aus wie Gottfried Benn, als er noch Haare hatte? Er öffnet weit und vielsagend den Mund und erzählt in angenehmer Sprechweise die Entstehungsgeschichte des Buches. Es ist eine Geschichte voller Aufträge und Ablehnungen, vorgefaßter und durchkreuzter Plänchen: eine Geschichte der Freundschaft und die Erfindung eines Mysteriums zugleich.

Professor Naumann, grauköpfig und dunkelgewandet, stützt sich auf die zweckentfremdete Pferdekrippe, die unter seinem Körpergewicht ächzt, doch auch das Gewicht seiner Worte drückt schwer. Es knarrt förmlich, wenn er die Sätze Rilkes nachspricht. »Und Landschaft so zu schauen«, rezitiert er, und seine schweren Lider senken sich über die blauen Augen. Er vergleicht Rilkes Monographie mit der Arbeit von Hans Bethge, doch in dem Maße, wie er Bethge ins Talentiöse verweist, hebt er Rilke ins Genialische empor. Anschaulich und sorgfältig arbeitet er des Dichters Persönlichkeit heraus, beschwört mit eigenen Worten das rätselhafte Walten und Wirken der Worpsweder Natur, doch je mehr er die Naturnähe hervorkehrt, um so mehr wird Herr Naumann selbst ein magisches Naturwesen mit hängenden Backen und bleiernen Augendeckeln: Seine Nüstern blähen sich, seine Mähne weht auf, und die breite Brust hebt und senkt sich rhythmisch hinter dem bretternen Pferderaaf. Er trinkt einen großen Schluck Wasser, läßt seine Augen über den Rand der Krippe schweifen. Doch es gibt keine schmückenden Blumen auf der Tenne, keinen Farn, keine Fuchsien, keinen Asparagus, die er verschlingen und mit mahlenden Kiefern zermalmen könnte – in einem Augenblick, in dem ein Magenknurren schon durch die Diele tönt.

Nachdem der Raum sich geleert hat, steht nur noch die Dame im grünschwarzen Noppenkleid vor dem Stuhl, auf dem sie gesessen hat. Sie schlingt ihre gehäkelte Stola enger um den Hals, prüft tastend den Sitz des Haarknotens und tritt schließlich aus ihrer Stuhlreihe heraus. In der Hand trägt sie Rilkes Worpswede-Büchlein in der gekürzten Ausgabe, aus der, wie es im Nachwort heißt, alles behutsam fortgelassen sei, was allzu privat ist oder nur biographische Einfühlung in die sich anbahnenden Entwicklungswege der ihm befreundeten Maler. Ich erkenne das Bändchen wieder, den Buchdeckel schmückt ein flott aquarellierter moorfarbener Torfkahn. Die Dame drückt das Büchlein an ihre Brust, als umarme sie einen Geliebten. Schon Paula Becker sagte: »Ich für meine Person finde eigentlich mehr Rilke darin als Worpswede.«

Heide und Moor: Schon als Kind habe ich mit den Knaben gezittert, die über gespenstische Heide und unheimliches Moor ihren Weg suchen mußten. Es waren die Knaben aus den Gedichten von Friedrich Hebbel und Annette von Droste-Hülshoff: Schaurig ist es dem Moorknaben, der sich zum Glück über zischende Spalten und knisterndes Röhricht ans feste Ufer rettet; doch todesweh wird es dem Heideknaben, den der lange Knecht unter dem Weidenbaum mit dem Messer hinschlachtet.

Was ist so gespenstisch an der Heide? Was ist so unheimlich am Moor? Von Hermann Löns habe ich in den dreißiger Jahren, kaum daß ich richtig lesen gelernt hatte, Heide- und Moorbeschreibungen verschlungen, mehr, als mir zuträglich war. Es war Sommer, in jeder freien Minute saß ich im Leiterschuppen, ein Buch mit dem Titel »Im flammenden Morgenrot« auf den Knien, und verlor mich in aberwitzige Vorstellungen von Binsengetuschel und Eichengemurre. Heide und Moor malte ich mir als Landschaften aus, wie sie nur in Märchen vorkommen, und von den Menschen, die dort in ihrer Stille und Einsamkeit leben, dachte ich, sie seien im Geist etwas zurückgeblieben. Ich erinnere mich, wie nachhaltig mich ein Satz aus der Naturschilderung einer Fahrt im Torfschiff von Osterholz-Scharmbeck nach Worpswede beschäftigt hat, und ich wußte lange Zeit nicht, wie ich ihn verstehen sollte. Löns schreibt: »Die Männer vom Teufelsmoor pfeifen nicht«, und da ich um mich herum immer Pfeifen und Singen gehört habe, verwunderte mich diese seltsame Stummheit.

An einem Donnerstag, bei hellem Licht, in dem ein merkwürdiges Flirren und Flimmern die Dinge bewegt, fahren wir ins Moor. Hüttenbusch, Ostersode, Karlshöfen. In Glinstedt biegen wir links ab, und an der Kehre nach Augustendorf, wo sich rechter Hand das Land hebt und bewaldet ist, schlüpfen wir ins Unterholz. Ein sandiger Pfad, den welke Birkenblätter und Lärchennadeln aufgepolstert haben, endet vor einem Torfgraben, dessen steile Seitenwand wie ein farbiger Längsschnitt aus dem Geologiebuch vor uns steht. »Bunkerde, Weißtorf, Schwarztorf, Back- oder Klipptorf und der Sand der Geest«, sagt Herr Lau, dem wir uns zu dieser Moorwanderung angeschlossen haben, und zeigt an der malerischen Wand von oben nach unten, wo eine helle Tabaksbrühe aus dem Klipptorf heraus über den feinen Sand der Geest fließt.

Wir spazieren durch ein lichtes Birkenwäldchen, es

schwankt schon der Boden unter den Füßen, denn hinter dem Waldeck, jenseits von Erlenbüschen und Krüppeleichen, öffnet sich das Hochmoor: Torfmoose schwellen aus Wassergräben auf, über Riedgrasbüschel flitzt die Moorjungfer, stahlblau geflügelt. Herr Lau zeigt die Pflanzen und nennt ihre Namen: Wollgras, Seggengras, Sonnentau und den würzig duftenden Gagelstrauch. Ein gelbes Schild warnt in Großbuchstaben: Vorsicht Kreuzottern – Lebensgefahr! Der Moorfrosch schweigt, der Große Brachvogel hat sich versteckt, und auch die Bekassine meckert nicht mehr herum. Es ist mucksmäuschenstill geworden.

Vor uns liegt nun der See. Ein schmaler Lichtstrahl fällt aus dem Gewölk und zeichnet einen gelben Streif auf die Wasserfläche. Wollgras fleckt das braungelbe Tuch aus Seggengräsern, über die spitzflüglige Libellen in Parabeln hinwegschwirren. Jetzt häkelt die Ranke wahrhaftig am Strauche, die Dünste drehen sich wie Phantome, und als Herr Lau auf einen zimmerbreiten Moorteppich springt, auf und ab wippt und uns alle, die wir nur am Rande stehen, in den schaurigen Sog des Moors zu ziehen trachtet, zischt und singt es aus jeder Spalte wie im Gedicht der großen Annette. Da stehen wir, eine kecke Gesellschaft von Moorwanderern, als stünden wir in einem Worpsweder Gemälde oder einem friesischen Naturgedicht und träten erst wieder heraus, wenn uns ein nüchternes Wort in die Gegenwart zurückruft. Herr Lau spricht das Wort aus, er sagt: »Vom ökologischen Standpunkt her ist das Huvenhoopsmoor mit seinen 85 Hektar als Naturschutzgebiet natürlich viel zu klein.«

An schwarzen Moorlöchern vorbei führt unser Weg auf schmalem Pfad über Wurzelgeflecht und Krüppelbirken. Jetzt sind wir mitten im Moor, von Binsenkraut umgeben, von Riedgras umringt, von Schlangenmoos eingekreist. Erst als die Eberesche mit roten Beeren durch das Birkengezweig leuchtet, dürfen wir aufatmen. Herr Lau hat uns auf rechter Straße geführt, er ist der Fachmann, er kennt Weg und Steg. Herr Lau ist Ökologe, er erläutert, er begründet, er belehrt uns, er gebraucht keine Metaphern. Die poetischen Bilder springen einer Dame über die Lippen: Nachdem Herr Lau uns erklärt hat, warum diese Wiese am Rande des Moors schon wieder sauer geworden sei, sagt die Dame, und sie bleckt dabei ihre blendenden Oberzähne: »Ja, diese Wiese ist in die Binsen gegangen.«

In der Ferne blitzen die Bagger und Kräne des Torfwerks. Wir stehen auf dem Knüppeldamm am Rande des Moors, Sonnentau rötet das Braun, Glockenheide mustert das faulende Knüppelholz mit violetten Glöckchen. »Die Torfgräber sind verschwunden«, erzählt Herr Lau, »doch alles kommt wieder. Heute geht der Torf in die Emirate. Dort wird er gebraucht, seit Tschernobyl den russischen Torf vergiftet hat.« Die Moorbahn fährt vorüber, hoch mit Soden beladen. Der Fahrer, mit Prinz-Heinrich-Mütze auf dem Kopf, steht im Fahrerhaus, springt ab, legt die Weiche um, springt wieder auf, nimmt die Ferne in seinen Blick und rüttelt mit forscher Hand am Steuerknüppel, als sei er ausersehen, die kostbare Fracht in die fernen Emirate zu befördern. Wir schauen ihm nach. Ein Herr sagt: »Daß du die Nase ins Gesicht behältst«, was wohl nichts anderes heißt als: merkwürdig. Paula Modersohn-Becker, von der exotischen Beschaffenheit dieser Landschaft und ihrer Menschen angerührt, schrieb in ihr Tagebuch: »Mich packte die große Merkwürdigkeit dieser Dinge.«

Sonntag, ein strahlender Septembermorgen. Wir spazieren ins Moor. Ein Tagpfauenauge fliegt uns voraus. Schlaftrunken torkelt der Falter über feingehäkelte Spinnennetze, die über Rainfarn und Heidekraut gespannt sind. Der Rainfarn ist abgeblüht, moorfarben schimmert die Fruchtkrone, auch das Heidekraut ist braun geworden, »lachsfarben«, sagte eine Dame in Worpsweder Strickweste, als wir es vergangenen Donnerstag am Rande des Huvenhoopsmoors besahen. Hier beim Breiten Wasser im Teufelsmoor ist der Weg mit Disteln und Brombeerhecken gesäumt, Moorschilf reckt seine Keulen, *Madame Liesch* schüttelt ihr graues Haar.

Schwarzweiß gefleckte Kühe stehen auf Warften beisammen, einige starr und nachdenklich, als stünden sie auf längst verlassenen Feldherrnhügeln, andere steigen in kuriosen Stellungen übereinander und formieren sich zu seltsamen Kraftsportdenkmälern. Brigitte wirft eine Vogelfeder, die sie vom Sandpfad aufgelesen hat, ins flache, unbewegliche Moorwasser. Doch kaum auf der Oberfläche angekommen, fängt sie an, sich langsam zu bewegen, dreht sich um sich selbst und treibt im träge fließenden Strom abwärts in immer lichter und blauer werdende Wasser der Beek. Vom Feldherrnhügel herab trompetet eine Kuh, als melde sie das Getümmel einer fernen Schlacht, doch es sind nur Pulks von Radfahrern, die sich am Horizont kreuzen. Ihre pinkfarbenen Freizeithemden glänzen wie Rüstungen in der Sonne, und während sie nacheinander vom Erlengehölz verschluckt werden, setzt die Kuh ihre Trompete ab und wendet sich dem Sauergras zu. Ich stehe an der Brücke und schreibe in mein Notizbuch. Ein älteres Paar radelt vorüber, der Radler sagt zu seiner Partnerin: »Siehst du, wie der Mann schreibt. Der ist so einer wie die ehemaligen Dorfschreiber.«

Im Amtsgarten von Lilienthal, tief unter Fichten verborgen, liegt eine dicke Grauwacke mit aufgeschraubter Gußeisenplatte. Darauf ist zu lesen: »Dr. Johannes Hieronymus Schroeter hatte an dieser Stelle sein Observatorium. L. 28° 34′ 30″ B. 53° 8′ 27″.« Dem Stein gegenüber, auf der anderen Seite des gräsernen Angers, steht die Kirche, in ornamentaler Grazie mit roten Hartbrandsteinen gemauert. An der Turmseite, von Heidekraut gesäumt, entdecken wir Schroeters Grabstein mit der Inschrift: »Hier ruht Oberamtmann und Justizrat Johannes Hieronymus Schroeter 1745–1816. Astronom und Schöpfer der Sternwarte Lilienthal.« Auf einer Bank an der Schiffseite der Kirche sitzt ein alter Mann mit Kapitänsmütze. Er hält einen kläffenden Schnauzer an der Leine, zerrt und schimpft ihn, gibt ihm einen Klaps auf den Kopf, damit der Hund schweige, und sagt: »Der Köter hat keine Ehrfurcht.«

Der Amtsgarten von Lilienthal ist ein Ort mit Weltgeltung, doch den Schnauzer kümmert's nicht. Er hebt das Bein und pißt gegen den Sockel der Bank, auf der der Alte sitzt. Er würdigt nicht, daß sich genau an dieser Stelle ein Forschungszentrum der Astronomie befand. Dort, wo sein zynischer Pißstrahl in der Erde verzischt, hatte einst Schroeter seine zwanzig Teleskope, Fernrohre und Kometensucher auf den Himmel gerichtet. Vom Observatorium Lilienthal aus entdeckte Karl Ludwig Harding den Planeten Juno, der zwischen Mars und Jupiter endlich »die Lücke am Himmel füllte«.

Schroeters Observatoriumsturm, auf Eichenpfählen gegründet, trug das 27füßige Spiegelteleskop, das eine Brennweite von 8,23 m und einen Spiegel von 51 cm Durchmesser besaß. Was längst zerfallen und verrottet ist, haben Liebhaber im Modell nachgebaut, und Herr Gerdes, der dem Lilienthaler Heimatverein vorsteht, sagt zu den Besuchern, die er durch den Garten führt: »Wenn es uns gelingen sollte, wie geplant, die große Sternwarte Schroeters an ihrem ursprünglichen Standort, hier im Lilienthaler Amtsgarten, nach Originalplänen und in Originalgröße wieder aufzubauen, dann wäre dies eine europaweit geschichtlich einmalige Angelegenheit, eine Angelegenheit von internationaler Bedeutung.« Und noch einmal holt er aus und fügt hinzu: »In gut dreieinviertel Jahren, am 5. Dezember 1993, dem zweihundertsten Jahrestag der ursprünglichen Errichtung der Sternwarte, soll unser Werk vollendet sein.« Per aspera ad astra, nur dem Schnauzer ist es egal. Er hebt wieder das Bein und pißt in die neu ausgehobenen Fundamente, zerrt an der Leine und kläfft.

Im Rathaus betrachten wir das Modell der Sternwarte. Auf massivem Turm dreht sich eine Bühne, die das Fernrohr trägt; sie bewegt sich auf Rollen in einem Viertelradius. Ein Flaschenzug hebt und senkt das Rohr und reguliert den Ausstellwinkel. Zur Gründung der »Astronomischen Gesellschaft Lilienthal« am 20. September 1800 schrieb Freiherr von Zach in seiner »Korrespondenz zur Beförderung der Erd- und

Himmelskunde«: »Gerade bey meiner Anwesenheit in Lilienthal kam am 20 Septbr. der Prinz Adolph, nunmehr Herzog von Cambridge, von Hannover dahin und besah die Anlagen und Einrichtungen dieser Sternwarte mit vieler Theilnahme und Sinn für diese edle Wissenschaft, welche der König so großmüthig beschützt und befördert.« 20. September 1800! Es ist auf den Tag einhundertneunzig Jahre her!

Eine Zeichnung der Schroeterschen Sternwarte mit dem Lilienthaler Teleskop »constructum Lilienthalii 1793« hing über Arno Schmidts Schreibtisch in Bargfeld. Schmidt wollte die Geschichte der Entdeckung des Planeten Juno am 2. September 1804 erzählen, schon schwebten ihm die heroischen Charaktere vor Augen: Karl Ludwig Harding, der königliche Inspektor; Harm Gefken, der zum Opticus aufgestiegene Amtsgärtner, und Arend Harjes, ehemals Kutscher, dann Kupferdrucker der Schroeterschen Zeichnungen, und hinter allen, gigantenhaft als Doppelporträt: Schroeter und der Mond.

Arno Schmidt wollte astronomische Geschichte schreiben, er ist nicht dazu gekommen: die Presbyter von St. Jürgen verwehrten ihm Wohnsitz und Küsteramt. »Was hat der Arno bloß mit Lilienthal vor?« fragte Max Bense damals, als er von Schmidts Plan erfuhr, aber nicht genau hingehört hatte, »hör mir bloß einer auf mit Lilienthal und seiner klapprigen Flugmaschine, der Arno soll sich lieber um die Raketen kümmern.« Schmidt schrieb am 15. November 1957 an Alfred Andersch: »›Sankt Jürgen‹ hat sich inzwischen erledigt: die Gemeindeversammlung hat sich doch lieber für einen normalen Küster entschieden. (Schade: es war so still dort; und genau die Landschaft, die ich für ›Lilienthal‹ brauche – L. liegt ja nur 10 km entfernt! –– wenn ich nicht bald nach Norddeutschland gelange, entsteht das Buch nie. Je nun: ›Es ist nicht schad'.....‹; ich habe mein Teil Unfug in der Literatur gestiftet. (Aber trotzdem: es wäre ein gutes Stück geworden.....)). / Entschuldigen Sie meine Geschwätzigkeit. /«

Bei der Rückfahrt sehen wir am Horizont den Turm der

Bremer Universität. Es ist ein Turm, in dem physikalische Experimente des freien und gebremsten Falls durchgeführt werden. Er sieht wie ein riesenhafter gespitzter Bleistift aus, mit dem heutzutage die akademischen Monster physikalische Geschichte schreiben.

Morgen reisen wir ab. Ein letzter Abendspaziergang führt uns über die Bahnlinie in die Pferdeplacken hinein. An einer Hürde steht ein Bauer, seine Kälberherde ist herbeigeeilt, er liebkost die Tiere, streichelt ihnen ein ums andere Mal die Flanke, tätschelt die Nüstern, klopft die Backe. Dann spricht er mit den Tieren, flüstert ihnen etwas ins Ohr, das wir nicht verstehen können, hebt beschwörend den Finger und rollt die Augen dabei, als wollte er sie mahnen, sich vor dem bösen Wolf in acht zu nehmen, der nachts durchs Moor streift und die braven Kälbchen reißt.

Im Dämmerlicht tönt von allen Weideplätzen ringsum beschwichtigendes Flüstern herüber. Kein Mensch außer uns ist zu sehen, und doch scheinen die fernen Herden nicht allein auf der Weide zu sein. Wir sind weiter ins Sumpfland vorgedrungen und können die Gutenachtwünsche nicht mehr hören, die aber die Tiere vernommen haben müssen, denn mehr und mehr ziehen sie sich in entlegenere Gefilde zurück, verblassen in der Ferne und verlieren sich im Sauergras der Wümmeflur. Als wir uns umdrehen und den Rückweg antreten, blitzt es zwischen den Bäumen auf. In Worpswede gehen die Lichter an. Es ist, als stünde hinter jedem Fenster ein Mensch und schlüge wie auf geheime Verabredung im selben Augenblick Funken mit dem Feuerzeug.

Ein Dichter im Elsaß

Mit Jakob Michael Reinhold Lenz durchs Gebirg

Es ist Oktober im Elsaß. Auf den Grabsteinen am Straßenrand, gleich hinter der Abfahrt von der N 425 vor Andlau, sitzen zwei Kinder und schwingen Faustkeile aus Vogesengranit. Sie hacken auf die Steine ein, klopfen von der Seite und hacken beidhändig, als wollten sie ein Porträt modellieren. In Andlau überquert die Straße das Flüßchen und verschwindet im Mischwald. Doch mehr und mehr leuchtet das Tannengrün zwischen dem Buchenholz, Weiden drängen den Wald zur Seite, es blitzen Flecken von Schnee.

Le Hohwald, in der Schmiege bunten Laubes und starrschwarzer Tannen, liegt unter einer sanften Segantini-Wolke. Die Rohrstühle der *Winstub Stauffer* sind gegen die Tische gelehnt, das bedruckte Tuch des Sonnenschirms ist verblichen und hängt schlaff zwischen den Stangen. Hinter einem schmiedeeisernen Zaun erklingt Klaviermusik aus einem Gartenhaus; auf dem Türpfosten liegt eine Katze, sie hat grüne Augenschlitze und ist eine exotische Schönheit, wie von van Dongen gemalt. Am Hotel *Marchal* vorbei steigt der Seitenpfad zum Col du Kreuzweg empor. »Betreten der Wiese verboten!« In den Elektrozäunen ticken die Aggregate, wer vom Weg abweicht, gerät in die Labyrinthe einer Wohnwagenstadt. Hinter Jägerzäunen schmiegen sich Ferienchalets mit Holzbrettern am Giebel und Veranden mit geschnitzter Geländerverzierung. Sie heißen *Marcelle* und *Lucinde*, ihre Türen sind verriegelt, ihre Läden geschlossen. In der Wiese stehen blaue Tische und Stühle, die Farbe blättert im leichten Oktoberfrost ab.

Holzbirnen fallen von den Bäumen und klatschen auf die Straße. In der Nähe läutet ein Glöckchen, aber der Kirchturm steht auf der anderen Seite des Tals. Ein Spaziergängerpaar in Schnürschuhen und Bundhosen hält inne und schaut sich verwundert um. »Von einer Kuh«, sagt der Mann. Es ist nicht ein Scheppern, sondern ein Zinken, die Kuh bleibt unsichtbar und weckt die Einbildung eines Sonntagmorgens. Über dem Zündelkopf hat sich die Wolke aufgelöst. Ein einzelner Mensch geht hoch am Hang unter dem Waldrand hin; der Spaziergänger mit der Bundhose sagt zu seiner Begleiterin: »Im Winter geht da niemand mehr.«

»Den 20. Jänner ging Lenz durchs Gebirg.« Das ist der erste Satz einer deutschen Novelle. Georg Büchner ist sein Verfasser, und Jakob Michael Reinhold Lenz, dessen Weg und dessen Verzweiflungen er beschreibt, ist ein Bruder von ihm im Geist, ein Gleichgesinnter, ein Gleichgefährdeter.

Büchner erzählt: »Die Gipfel und hohen Bergflächen im Schnee, die Täler hinunter graues Gestein, grüne Flächen, Felsen und Tannen. Es war naßkalt; das Wasser rieselte die Felsen hinunter und sprang über den Weg. Die Äste der Tannen hingen schwer herab in die feuchte Luft. Am Himmel zogen graue Wolken, aber alles so dicht – und dann dampfte der Nebel herauf und strich schwer und feucht durch das Gesträuch, so träg, so plump. Er ging gleichgültig weiter, es lag ihm nichts am Weg, bald auf-, bald abwärts. Müdigkeit spürte er keine, nur war es ihm manchmal unangenehm, daß er nicht auf dem Kopf gehen konnte.«

Jakob Michael Reinhold Lenz, 1751 in Livland geboren, Lateinschüler in Dorpat, Theologiestudent in Königsberg, kam als Zwanzigjähriger nach Straßburg, sah Goethe und war verloren. »Ich habe mit Göthen Göttertage genossen«, schrieb er an Sophie von La Roche, die Jugendgeliebte des Dichters Christoph Martin Wieland, aber die Tage dämmerten rasch, und die Strahlen Goethes verzehrten den hell Entflammten unversehens. »Ein Persönchen, wie mir unter nordischen Jünglingen von Zeit zu Zeit eins begegnet ist«, sagte

Goethe, und jedermann spürte, daß Lenz ihm lästig war. Da stand er, »Lenzchen«, wie Goethe ihn nannte, »der Affe Goethes«, adrett gekleidet, und schaute den Soldaten beim Exerzieren zu, da ging er, wie Goethe, an der Seite des Aktuars Salzmann, da saß er, wie Goethe, und schrieb Dramen in der Nacheiferung Shakespeares, da eilte er, wie Goethe, zu Friederike Brion ins Pfarrhaus nach Sesenheim, schrieb ihr Briefe und dichtete sie an, schließlich folgte er Goethe nach Weimar, der sich als »Ziel einer abenteuerlichen und grillenhaften Verfolgung« sah, sich von ihm abwendete und ihn ausweisen ließ.

Lenz reist nach Emmendingen zu Schlosser, dem Schwager Goethes, und verliebt sich in dessen Frau Cornelia; er pilgert nach Zürich zu Lavater, dem Physiognomiker, und besucht mit ihm eine Tagung der »Helvetischen Gesellschaft«; im Januar 1878 geht er »durchs Gebirg«, verstört und zerquält, trost- und hilfesuchend, er ist auf dem Weg zu Johann Friedrich Oberlin, dem Pfarrer und Menschenfreund im elsässischen Steintal.

Es ist zweihundertzwei Jahre später, es ist auch ein 20. Januar, Sonntag, und wir folgen dem Weg, den Lenz durchs Gebirge genommen hat. Vom Col de la Charbonnière steigt die Fahrstraße steil zum Champ du Feu empor, die Kohlmeise pfeift im Gestrüpp, ein dichtgehäufter Holzmeiler ist verschwelt, es brüten in der Ferne wirtschaftlichere Reaktoren, und die Meise wärmt sich im Gebälk der Skihütten. »Teleski« heißt es auf Hinweisschildern in jeder Kurve, von allen Seiten ziehen sich die Lifte zum Champ du Feu hoch. »Chaume des Veaux«, »Vieux prés«, »Domaine Myrtille« sind die Namen der Skigebiete: »Kälberhütte«, »Alte Wiesen«, »Heidelbeerreich«, ein Titelverzeichnis aus dem Märchenbuch.

Am Waldrand gleiten Langläufer dahin, weit dehnen sich die Schneeflächen; die Läufer schwingen ihre Stöcke, ein mechanischer Spielzeuggarten mit bewegten Pendeluhren. Die Spaziergänger bewegen sich auf festem Pfad, aber niemand sucht Pilze, niemand pflückt Beeren, niemand schießt einen Hasen, auch nicht im Herbst; »Privé!« ruft es von weißen Metallschildchen, nur das Spazierengehen auf öffentlichen Wegen ist nicht verboten.

Im betonierten Aussichtsturm dreht sich eine Wendeltreppe mit abgewetzten Stufen. Die Bergketten reihen sich hintereinander, vielfach gestaffelte Theaterkulissen. Nebelschleier trennen die Höhenzüge, die Landschaft wirkt wie ein Foto aus dem Teleobjektiv. Die Abfalleimer auf dem Parkplatz sind schamhaft mit Holz verkleidet, »Alsace libre!« hat jemand mit roter Farbe darauf geschrieben, für einen Augenblick denkt man an Revolution und Freiheitsfeuer, an einen regionalistischen Rütlischwur. Aber das »Champ du Feu« hat sich in ein »Champ des Fées« zurückverwandelt, das Feuerfeld ist wieder zum Gebilde der Feen geworden oder ein Hexentanzplatz des 21. Jahrhunderts, die Skiasse tanzen zwischen den Slalomstangen, und abends hüpfen sie in den Disco-Bars.

Büchner schreibt von Lenz: »Gegen Abend kam er auf die Höhe des Gebirgs, auf das Schneefeld, von wo man wieder hinabstieg in die Ebene nach Westen. Er setzte sich oben nieder. Es war gegen Abend ruhiger geworden; das Gewölk lag fest und unbeweglich am Himmel; soweit der Blick reichte, nichts als Gipfel, von denen sich breite Flächen hinabzogen, und alles so still, grau, dämmernd. Es wurde ihm entsetzlich einsam; er war allein, ganz allein. Er wollte mit sich sprechen, aber er konnte nicht, er wagte kaum zu atmen; das Biegen seines Fußes tönte wie Donner unter ihm, er mußte sich niedersetzen. Es faßte ihn eine namenlose Angst in diesem Nichts: er war im Leeren! Er riß sich auf und flog den Abhang hinunter ... Endlich hörte er Stimmen; er sah Lichter, es wurde ihm leichter. Man sagte ihm, er hätte noch eine halbe Stunde nach Waldbach.«

Die Bauernhäuser von Waldersbach sind an den steilen Südhang gebaut. Unter den tiefen Dachvorsprüngen ist Holz gestapelt, Kettenhunde rasseln vor ihren Hütten, schniefen und bellen, ein Bauer wirft ein Holzscheit über seinen Sägebock und spuckt in die Hände. Wir steigen die schmale Straße zur Kirche hinauf, Häuser und Gärten rufen Märchenbilder ins Gedächtnis zurück, Holzschnitte von Ludwig Richter, die Hütte von Schneeweißchen mit dem Taubenschlag, den Stall der sieben Geißlein mit der Doppeltür. Über einer Mauer hängen Schneebeeren, Efeu hat sich um den Stamm eines Nußbaums gerankt, die Malven in den Gärten sind erfroren. Die ganze Zeit über streicht eine Katze um unsere Füße herum, sie ist schwarz, mit zarten roten Flecken, die rechte Hinterpfote ist ganz rot behaart, ein lederfarbener Fehdehandschuh.

Ein Bauer fährt auf einem Traktor vorbei. Er hält die Zigarette im Mund und sagt: »Bon dimanche!« Gegenüber dem Pfarrhaus wölbt sich napoleonisch der Baldachin einer Türüberdachung mit Troddeln und Girlanden im Fries. Auf dem Dach des Hauses schlüpfen Spatzen durch ein Fensterloch, die Katze turnt in der Regenrinne und hakelt nach dem Spatzenvolk. »Voyez!« ruft der Bauer und zeigt nach der Tür des Pfarrhauses.

Wir sahen das Pfarrhaus, wir wußten, daß es seit Oberlins Zeiten immer eine Zuflucht für Verirrte und Verzweifelte, eine Stätte der Wohlfahrt und der Fürsorge war. Auf der Holztür im Eingang ist ein Schild angenagelt, es ist eine Parole der französischen Verkehrswacht, aber sie klingt, als sei sie von Oberlin selbst ausgegeben: »Sur la route aussi aimez-vous les uns les autres«, auch auf der Straße soll der eine den anderen lieben, ja, es sieht ganz so aus, als ginge der Geist der Nächstenliebe von Waldersbach im Steintal aus.

Johann Friedrich Oberlin, 1740 in Straßburg als Sohn eines Magisters geboren, kam 27jährig als Pfarrer nach Waldersbach ins Steintal; schon ein Jahr darauf heiratete er die Tochter eines Professors, eine Waise, die neun Kinder gebar. Oberlin, erfüllt von den pietistischen Tugenden der Mäßigkeit und der Pünktlichkeit, der Selbstbeherrschung und des Fleißes, rettete die Menschen des Steintals, die in bitterster Armut in kaum vorstellbarer Abgeschlossenheit lebten, aus ihrer Not. Er selbst nahm Pickel und Schippe zur Hand, baute Straßen, verlegte Bäche, richtete Stützmauern auf, sprengte Felsen, legte Sümpfe trocken. Im Jahre 1813 baute er mit seinen Bauern den »Pont de la Charité«, die Brücke der Brüderlichkeit, über die Bruche und verband so das abgelegene Tal mit der Hauptstraße, die über Schirmeck und Molsheim nach Straßburg führt.

Er studierte Düngung und Kompostverwertung, verbesserte die Wasserregulierung und Brandbekämpfung, lehrte wirtschaftlichen Kartoffel- und Kleeanbau, förderte Baumschulen und Getreideveredelung, gründete eine Leih- und Kreditkasse, führte die Baumwollspinnerei und -weberei ein, und in der Zeit seiner Amtsenthebung während der Französischen Revolution betrieb er eine »Christliche Verkaufsstelle« für land- und hauswirtschaftliche Bedarfsgüter, einschließlich Bibeln. Sonntags predigte er abwechselnd in Waldersbach, Fouday und Bellefosse und nahm sich dabei vor allem der Kinder des Tales an: 1779 gründete er eine Kinderbewahranstalt. Ja, »Gott will Nächstenliebe, aber keine schönen Worte.«

Wir treten durch das Tor, die Büste des Wohltäters im Garten ist winterfest gemacht und mit Öltuch zugepackt, auch die Kutsche neben der Haustür ist verhängt. Madame Caron, die Pastorin, tritt uns entgegen und führt uns in die Stuben, die Bibliothek, Lehrmittelzimmer und Naturalienkabinett, Kindergarten, Fortbildungsschule und Handarbeitsraum zugleich sind. »Ich gehe zum Strickofen«, sagten die Leute, und da saßen sie am eisernen Bullerofen, auf dem Sofa und auf Stühlen bei Madame Oberlin mitten zwischen historischen Figuren in Gipsmedaillons, bei Lavaters Scherenschnitten und Stubers Lesebüchern, die den ganzen Menschen im Auge und so auch eine praktikable Ganzheitsmethode für die Erziehung entwickelt hatten.

In den Vitrinen liegen die gemalten und gefalteten Kinderbriefe, landwirtschaftliche Arbeitshefte und gehäkelte Babyhäubchen, Kartenspiele mit Schulaufgaben auf der Rückseite und selbstgebasteltes pädagogisches Spielzeug: Gänsestall und Pochhammer, Drechslerwerkstatt und eine geheimnisvolle Camera obscura. »Ich sah einen Rahmen«, schreibt E.J. Delécluze 1822, »in dem gewöhnliche (falsche?) Steine verschiedener Farbe, konzentrisch geordnet, enthalten waren. Im ersten Kreis, vom Rahmen aus gesehen, waren es purpurne, im zweiten gelbe, im dritten grüne, im vierten blaue, im fünften dunkelgrüne, im sechsten dunkle, und im innersten Kreis feuerfarbene.«

Der Rahmen ist immer noch zu sehen. Pastorin Caron erklärt seine Funktion, sie wechselt vom Deutschen ins Französische über, als zwei Herren eintreten, aber der Grauhaarige der beiden sagt: »Sie könnets au auf Ditsch sage«, und auch er lauscht der Oberlinschen Menschentheorie. Je nach der gewählten Farbe beurteilte er die Menschen: Ehre dem, der die violette Farbe liebt, die aus Rot und Blau gemischt ist. Ja, Glaube und Wissenschaft verbanden sich in ihm.

»Ein andermal zeigte ihm Oberlin Farbentäfelchen«, heißt es in Büchners Lenz-Novelle, »er setzte ihm auseinander, in welcher Beziehung jede Farbe mit dem Menschen stände; er brachte zwölf Apostel heraus, deren jeder durch eine Farbe repräsentiert würde. Lenz faßte das auf, er spann die Sache weiter, kam in ängstliche Träume und fing an, wie Stilling, die Apokalypse zu lesen, und las viel in der Bibel... In den Hütten war es lebendig: man drängte sich um Oberlin, er wies zurecht, gab Rat, tröstete; überall vertrauensvolle Blicke, Gebet. Die Leute erzählten Träume, Ahnungen. Dann rasch ins praktische Leben: Wege angelegt, Kanäle gegraben, die Schule besucht.

Oberlin war unermüdlich, Lenz fortwährend sein Begleiter, bald in Gespräch, bald tätig am Geschäft, bald in die Natur versunken... Aber nur so lange das Licht im Tale lag, war es ihm erträglich; gegen Abend befiel ihn eine sonderbare Angst, er hätte der Sonne nachlaufen mögen. Wie die Gegenstände nach und nach schattiger wurden, kam ihm alles so traumartig, so zuwider vor: es kam ihm die Angst an wie Kindern, die im Dunkeln schlafen; es war ihm, als sei er blind. Jetzt wuchs sie, der Alp des Wahnsinns setzte sich zu seinen Füßen: der rettungslose Gedanke, als sei alles nur sein Traum, öffnete sich vor ihm; er klammerte sich an alle Gegenstände ... Um Mitternacht wurde Oberlin durch ein Geräusch geweckt. Lenz rannte durch den Hof, rief mit hohler, harter Stimme den Namen Friederike, mit äußerster Schnelle, Verwirrung und Verzweiflung ausgesprochen; er stürzte sich dann in den Brunnentrog, patschte darin, wieder heraus und herauf in sein Zimmer, wieder herunter in den Trog, und so einigemal – endlich wurde er still.«

Lenz war in allergrößter Verzweiflung zu Oberlin gekommen, leiblich zerrüttet, geistig verstört, religiös zerquält. Er irrte durch die Gegend, gab sich als Mörder aus, versuchte sich selbst zu töten.

»Ja, der Lenz!« sagt Madame Caron, »da stimmt ja vieles nicht, auch nicht in der Geschichte von Büchner.« Sie zeigt uns die Bücher und Postkarten, die das Pfarramt feilbietet, Büchners Novelle ist nicht dabei. Es gibt »Licht und Schatten über dem Leben des Johann Friedrich Oberlin« und »Sein Leben und Wirken im Lichte der Bibel«, es gibt seinen Schattenriß aus dem Jahre 8 der Republik und eine Karte vom »Tableau de la Réconciliation«. Die Tafel der Versöhnung, die aus lauter Lamellen gefaltet ist, zeigt von der einen Seite her einen Vogel mit Jungen in seinem Nest und von der anderen eine Rose, von Bienen umschwärmt. »Es kommt auf den Standpunkt an«, sagt Madame Caron. Sie ist kalenderfest und rational: »Am 20. Januar 1778 lag hoher Schnee in den Vogesen«, sagt sie, »da legte Lenz nicht seinen Kopf ins Moos und schloß die Augen halb, wie es in der Geschichte steht.«

Büchner erzählt: »Oberlin sprach von den Leuten im Gebirge, von Mädchen, die das Wasser und Metall unter der Erde fühlten, von Männern, die auf manchen Berghöhen angefaßt würden und mit einem Geiste rängen; er sagte ihm auch, wie er einmal im Gebirg durch das Schauen in ein leeres tiefes Bergwasser in eine Art von Somnambulismus versetzt worden sei. Lenz sagte, daß der Geist des Wassers über ihn gekommen sei, daß er dann etwas von seinem eigentümlichen Sein empfunden hätte...

Lenz ging vergnügt auf sein Zimmer. Er dachte auf einen Text zum Predigen, und seine Nächte wurden ruhig. Der Sonntagmorgen kam, es war Tauwetter eingefallen... Die Kirche fing an, die Menschenstimmen begegneten sich im reinen hellen Klang; ein Eindruck, als schaue man in reines, durchsichtiges Bergwasser. Der Gesang verhallte – Lenz sprach. Er war schüchtern; unter den Tönen hatte sein Starrkrampf sich ganz gelegt, sein ganzer Schmerz wachte jetzt auf und legte sich in sein Herz. Ein süßes Gefühl unendlichen Wohls beschlich ihn. Er sprach einfach mit den Leuten; sie litten alle mit ihm, und es war ihm ein Trost, wenn er über einige müdgeweinte Augen Schlaf und gequälten Herzen Ruhe bringen, wenn er dieses von materiellen Bedürfnissen gequälte Sein, diese dumpfen Leiden gen Himmel leiten konnte.«

Die Kirche von Waldersbach, »neben am Berg hinauf, auf einem Vorsprung; der Kirchhof drumherum«, schmiegt sich unter eine mächtige Linde, sie steht jetzt ohne Blätter da. Durch die kunstvoll eingelassenen Löcher im Mauerwerk zieht der Salpeter ins Freie, und in Kanzel und Bänke ist der Holzwurm gekrochen. Es bullert der eiserne Kanonenofen. Ein alter Stich zeigt die Männer der Reformation, Melanchthon, Calvin, Luther, Zwingli, Hus, Gustav Adolf: Gott mit uns! Das Glockenseil hängt aus der Holzdecke, über das Geländer der Empore streicht die schwarze Katze und reibt sich an den rauhen Stützpfosten. Auf dem Kirchhof liegt Madame Oberlin begraben, »épouse fidèle et dévouée«, die treue und aufopferungsvolle Gattin, 35jährig gestorben.

Auf dem Friedhof von Fouday, zweieinhalb Kilometer talabwärts an der Hauptstraße, liegt Oberlins Grab. Wir steigen über die breite Steintreppe zu den Gräbern hinauf; eines

Merlins Stein ist zerbrochen, und Moos überzieht die verwitterte Platte; Oberlins Bronzeplakette schmückt ein Kettchen aus bunten Glassplittern. Für »Papa Oberlin« blühen Hortensien aus Plastik und Dahlien aus Keramik, und im schmiedeeisernen Kreuz steckt eine Mohnblüte aus unverwelkbarem Kunststoff: Zeichen ewigen Frühlings, Zeichen ewigen Schlafs.

Hier in Fouday wollte Lenz ein totes Mädchen wieder auferwecken, Schulmeister Sebastian Scheidecker von Bellefosse kam über die Brücke an der Birkenallee vorbei herabgestiegen und begleitete Lenz: »Er besuchte das Grab des Kindes, das er hatte aufwecken wollen, kniete zu verschiedenen Malen nieder, küßte die Erde des Grabes, schien betend, doch mit großer Verwirrung, riß etwas von der auf dem Grab stehenden Krone ab, als ein Andenken, ging wieder zurück nach Waldbach, kehrte wieder um, und Sebastian mit.«

Es ist Sonntagmittag in Fouday, es riecht nach Kraut und Braten. Im Restaurant gibt es neuen Wein und Nüsse, Schnecken, Forellen und Zwiebelkuchen. Der winterliche Garten atmet schwer: der Grünkohl ist geschossen und erfroren, über die Tomatenstöcke sind Plastikbeutel gestülpt. Aber neben dem Gasthaus flattern Miederhöschen und Büstenhalter lustig auf der Wäscheleine, sie sind viel zu groß für die zarten Rokoko-Lolitas der Literatur.

Lenz kehrte nach Straßburg zurück. Oberlin setzte ihn in die Kutsche, betete und segnete ihn. Büchner erzählt: »Er saß mit kalter Resignation im Wagen, wie sie das Tal hervor nach Westen fuhren. Es war ihm einerlei, wohin man ihn führte. Mehrmals, wo der Wagen bei dem schlechten Wege in Gefahr geriet, blieb er ganz ruhig sitzen; er war vollkommen gleichgültig. In diesem Zustand legte er den Weg durchs Gebirg zurück. Gegen Abend waren sie im Rheintale. Sie entfernten sich allmählich vom Gebirg, das nun wie eine tiefblaue Kristallwelle sich in das Abendrot hob, und auf deren warmer Flut die roten Strahlen des Abends spielten; über die Ebene hin am Fuße des Gebirgs lag ein schimmerndes, bläuliches Gespinst.« Lübeck, Riga, St. Petersburg, das waren seine weiteren Stationen. Im Frühjahr 1792 wurde er tot auf einer Straße in Moskau aufgefunden.

Es ist Abend. Wir fahren in Andlau über die Brücke. Am Wegrand vor Eichhoffen liegen die schwarzen Grabsteine jetzt leblos und kalt. Es sind keine Kinder mehr da mit Hämmern und Faustkeilen. Einen Tag lang haben sie auf die Steine eingeschlagen, sie haben kein Porträt zustande gebracht.

Spaziergänge mit Flaubert

Ein Frühling in der Bretagne

Es ist ganz früh im April, noch ist das Grün auf den Wiesen blaß und zerzaust, die Wolken jagen über die Waldspitzen, und der »Itinéraire«, den uns ein dicker grüner Pfeil zuerst an Äckern und Weiden entlang und dann quer durch das Megalithenfeld der Heide von Lanvaux weist, ist ein sorgsam ausgetüftelter Reiseweg des Touring Club de France. Auf leisen Sohlen huschen wir über den Asphalt, die Chausseen sind stille Pfade, bald Hohlwege, bald Alleen. Am späten Nachmittag erreichen wir Vannes am Golfe du Morbihan.

Die Megalithen scheinen alle ins Meer geworfen, von Riesenhand, die Bucht ist von Inseln übersät, Ile Huric, Ile Godec, Ile d'Arz. Wir übernachten im Hotel *La Marébaudière*, das aussieht wie eine gigantische Fischerhütte, reetgedeckt, mit Marmortreppen und Lüstern, mit Sofas und Sesseln aus Mahagoni und Chintz. Wir essen Austern und gegrillten Lachs in Holländischer Soße, Lammbraten mit Bohnen und sitzen mit einem verwunderten Augenaufschlag an der bretonischen Küste, kühn und unternehmungslustig, von weit her gekommen, aber vom Seewind geweckt und gereizt.

Flaubert schrieb in sein Reisetagebuch: »Wir fühlten in den Muskeln eine Art Beben vor robuster und eigenartiger Wollust«, und auch wir recken die Glieder und fühlen uns in der zu groß geratenen *Marébaudière* wie der Fischer und seine Frau in dem großen, steinernen Palast, »un de Wänn' wörn all blank un mit schöne Tapeten un in de Kamers luter gollne Stöhl un Dischen, un krystallen Kroonlüchters hüngen an den Bähn«.

Vannes rüstet schon zur Saison. Die ersten Segler hantieren im Hafenbecken, aber noch liegen die Boote ohne Segel im Wasser, die Masten schaukeln im Wind, ein sanft bewegter Streichholzwald. Alle Mauern von Vannes sind mit Efeu überzogen, der Stechginster ist bis zur Höhe der Stadtmauer hinaufgeklettert. Von oben herab gießt eine Frau im verwaschenen Kittel einen Wassereimer über die Mauer aus. Zwei Anstreicher in weißen Anzügen knien vor einem Geländer, ein Pflasterer drückt eine schwerbeladene Schubkarre durch die barocken Gartenanlagen, an gezirkelten Beeten entlang, über gewundene Kiespfade befördert er die glänzenden Basaltwürfel.

Der Yankee-Pub und die Crêperie sind noch geschlossen, im Café *Au chat qui pèche* stehen die Stühle ineinandergestapelt neben den Tischen. Eine Katze reckt sich auf dem obersten Stuhl, sie wölbt den Buckel und gähnt. Auf einem Dreirad rollt ein Reklamekommando vor das Stadttor, unter dem langen Leimbesen entfaltet sich das neueste Kulturangebot: »Exposition de Reptiles Vivants«.

In Auray ist Ebbe. Im kleinen Hafen stehen die Boote auf dem Schwert aufgebockt – wie Riesenfische im Museum, die auf der Bauchflosse balancieren. Hinter der Heide erscheint der Turm der Wallfahrtskirche von Sainte Anne d'Auray, mächtig und triumphierend, als sei er das Denkmal der Völkerschlacht bei Leipzig. Die Figur der heiligen Anna ist größer als das Tor und die Rosette, eine Walfischmutter, deren Schoß Boote und Fische birgt. Die Winterpilger, in Hut und Handschuhen, packen dicke, gelbe Kerzen aus den Kofferräumen ihrer Autos, die Devotionalienhandlung ist noch dicht verbrettert. Auch »Le Galion«, die Theaterkogge vor Plouharnel, in der sonst eine Muschelausstellung zu sehen ist, bleibt bis zum Sommer geschlossen. Das Schiff, wie aus Sperrholz geschnitzelt, ruft Errol Flynn und die Twentieth Century Fox ins Gedächtnis, das Wasserbecken, in dem es liegt, ist kaum mehr als zwanzig Zentimeter tief, die gigantische Attrappe ruht auf einem Betonsockel.

Endlich, bei Locmariaquer, finden wir den ersten keltischen Koloß, den Großen Menhir. Er ist auseinandergebrochen wie der »Große Fuß von St. Wendel« des japanischen Bildhauers Hashimoto, die Blöcke liegen breit im Gras, Zaubersteine von Obelix. Am Dolmen »Table des Marchands«, im dichten Zedernhain, speisten die Riesen der Vorzeit und warfen die Knochen hinter sich in die Heide. Immer noch nagen die Würmer im Mark, dick und träge wie die lebendigen Schlangen von Vannes.

Hinter Carnac, einem Marktflecken am Meer, breitet sich die Steinflucht vorgeschichtlicher Menhire in mehreren parallelen Reihen über die sanften Bodenwellen der Stechginsterheide. Es gibt ein Karnak in Ägypten, und es gibt ein Carnac in der Bretagne, und als Gustave Flaubert 1847 mit seinem Freund Maxime Du Camp nach Carnac kam, stellte er eine Betrachtung über das Welträtsel dieser Steine an. Er folgert, in lapidarer Komik: »Nun ist es wahrscheinlich, daß das Carnac von hier von dem Karnak von dort herrührt; es ist sicher! Denn da unten sind Sphinxe, hier Blöcke; auf beiden Seiten also ist Stein. Woraus folgt, daß die Ägypter (ein Volk, das nicht reiste) an diese Küste gekommen sind (deren Existenz ihnen unbekannt war), eine Kolonie dort gegründet haben (denn sie gründeten sonst nirgends welche) und daß sie diese blöden Statuen dort gelassen haben (sie, die deren so schöne machten), ein positives Zeugnis ihrer Reise (von der niemand redet).«

Flaubert, 26jährig, wandert mit seinem Freund Maxime Du Camp durch den gigantischen Steingarten, gemeinsam schreiben sie ein Reisetagebuch, Du Camp die Kapitel mit der geraden Zahlenfolge, Flaubert die mit der ungeraden. Er räsoniert über die historischen, die mythologischen, die naturgeschichtlichen Deutungsversuche, er macht sich lustig über Archäologen, über Kosmographen, über Literaten, und wir folgen ihm und seinen Wörtern, den mengenmathematischen Spekulationen, vorbei an den wirklich und wahrhaftig rollenden und tanzenden, kreisenden und schwingenden Steinen, ja wir folgen ihm, Ort für Ort, an der ganzen Küste entlang, bis hinauf an die Pointe du Raz.

Erst führt unser Weg an den zerklüfteten Felswänden der Côte Sauvage entlang. Die Landschaft ist wie ein bretonisches Dutzendbild aus dem Monoprix: das lila Grasnelkenfeld – ein dekorativer Rosettenteppich; der rotweiße Rettungsring an der Betonmauer – ein futuristisches Kunstwerk. Port Guen an der Pointe du Percho empfängt uns mit Gestank nach faulem Tang. Ein Setter jagt an der schrägen Kaimauer auf und ab und japst seinem Herrn entgegen, der in Gummistiefeln sein Boot an die Mole zieht. Im Café *Chez Alice* prangen ein Barometer in Ankerform und ein in Kupfer getriebener Fischkopf. Auf unserem Teller dampft eine Crêpe au Grand Marnier, im Glas perlt ein süßer Cidre bouché. Die Patronin sitzt hinter der Kasse und bleckt die Zähne, ihre goldglänzenden Ohrringe klingeln, wenn sie den Kopf bewegt.

An der Strandpromenade von Quiberon steht das Denkmal von General Lazare Hoche, der im Juni 1795 die Invasionsarmee der geflüchteten Royalisten besiegte. Er stützt sich auf seinen Bronzesäbel, läßt seine Bronzelocken fliegen, steht da in seinen Bronzestiefeln wie ein Brummell der Revolution. Aber irgendein konterrevolutionärer Handstreich hat auf den bronzenen Schwalbenschwanz seines Armeerocks eingewirkt und ihn seiner steifen Spitze beraubt. Eine Inschrift verkündet, er habe Landau belagert, die Vendée befriedet, die Spitzbuben verjagt, die Verschwörer gebeutelt. Die Jugend von Quiberon schüttet ihm Muschelschalen vor die Füße. Auch in den Schaufenstern liegen Muschelschalen haufenweise, als drapierte Füllhörner, als irisierende Fotorahmen, als geblähte Segel.

Im Hotel *Hoche* essen wir Austern, Palourdes au beurre, Langoustines à la Mayonnaise und trinken einen Riesling von Dopff »spécial pour fruits de mer et tous poissons«. Der Kellner pfeift durch die Zähne, er schwenkt seine Serviette und stellt uns den Original-Kühlkübel von Dopff auf den

Tisch. Wir essen und trinken und schauen dem bronzenen General auf den Rücken. Flaubert war zum Frühstück gegenüber abgestiegen, im Hotel *Penthièvre*, beim alten Rohan. »Dieser Edelmann ging in Anbetracht der Hitze in seinen Schuhen barfuß und stieß mit einem Maurer an, was nicht hindert, daß er der Abkömmling einer der ersten Familien Europas ist; ein Adliger aus altem Geschlecht! Ein echter Adliger, so wahr Gott lebt! Und er hat uns sofort Hummer kochen lassen und uns selber Beefsteaks geschlagen«, heißt es in Flauberts Tagebuch. Das *Penthièvre* ist restauriert, umgebaut, ein modernistischer Betonschuppen. In der Bar hängen die alten, vergilbten Fotos, als der Maurer noch nicht tätig geworden und der Promenadenplatz noch ein Schlammpfuhl war.

Flaubert mußte auf die Post von Auray warten, bevor sein Ruderboot zur Belle-Ile ablegen konnte. Wir sitzen rechtzeitig auf dem Oberdeck der Autofähre »Acadie«, direkt neben dem Rettungsboot. Schon laufen die Motoren, es heult aus dem Schornstein herauf, unter dem Lautsprecher an der Treppe ist ein Bild von Jan Cux aus Cuxhaven aufgehängt, wie er winkt im blauen Anzug und mit blauer Schiffermütze. Die Hupe ertönt, das Schiff legt ab und schwenkt durch das Becken in die offene See. Der Schornstein raucht, und das Schiff gleitet in die Fahrrinne.

Es ist Ebbe, aber wir haben nichts zu befürchten, während das Boot von Flaubert nur mit Not aus dem flachen Wasser kam: das Hafenbecken ist ausgebaggert und betoniert. Vor uns auf dem Deck sitzt ein Graukopf mit Knebelbart und krummer Pfeife bei sommersprossigen Flachsköpfen im Friesennerz. Einer der Knaben zeigt nach dem Radarkarussell und sagt: »Papa, regarde!« und ist also doch kein Jan Cux von der Friesenküste. Aus dem Dunstschleier befreit sich die Zitadelle von Le Palais, »um die wir uns sehr wenig kümmerten«, wie Flaubert erzählt, der Leuchtturm Grand Phare im Stil Vaubans, »der uns noch weniger beunruhigte«, der Wall Vaubans, »der uns bereits langweilte«.

Aber man hatte uns von den Felsen und Grotten erzählt, und sogleich brechen wir zur Steilküste des Westufers auf. Aus dem schiefrigen Gestein, das wie eine Landkarte mit Höhenschichten erscheint, blüht es aus allen Ritzen. Über enge Stufen steigen wir zur Apothekergrotte hinab. Das Wasser ist grün, die Felder sind altrosa, der Sand malvenfarben. In die Höhlungen der Spitzbogen stoßen Möwen und Kormorane. Von oben schauen wir auf die weitgespannten Flügel, auf das glitzernde Federkostüm mit den schwarzen Stulpen am Flügelende. Flaubert, mit der »Narrheit des Ekstatikers«, erlebt das Gehäus der Grotten wie ein Märchen, ihm genügt es nicht, daß es dort unten in Ägypten Sphinxe, hier aber nur Grotten gibt.

Er erzählt: »Im Hintergrunde der einen schien unter einem länglichen Gewölbe ein Bett weißen und blanken Kieses, das die Flut ohne Zweifel jeden Tag wendete und neu machte, da zu sein, um den Leib der Najade aus den Wogen zu empfangen; aber ihr Lager ist leer und hat sie für immer verloren! Nur dieser noch feuchte Seetang bleibt, wo sie die schönen, nackten, vom Schwimmen ermüdeten Glieder ausstreckte.« Hans, unser Maler, zeichnet das Felsenmärchen; wir sitzen da und schauen ihm zu, gefesselt vom Spiel der Wellen und von der Eleganz seines Strichs. Es ist spät, als wir aufbrechen. Auf der Heide, mitten im Stechginster, steht ein Stier mit einem Ring durch die Nase.

Auf der *Caserne Lieutenant Jarnet*, der Gendarmerie Nationale von Quimperlé, ist ein Sendemast aufgezogen wie eine mächtige Takelage. In den gemütlichen Renaissancehäusern logieren das *Café de l'Epargne*, die Arts Ménagers und die Pharmacie de la Croix Rouge, aber die Sparkasse selbst, die Kunstschule und die Clinique St. Joseph residieren herrschaftlich im blanken Klassizismus. Quimperlé, keine ägyptische Sphinx, ein bretonischer Block, herb und lieblich zugleich. »Zwei Flüsse zu Füßen der Berge umgeben die Stadt wie ein silbernes Armband«, schrieb Flaubert in sein Reisejournal. Auf der Brücke über die Ellé steht ein Angler, er fängt einen fingerlangen Lachs, hakt ihn von der Angel los und wirft ihn wieder in den Fluß. Am Ufer der Isole flanieren zwei blonde Mädchen mit Geigenkästen unter dem Arm, vielleicht sind es Mitglieder des *Ensemble de Cuivre de Geilenkirchen*, das am Freitag in der Eglise Notre-Dame de l'Assomption deutschen Barock musiziert. Bretonisch sind die Wegweiser zu den Campingplätzen: Camping Le Corsaire, Camping du Dolmen, Camping des Druides.

So wie Flaubert, der Dichter, mit seinem Freund Maxime Du Camp, so war Gauguin, der Maler, mit seinem Freund Emile Schuffenecker in die Heiden und Häfen der Bretagne aufgebrochen, auch auf der Suche nach dem einfachen Leben, der reinen Natur, den archaischen Sitten. In Pont-Aven malte Gauguin sein bretonisches Dorf, seinen rosa Baum, seinen gelben Christus. Er griff zum dicken Pinsel und malte mit breiter Kontur.

An der Place de l'Hôtel de Ville liegt das Haus von Julia Guillou, der »bonne hôtesse« der Maler von Pont-Aven. Die Platanen vor dem Haus sind gestutzt, die Träume ins Amüsement verkehrt. Ein Plakat ruft zur »Cavalcade« am Sonntag, die Auto-Scooter stehen in einer Reihe hinter der blauen Plane, die Schiffschaukelbremser sitzen im *Bois d'Amour*. Das Haus von Marie-Jeanne Gloanec, in dem die Maler logierten, ist heute die »Maison de la Presse«, aber außer der Plakette gibt es keinen Hinweis auf Gauguin und Schuffenekker. Die Einheimischen gehen achtlos vorüber; ein Mineralwasser-Fahrer im langen, gewellten Haar deponiert seine Kisten für das renommierte Restaurant *Rosmadec*; das Pissoir an der Brücke ist im bretonischen Stil verborgen; in der Galérie de l'Aven gibt es bretonische Lutscher, bretonischen Honig, bretonisches Eis, bretonische Meeresfrüchte und die Galettes Kouign Breizh, eine keltische Druidenspeise aus dem Zauberkessel von Miraculix. Im Square Théodore Botrel steht der Volksdichter in Granit. Er trägt Gamaschen und eine

Trachtenweste, den flachen Hut in der Hand und die Rechte emphatisch erhoben, er singt »Chansons de chez-nous« und »Contes du lit-clos«.

Innerhalb einer Stunde ist die Flut gekommen, die Segeljachten haben Wasser unter dem Kiel, und die Pfeiler der kleinen Brücke, deren Holzstammkonstruktion sich als Betonimitation entpuppt, sind sanft umspült vom zurückgekehrten Wasser. »Regardez!« ruft eine Mutter ihren Kindern zu. Ein Erpel bespringt eine schwimmende Ente, die Ente schreit und plustert ihr Federkleid. Die Kinder jauchzen, und die Eltern treten zurück in ein unverfängliches Ehegespräch. Heftiger dreht sich das Mühlrad bei Docteur Pierre-Yves Queudet, verwirrter hantieren die Kirmes-Leute vor ihren Komödienwagen. Am Abend sitzen wir im *Hôtel des Mimosas* beim Austernschmaus; aber ein Fieber regt sich in meinem Blut, vielleicht eine Flaubertsche Reiseekstase, die mich hier in der Bretagne erfaßt hat.

Concarneau, Thunfischer- und Sardinenfischerhafen in den Wällen Vaubans, ist eine Touristengalerie. Die Einwohner mögen Seeräuber gewesen sein, sie sind seßhaft geworden und haben die Art verfeinert, andere auszurauben: Maler und Töpfer, Leder- und Muschelkünstler, Tortenbäcker und Postkartenhändler bevölkern die »ville close«. Eine Jugendgruppe aus Remscheid steht auf dem Fischmarkt, blank und barfuß. Einer meint: »Kann mir einer sagen, warum wir jetzt Schiff gefahren sind?«

Die Kathedrale von Quimper ist ein Schnittmusterbogen für Modellbauer, die mit abgebrannten Streichhölzern arbeiten. Hier ist die Gotik filigran wie Strickwerk, die ganze Stadt ist ein Antiquitätenladen, sogar die Rue des Boucheries. Die Metzger sind in die moderne Markthalle ausgewichen, aber auch dort liegen ihre Waren wie Schaufensterstücke aus Marzipan. Flaubert nannte die Stadt »kokett«, er rühmte die Ulmenpromenade am Fluß entlang, »diese Allee, die unabsehbar am Rande des Wassers hinläuft, und auf die der Abhang eines ganz nahen Berges den dunklen Schatten seines üppigen Grüns herabgießt«.

»Bleibt auf eure Illusion hin«, rät Flaubert, und viele bleiben. Die Campingplätze sind nicht fern, und die zivilisierten Stallhasen sitzen in den Wohnwagenkolonien. Jetzt heißen die Campingplätze: Camping Beau Rivage, Camping du Bois d'Amour, Camping des Grands Sables. Die Stallhasen teilen ihre Illusionen, sie verdoppeln die Freude am freien Leben, mitten im Müll des 20. Jahrhunderts. Anstatt Totengebein liegen Geranientöpfe und Zementtüten in den Friedhofsgrüften, daneben stehen Blechkübel mit Vernichtungsmittel für Algen, Moos und Flechten: Der Natur und den Gesichtern der Calvaires wird die Haut abgezogen. Der Maler sitzt an der Küste, er sitzt hoch in der Heide, mitten im Stechginster auf einem Stein. Das Meer schlägt in breiten Bahnen gegen die Klippen, jede Welle bricht sich auf dem Strand und wirft einen hauchdünnen Nebelschleier auf, in dem die Farben des Regenbogens zerplatzen, mit spitzem Zischen. Der Maler aquarelliert den Fels und den Pflanzenteppich, er arbeitet mit gelber und roter und blauer Farbe. Auf dem Blatt Papier entsteht zuerst ein Bild, aber der Maler läßt den Pinsel nicht locker, und am Ende hat sich das Bild vom Meer in eine Idee verwandelt, in der das bewegte Stück Natur wahrhaftiger erscheint als mit den eigenen Augen betrachtet. Der Maler malt immer selbstvergessener, irgendein heftiger Impuls, dem er nicht widerstehen kann, bewegt seine Hand, man sieht es den gespannten Pinselschwüngen an.

Zwei Jahre nach ihrem Bretagne-Aufenthalt brachen Flaubert und Gauguin zu ferneren Küsten auf, ihre Wege führten sie ins Ungewisse, ins Unbekannte, ins eigene Unbewußte, sie suchten nicht die Anmut des Pittoresken, nicht die Pikanterie des Exotischen, sie suchten nach dem Salz der Dinge, und ob es schal geworden sei unter dem Schutt der Zivilisation. Flaubert floh in den Orient. In Ägypten entdeckte er sich selbst: »Was uns fehlt, ist das innewohnende Prinzip, die Seele der Dinge ... Ich will, daß eine Bitterkeit in allem ist.« Gauguin floh in die Südsee; auf den Marquesasinseln fand er sein Lebensziel: »Ich habe gelernt, allem zu mißtrauen, was gegen meine Instinkte, mein Herz, meine Vernunft ist... Die Barbarei ist für mich eine Verjüngung.« Waren sie beide gerettet?

Es ist Sonntagmorgen, nach dem Frühstück brechen wir auf zum Cap Finistère. In Plogonnec fährt ein Pulk Radfahrer in lila Trikots an uns vorbei, alle in vorgerücktem Alter. Einer steigt ab und trinkt vor der Auberge einen »café au lait«. Auch den Schächern im Calvaire von Quilinen ist arg mitgespielt, sie hängen schlaff über das Kreuz, die granitnen Hosen drükken schwer auf ihr pralles Geschlecht. Der heilige Brunnen in der Senke gegenüber der Kapelle von St. Vennec ist ein gotisches Flammenzeichen. Das Wasser rinnt über Fels und Entengrütze und tritt geläutert unter den Weiden ins Bachbett ein. Die lila Radfahrer huschen vorüber, am Himmel zieht ein Keil Kraniche. Dann aber, bei Douarnenez, bricht das Brausen eines gigantischen Heuschreckenschwarms über uns herein. Im regionalen Querfeldeinrennen knattern die Feuerstühle und knallen die Farben, die grünen Kostüme, die gelben Helme, die roten Rettungswagen der Feuerwehr. In dumpfen Klängen, in stampfenden Rhythmen entlädt sich der bretonische Volkscharakter, von dem Flaubert sagt, es sei ein düsterer und man müsse dem beiwohnen, was dieses Volk seine Feste nennt: »Es tanzt nicht, es dreht sich; es singt nicht, es pfeift.«

An der Pointe du Raz ist es der Ozean, der pfeift und sich dreht, auch er entlädt sich bretonisch, ohrenbetäubend wie ein kreischender Dudelsack. Das Denkmal, am 3. Juli 1904 aufgerichtet, erinnert an die Sardinienkrise von 1903. Die Notre-Dame des Naufragés, in weißen Marmor gemeißelt, segnet das Häuflein der Sonntagsspaziergänger, das achtlos durch die Heide stiefelt. Der Schiffbrüchige, in umgekrempelten Robinson-Hosen, kniet vor der Madonna, der Christusknabe streckt die Hände nach ihm aus, er ist gerettet, er ist sogar errettet. Vor der Landspitze der Pointe du Raz ragen die gelben Blöcke aus dem Wasser, zerrissen und zerrieben, ein maltrătiertes Erdgebein.

Wie ist es Flaubert in Ägypten, wie ist es Gauguin in Tahiti ergangen? Werden sich die bretonischen Blöcke in ägyptische Sphinxe, in tahitische Monster verwandeln? Nichts ist zu hören, nur das Rauschen des drehenden Radarstabs auf dem Dach des Leuchtturms.

Tristesse und schöner Schein

Im Bahnhofsbuffet von Metz sind die Balken der Kassettendecke in schnörkelreiche Doppelbänder ausgestemmt: Es sieht aus, als seien Strähnen aus Holz zu Zöpfen geflochten. Ein alter Mann in Hosenträgern und zerfetzten Turnschuhen frühstückt vor der geschnitzten Tür der Salle Verlaine. Er kann nicht wissen, daß eine Stunde später im Speisewagen mich sein Tischnachbar, ein Herr mit gezwirbeltem Schnurrbart, an Hercule Poirot aus dem Film »Mord im Orientexpreß« erinnern wird und dessen Allüren annimmt, den Rauch seiner Zigarette in Ringen durch das Coupé zu blasen. Auch wir sind Fremde für den Herrn, doch kaum eine weitere Stunde danach gibt es unter den Spiegeldecken des Hotels *Metropole* in Brüssel ein flüchtiges Wiedererkennen: Hercule Poirot geht an den Vitrinen mit Seifen und Duftwässern, Schmuck und Glaswaren, Jagdmessern und Patronengürteln entlang. Sternbilder glänzen von den Kronleuchtern herab, an den Säulenpostamenten, aus erhöhten Rabatten, breiten Farne ihre Wedel über Tische und Lederkanapees. Wandspiegel reflektieren Simse und Rosetten der Decke und illusionieren Säle, die sich in ungeahnte Breiten dehnen.

Wir sind im Vorhof des schönsten Scheins angelangt. »Brüssel besitzt die Repräsentation der Macht«, schreibt Kasimir Edschmid, der expressionistische Schriftsteller. Und hier im Hotel *Metropole* ist sie auf üppigste Weise nach außen gekehrt: Aus unterirdischen Säulenhallen mit Kapitellen aller Stile, Büsten und Kandelabern auf Pfosten und Podesten steigen Herren in Lackschuhen über gelbe Marmortreppen herauf, von goldverbrämten Höhen schweben Damen mit Halsketten im schmiedeeisernen Fahrstuhl herab; man trifft sich in der Bar unter künstlichen Palmen, im Café zwischen korinthischen Säulen. Wo man den Fuß auch hinsetzt, ist er in imaginären Räumen mit anderen Füßen widergespiegelt. Der Brüsseler liebt Spiegel, doch er spiegelt sich nicht selbst, viel lieber spiegelt er seine Ansicht von der Welt, die Aspekte seiner Größe von einst. Die Initialen des Hotels, zum Monogramm verschlungen, prangen auf der Fußmatte und der Speisekarte, dem Vorhang der Duschkabine und den Trennscheiben der Drehtür.

Draußen auf der Straßenterrasse sitzt, breit und blond und mit blühenden Wangen, die junge Mutter Belgien persönlich am Cafétisch. Ihr Haar ist im Knoten gebunden, ihr Busen strafft eine geblümte Bluse, mit einem Ruck zieht sie den schweren Eisentisch zu sich heran, schlägt die Beine übereinander und blättert in »Paris Match«. Sie sitzt unter roter Markise und Heizstrahlern im künstlichen Raum einer geborgten afrikanischen Sonne. Vielleicht ist sie die Enkelin eines Söldners der belgischen Kolonialarmee, der diese Sonne am Kongo einst heißer und heftiger im Nacken spürte.

Auch im Botanischen Garten führt der Spazierweg unter Palmen hin. Flieder und Japanische Blütenkirsche blühen schon, auf den Steigen liegen schlafende Katzen, sie recken im Traum ihre Glieder, räkeln sich und blinzeln mit der Nickhaut. Wir spazieren zwischen Stein- und Bronzefiguren zum Glashaus hinauf, ein kopfloser Jüngling in Pumphosen hält ein ohnmächtiges Mädchen im Arm, zerknitterte Plastiktüten in den Buchsbaumhecken sehen wie geschlachtete Hühner aus. Vor der großen Rotunde ist das ewig Gültige zur Schau gestellt, Schnitter und Schäferin, Sämann und Holzträgerin, und auch die Kämpfe der Kreatur, der Jaguar, der das Kaninchen beschleicht, das Krokodil, das die Schlange reißt. Apollo, sieghaft und wohlgestalt, zeigt hinauf zur Fernsehantenne auf dem Verwaltungsgebäude Cité Administrative. Wir hätten aber nicht aus dem Haus zu gehen brauchen, um diesen Gartenprospekt zu genießen: An der Fußwand unseres Schlafzimmers im *Metropole* prangt das Gebäude mit der makellosen Kuppel in zartem Blaugrün, und am Himmel ist nicht das kleinste Wölkchen zu sehen.

Die Rue Neuve (Nieuwstraat) ist Fußgängerzone. Gestern, am Sonntag, waren die eisernen Rolläden heruntergelassen, ganze Textsammlungen politischer Slogans und Underground-Parolen breiteten sich auf den Lamellen aus, konkrete Wort- und analphabetische Sprechblasenkunst. Nur die Backbuden hatten geöffnet, und der übersüße belgische Waffeldunst zog in breiten Schwaden an Bally und Bata, an Levi's Corner und der Maison Dorée die ganze Rue Neuve entlang. Vor der Kirche Notre-Dame du Finistère (Onze-Lieve-Vrouw-van-de-Finistere) versperrte ein zersplitterter Bauzaun den Zutritt, wir suchten den Eingang am Boulevard Adolphe Max (Adolphe Maxlaan), doch die Tür war verschlossen, und wir konnten »Unsere Liebe Frau des Guten Erfolges« nicht sehen. Im *L'Ecuyer* gab es nur Männer, sie saßen an kleinen Tischen, standen an der Theke, alle mit dem Rücken zur Tür, dem Fernsehapparat zugekehrt, über dessen Mattscheibe die Bilder der »Tour de Flandre« schimmerten. Inzwischen sind die Gitter wieder hochgezogen, es ist Montagmorgen, auf dem Trottoir tummelt sich das geschäftige Volk von Brüssel: Yuppies mit extrem schmalen Lederköfferchen, Dutzendmenschen mit Plastiktüten und ein Einsiedler im Kapuzenmantel, der seine leeren Hände in die Taschen gesteckt hat.

Unter den gewölbten Glasdächern der alten Galeries Saint-Hubert (Sint-Hubertusgalerijen) flanieren Damen im Frühjahrslook, zimtfarben, fliederfarben, veilchenfarben; oben ist die Galerie nach dem König, unten nach der Königin benannt, oben gibt es den Chocolatier, und unten gibt es ihn, von überall her lächelt Mozart als Kugel aus den Vitrinen. Ein paar Schritte unterhalb der Passage, von engen, gepflasterten Gassen umflochten, präsentiert sich die Grand' Place (Grote Markt), Brüssels »gute Stube«, wenn man den Reiseschriftstellern glauben will. »Der Schubkarren«, »Der Sack«, »Die Waage«, »Die Wölfin«, »Der Maulwurf«, »Der Pfau«: Rathäuser und Zunfthäuser mit den sprechenden Namen kehren dem Platz ihre kunstvoll verzierten Giebel zu, in Stein geklöppelte Brüsseler Spitzen. Hier schlendert das Touristenvolk auf und ab, schaut sich in schicken Galerien Bilder an, trinkt in feinen Cafés ein Täßchen. Auf diesem Platz ist aber auch Egmont enthauptet worden, hat der Dichter Paul Verlaine in einer Seitenstraße zwei Revolverschüsse auf seinen Freund Rimbaud abgefeuert. Im Haus »Der Schwan« schrieb Karl Marx das »Manifest der Kommunistischen Partei«, und ein Basrelief in einer Seitenarkade zeigt den Schöffen Everard t'Serclaes, wie er nach Gefangennahme und Folter durch die Herren von Grasbeek an seinen Wunden stirbt: Wer die Bronze berührt, bleibt von Wunden verschont, rät die Brüsseler Volksweisheit, und mit Inbrunst streicht man über den blankgeriebenen Oberschenkel, in unbewältigtem Aberglauben auf ewige Unversehrbarkeit hoffend.

Nur ein paar Schritte durch die Petite rue au Beurre (Korte Boterstraat) sind es bis zur Kirche Saint-Nicolas (Sint-Niklaas), einst Marktkirche der Kaufleute, die es zu etwas gebracht hatten und es dem Schutzheiligen reichlich dankten mit Kunstwerken und gediegener neuer Fassade. Holzgeschnitzt in der Kanzel steht er über dem Bottich mit den drei Knaben, die er vorm Ertrinken rettet, es sind belgische Knaben mit Kolonialerfahrung, keine unbedarften deutschen, die der Struwwelpeter-Nikolaus in die Tinte taucht, weil sie den Mohren verspotten. Ein Plakat auf der Innenseite der Pforte zeigt den schwarzen Heiland mit der Schafherde, der 139. Psalm wird zitiert, in dem es heißt: »Und siehe, ob ich auf bösem Wege bin.« Nein, der Belgier wandelt auf dem Pfade der Tugend, mit dem Schwert ist einst auch das Kreuz nach Afrika gekommen.

Im Giebel der Börse tritt das aufrechte Belgien voller Stolz und Selbstgefühl an die Rampe der Geschichte, segensreich beschirmt von »Seefahrt« und »Industrie«. Bildhauer Jacquet hat die Figuren aus dem Stein geschlagen, und jedermann kann es sehen: Dialektisch ist das Wesen der Marktwirtschaft, »Arbeit« und »Wohlstand«, »Post« und »Telegraphie«, aber auch »Das Gute« und »Das Böse« sind in geflügelten Figuren symbolisiert, flügelschlagend die eine, flügellahm die andere.

Angebot und Nachfrage regeln den Warenverkehr, wer die Gunst der Stunde nicht nutzt, fällt in den Abgrund der Zeit. Geldgeschäfte sind Zeitgeschäfte, an der Börse werden die Uhren gestellt. Auf der Attika wetteifern »Asien« und »Afrika« um die Huld des weißen Mannes, der Handel und Wandel kennt und weiß, was die Stunde geschlagen hat.

In einem alten Viertel westlich der inneren Boulevards liegt die Kirche Sainte-Cathérine (Sint Katelijne), schwarz behaucht vom feuchten Dunst aus den mittelalterlichen Torfkähnen. Schwarz davon geworden ist auch die Madonna aus einst weißem Marmor; sie ist indirekt angestrahlt, das Licht aus dem Imaginären läßt die Konturen von Augen-, Hand- und Mantelfalten altgolden schimmern. Gottes Verheißungen erscheinen auf elektronischem Leuchtband, die Wörter laufen vorbei wie Informationen auf der Anzeigetafel im Fußballstadion. »Accueil mon Pardon!« – »Empfangt meine Gnade!« – signalisiert die himmlische Schrift, »Voilà ton Espérance!« – »Laßt hoffen!« Vergeben sind die Sünden, Hoffnung scheint auf, neue Gewerbe, neue Geschäfte, neue Gewinne zeichnen sich ab. Zwar ist es lange her, seit der Fischmarkt zwischen dem Kai für Ziegelsteine und dem Kai für Brennholz noch mit dem Wasser der Senne in Verbindung stand, doch die Fischhandlungen und -restaurants am neuen Wasserbecken können auf neue Kunden zählen.

Die Austern zucken unter den Zitronenspritzern und lassen sich sanft zermalmen, die Langusten widersetzen sich den Eisenhaken nicht, mit denen wir zwischen Kopf- und Schwanzpanzer rütteln. Spätnachmittagslicht liegt über den Kais: Grüne Krokodile, grüne Leoparden, grüne Ziegenböcke sind in burlesken Verrenkungen erstarrt und speien Wasser aus Bronzemäulern. An der Spitze des Obelisken balanciert der geflügelte Erzengel auf dem hingemetzelten Satan. Der Fromme ist mit dem Schwert gegürtet, der Gute triumphiert mit Waffengewalt. Selbst auf den Giebelsäulen der Kirche Saint-Jean-Baptiste au Béguinage (Begijnhofkerkvan-Sint-Jan), der die Reiseführer eine »innere Heiligkeit« nachrühmen, prangen imperiale Amphoren mit grünleuchtenden Siegesfackeln.

Die Rue de la Loi (Wetstraat) führt hinaus zum Parc du Cinquantenaire, sie ist nach der Macht, der Gewalt, der Autorität, aber auch nach Regel, Gebot und Gesetz benannt. Der Park wurde 1880 anläßlich der Fünfzigjahrfeier des Belgischen Königreichs angelegt – auf flämisch heißt er bezeichnenderweise Jubelpark –, und der belgische Löwe in der Traverse des Triumphbogens streckt allen europäischen Herrscherhäusern die Zunge heraus. Sie ist flammenrot und leuchtet aus dem goldenen Wappen, Engel blasen wieder die Siegesfanfare, Afrika ist geschlagen, am Kongo weht die belgische Flagge. Zu Füßen der Säulen sitzen die belgischen Provinzen, in üppige Weibsbilder verwandelt, und symbolisieren Größe und Herrlichkeit: »Antwerpen« trägt die Barke auf dem Schoß, »Namur« hält den Geißbock am Strick, »Luxembourg« reitet forsch auf dem Hirschen. Sie sind zu Bronze erstarrt, haben Haltung angenommen und Grünspan gezogen. Hinter den Kolonnaden der Säulenhalle ist belgische Geschichte im Mosaik glorifiziert, doch die mächtigen Tore, die zu den Bildern hinaufführen, sind geschlossen, und die Geschichten der Geschichte sind für sich selbst erzählte Epen, die niemand mehr zu buchstabieren braucht.

Ein Figurendenkmal im Park setzt belgische Kolonialmacht in Szene: Der Kongo ist ein nackter Schwarzer mit Plattnase und wulstigen Lippen; lüstern räkelt er sich an verschilftem Stromufer, dessen Wellen ein Krokodil aufpeitscht. Darüber, in geschwungenem Relief, wälzt sich der Siegerzug hin: Entdecker und Eroberer, Missionare und Siedler. Schwert und Kreuz sind gezückt. Linker Hand opfert der belgische Soldat sein Leben für den todgeweihten Obristen, rechter Hand vertilgt er den Sklaventreiber. Doch im Text ist das Attribut für diesen ausgemeißelt. War es der feige, der grausame, der raffgierige Sklaventreiber? Die Traverse trägt das Glorienbild: Mutter Belgien empfängt die schwarze Rasse, gnädig schaut sie auf die Kongolesin herab, die ihr ehrerbietig das Mohrenkind entgegenstreckt.

Es ist Frühling geworden, die Knospen der Roßkastanie sind aufgesprungen, Gänseblümchen und Forsythien blühen, heftig regen sich die Gelüste der Natur. »Die menschlichen Leidenschaften« bleiben verschlossen, der Pavillon von Victor Horta mit den Figuren von Jef Lambeaux ist mit Holzlatten vernagelt. Auf die Hintertür hat jemand geschrieben: »Ordre Nouveau!« Die neue Ordnung hat auch die Helden der Revolution vergessen. Streitbare Belgier des frühen 19. Jahrhunderts wollten sich nicht damit abfinden, daß ihr Land nur ein Teil des Königreichs der Vereinigten Niederlande sein sollte – wie es die Dekrete des Wiener Kongresses festgelegt hatten. Doch was im Revolutionsjahr 1830 geschah, als die im katholischen Glauben geborgene belgische Bürgerschaft sich gegen die protestantische Vorherrschaft der Niederlande in einem Aufstand erhob, ist scham- und gedankenlos verdrängt worden. So ist die Place des Martyrs (Martelaarsplein) – das nationale Monument zum Gedenken an die Märtyrer der Revolution – zum Schrottplatz der belgischen Geschichte verkommen, nur noch die steinerne Termintafel in der Hand der »Patrie« hält die Erinnerung an die Aufstände vom September 1830 wach: Sie steht auf hohem Sockel mit unbewegter Miene, die Tafel an ihren Leib gepreßt, doch der Löwe zu ihrer Linken schaut verdrossen in die Rue Saint-Michel (Sint-Michielstraat).

Flamen und Wallonen können sich über die künftige Nutzung dieses symbolischen Platzes nicht einigen: Die Palais sind zerfallen, Putz blättert von den Wänden, Läden hängen aus den Angeln, Unkraut wächst zwischen den Brettern der vernagelten Fensterhöhlen hervor. Die Amphoren auf den Balkonen sind mit Rußschmiere überzogen, in den Rillen der gemeißelten Lorbeergirlanden sitzt der Schleim der Jahrzehnte. Lack und Blattgold platzen von Leuchtern und Geländern, es gibt keinen *Grillpub 1830*, keine Trattoria, keine

Librairie Polytechnique mehr. Die bronzenen Revolutionäre an der freien Luft sind mit Grünspan bekleidet, so als trügen sie ausrangierte verfleckte Jägeruniformen. Wenn nicht die Glasscheiben wären, hätten auch die Patrioten im Sockelrelief ihre Gestalt schon längst verloren.

Über Treppen und Terrassen, an den gelben und roten Backsteingiebeln der Rue de Rollebeek (Rollebeekstraat) entlang, steigen wir auf den Sand, das alte Ödland vor der mittelalterlichen Stadt, das seit Jahrhunderten schon zu einem schönen Viertel aufgeblüht ist. In den Schaufenstern sind Kunst und Mode zu sehen, nie mehr als zwei Bilder, zwei Kostüme, zwei Mahagonisekretäre. Notre-Dame du Sablon (Onze-Lieve-Vrouw-op-de-Zavel), im 15. Jahrhundert anstelle des Bethauses der Armbrustschützen entstanden, birgt die wundertätige Marienstatuette aus Holz, die Baert Soetens, eine fromme Antwerpenerin, einst zur Kapelle auf den Sand brachte. Baert Soetens hatte eine Vision: Sie sollte die Figur aus der Antwerpener Kathedrale rauben und sie in einer Barke auf Schelde und Senne nach Brüssel bringen. Hier steht sie nun, mit roten flandrischen Backen, im Sonntagsstaat, und trägt eine Stola aus Brüsseler Spitzen über Kopf und Schultern. Der Jesusknabe zeigt sein schelmisches Bauerngesicht, auch er ist festlich gekleidet, mit bunten Stickereien geschmückt. Notre-Dame des Victoires du Sablon ist ihr eigentlicher Name, ja, als Unsere Liebe Frau der Siege tritt sie viel belgischer, viel imperialer auf; in einer Seitenkapelle schaut sie nicht einmal nach ihren Bogenschützen, die neben ihr niederknien, in Uniformen gepreßt, die Armbrust geschultert. Zwischen 1933 und 1935 kam Paul Claudel hierher, um zu beten. Er saß neben der Kanzel, schaute Löwe, Stier und Adler in die Augen, sah den Engel an, der herrisch seine Flügel reckt: Wird die Menschheit im Glauben erneuert? »Die große Welt ist sicher tot«, schreibt Paul Claudel in einem Gedicht, ist sie wirklich tot? Am Kopfende der Tulpenrabatten hoch über dem Brunnenstein jenseits des Petit Sablon (Kleine Zavel) stehen die Grafen Egmont und Hoorne, auch sie in Bronze gegossen: Egmont trägt ein Taschentuch in der Rechten, als brauchte er es immer noch zum Abwischen der Tränen, die er über sein Vaterland vergießt.

Auf dem mittelalterlichen Galgenberg erhebt sich der Justizpalast. Als er zwischen 1866 und 1883 nach Plänen von Joseph Poelaert erbaut wurde, hatte Leopold II. gerade den Kongostaat geschaffen. Aus unerschöpflichen Quellen floß Geld ins Land, Herrschaft sollte mit Gerechtigkeit kopulieren: Da gebar kolonialer Geist, in griechisch-römischen Stil verpuppt, dieses Monument der Gewalt. Wir kamen aus der Rue de la Régence (Regentschapsstraat), doch bevor wir noch den Fuß auf die Place Poelaert (Poelaertplein) setzten, reckte sich uns Minerva, die über dem Mittelportal thront, gebieterisch entgegen. Die Löwen, die die Säulen tragen, fletschen die Zähne, Bärenklau spreizt seine gespaltenen Blätter in korinthischen Kapitellen, aus denen ein üppiges Knospen in die Friese und Giebelsimse überspringt, als hätte der ganze schwarze Erdteil mit seiner Vegetation in dauerhaften Stein gemeißelt werden sollen. An den Treppenaufgängen haben sich Rechtslehrer, Redner und Staatsmänner postiert; Demosthenes, Cicero, Lykurg und Ulpian. Durch die Kuppelhalle eilten Richter und Anwälte in schwarzen Roben, weiß gesäumte Schals wehten über Schultern, um Hälse, sie kamen von Treppen herunter und aus Seitenportalen hervor und schwenkten große lederne Mappen mit Urteilen und Vollstreckungsbescheiden.

Solche Leute marschierten nicht mit, als Christus an Fastnacht 1888 in Brüssel einzog. James Ensor hat die imaginäre Parade in explodierenden Rot-, in ekstatischen Kobalttönen gemalt – ein Aufzug von Fratzengesichtern. In schmaler Straße drängt sich der Menschenhaufe, gestikuliert und brüllt und schwenkt Fahnen und Transparente mit kuriosen Aufschriften: »Es lebe die Soziale!«, »Doktrinäre Fanfaren, immer erfolgreich!«, »Es lebe Jesus, König von Brüssel!« 1888 ist hohe Zeit des Reichtums, des Ruhms, des Ansehens belgischer Staatsgewalt: gegen ihren verlogenen Hochmut setzt der Maler sein künstlerisches Credo. Ensor sieht in Christus den Sozialrevolutionär seiner Zeit, den die herrschende Klasse verkennt. Die Bürger und Prälaten, die dem Christus vorausschreiten, sind Karikaturen in einer Maskerade.

Von der Terrasse des Justizpalastes aus schauen wir auf die Stadt: Im späten Sonnenlicht glänzen Siegesengel und Atomium über die Dächer, die vor unseren Augen verrottet und schon zusammengestürzt sind. Aus dem Ziegelschutt ragen verquollene Balken empor, die Dachsparren faulen unter Schwamm und Moder.

Doch Brüssel lebt. Der Belgier hat dem imperialistischen Desaster heilsam entgegengewirkt, seine Unersättlichkeit hat er in Freßsucht kompensiert – nun endlich verleibt er sich die Welt friedvoll und reinen Gewissens ein. Im *Au Stekerlapatte* in der Rue des Prêtres (Priestersstraat) unterhalb des Justizpalasts schwimmen Hirn und Leber im Fett, die Tomaten sind in Knoblauch gebettet, die Bohnen in Butter versunken, und die gegrillten Speckstreifen ringeln sich auf den gebratenen Innereien. Im belgischen Essen herrschen Béarnaise und Mayonnaise, Béchamel und Caramel, zwei Herren am Nebentisch verspeisen einen erst geräucherten, dann gebratenen Brustkorb eines Rindes, der eine die linke, der andere die rechte Rippenseite. Sie wischen sich die Fettspuren vom Mund, stochern in den Zähnen, lächeln zufrieden einander zu. Sie fühlen sich erdenwohl.

An der efeuumrankten Porte de Hal (Hallepoort) beginnt das Quartier Saint-Gilles (Sint-Gillis). Autos stehen auf gestampftem Lehm, ein Container ist mit alten Reifen und Säcken bepackt. Papiertüten liegen umher, Eierkisten, Tomatenkartons, Obststeigen, alle sind leer, doch mit zerfetztem Fließpapier dekoriert. Die Mahlzeiten sind gegessen, nun scharren die Hunde zwischen zerbeulten Dosen und gesplitterten Flaschen und ersticken schier im Verpackungsmüll. Hohl starren die Fenstervierecke des Hospitals für Blinde, das

Glas der Laternen ist zerstoßen, Schlaglöcher sind notdürftig mit Schutterde eingeebnet. Ein Mann mit hochrotem Kopf geht vorüber, er lamentiert laut, hält sich selbst einen Vortrag über den Sinn des Lebens. An einem Seitenpfeiler von Saint-Gilles steht ein anderer und schlägt sein Wasser ab, er tritt einen Schritt zurück, näßt auch die winterharten Ziersträucher und gesellt sich dem passionierten Wehkläger bei. Hierher waren auch Paul Verlaine und Arthur Rimbaud auf die Kirmes gekommen. Sie sahen die Militärs und die jungen Mädchen, hörten die Trommeln und Pfeifen und das Dröhnen der hölzernen Karussellpferde. Paul Verlaine schrieb ein Gedicht, Georg von der Vring hat es ins Deutsche übersetzt, und wir sagen uns die letzte Strophe auf, als wir über den Vorplatz der Kirche spazieren und den Mond hinter den Dächern heraufsteigen sehen:

»Dreht euch, dreht euch! Droben kleiden / Schon die Sterne sich in Gold. / Hinter Scheiden kommt das Meiden, / Wenn die letzte Trommel rollt.«

Mohn und Stoppelfeld

Den Spurensucher trifft es oft härter als den, der die Spuren gelegt hat. Unversehrt entrann mein Vater dem Trommelfeuer an der Somme, doch das Buch, das ich über ihn geschrieben habe, kam unter die Räder. Als ich mit Gerd Krumeich, dem Historiker aus Düsseldorf, nach Ablaincourt kam, um neue Spuren meines Vaters aufzunehmen, fiel das Buch vom Kofferdeckel des Autos, wo wir es aus Versehen hatten liegenlassen, mitten auf die Straße. Ein Bauer fuhr mit seinem Trecker darüber hinweg, doch Jean-Pierre Thierry, der picardische Heimatforscher, hob es vom Boden auf, prüfte seinen Zustand, und da es wenig zerdrückt war, sagte er: »Quelle solidité allemande!« Gérard Rougeron dreht einen Film über meine Spurensuche von vor fünf Jahren, ihn bewegt Vaters Stummheit, seine Unfähigkeit, über das Kriegserlebnis zu sprechen. »Wir müssen unter der Erde nachgraben«, sagt er, »de même sous le sol du cerveau«, auch unter der Sohle des Hirns. Wo ist das, unter der Sohle, unter der Schwelle, unter dem Grunde des Hirns?

Das ist dort, wo es über Stege und Brücken, über gefurchte Hügel und durch finstere Kammern hinab in die Souterrains der Erinnerung geht. Doch die Wege dahin sind versandet, viel zu rasch wurden in den zwanziger Jahren schon die Fährten verwischt, die Spuren verlegt, die Zeichen mißdeutet. Schutt und Gerümpel bedecken die kärglichen Reste, wer soll sie finden, soll sie zusammenfügen zu einem sinnvollen Erinnerungsstück? Unter der Lehmerde der Picardie verrotten die Wohnstätten einer vergangenen Generation nur ganz allmählich. Die Toten waren schon vor ihrem Hinscheiden verstummt, bevor noch ihr Gedächtnis ausgefragt, ihre Erinnerung ausgemistet war. Uns wurde der Wortmüll der zwanziger und dreißiger Jahre in die Hirne gestopft.

Es ist Erntezeit. Es rauscht und rumort, doch so angenehm es auch wäre, den Schrecken in argloser Arbeit zu simulieren: Erntemaschinen sind keine Kriegsmaschinen, Wasserwerfer keine Flammenwerfer. Ein Bauer aus Deniécourt erzählt mir: »Vor dem Trommelfeuer, das vom 24. Juni bis zum 1. Juli 1916 dauerte, lag unsere Ferme hundert Meter von hier entfernt, dort drüben, wo jetzt die Kühe weiden. Sie war aus Lehm und Stroh gebaut, wie alle Häuser hier, leider gibt es keine Photographie. Eine Woche bevor die Engländer mit dem Trommelfeuer begannen, wurden meine Großeltern mit Kindern und Mägden evakuiert. Als sie zwei Jahre später zurückkehrten, war nichts von ihrem Haus übriggeblieben, nicht einmal ein Stein des Fundaments. Das einzige, was dem Trommelfeuer standgehalten hatte, war ein deutscher Wohnstollen, den ich Ihnen zeigen will.«

Er führt uns zu einer Treppe, die unter seiner Scheune in feuchtes Halbdunkel hinabweist. Der Stollen ist mit gewellten Stahlblechplatten ausgeschlagen, die zu Rippen gefügt, zum Gewölbe gebogen sind. Hier lagen Teppiche auf gewürfelten Fliesen, hing eine Kuckucksuhr an der Stirnwand, die Somme war zur deutschen Heimat geworden. Oder spielten die Soldaten nur Schwarzwaldhäuschen und Heimgarten, war ihre deutsche Geschäftigkeit ein verzweifeltes So-tun-als-ob? Wir wissen es nicht. Aber jetzt begreifen wir, warum die Engländer so erstaunt waren, nach einer Woche Trommelfeuer eine Armee deutscher Soldaten aus den Erdlöchern emporsteigen zu sehen.

Hier folgen wir der Spur meines Vaters, der am Tag nach dem Angriff der Engländer und Franzosen bei Estrée-Belloy in die Schlacht geworfen wurde. »Worte vermögen nicht zu schildern, in welches Tohuwabohu die Truppe kam«, erzählt seine Regimentsgeschichte, »gänzlich unbekanntes, zum Teil unübersichtliches Gelände, dunkle Nacht, widersprechende Meldungen über die Lage, Befehle, Gegenbefehle, abirrende Kompanien, sich häufende Verluste, schweres Fernfeuer auf allen Anmarschwegen, allen Annäherungsgräben, und dicht davor die gewaltig kochende Schlacht, die ihre Schlacken dem Regiment entgegenwarf. Wohin man auch kam, überall ein fürchterlicher Brei zusammengeschossener, zerfetzter Bataillone und Kompanien, wirr durcheinander, in den Stunden der Krisis eiligst in die Schlacht geworfen und nun hier in engen, mit Menschenleibern vollgestopften Gräben ineinandergeballt, ohne klare Befehlsverhältnisse, ohne Ahnung der Lage.« Vater hat hier gelebt, als 19jähriger. Konnte ein Mensch überhaupt hier leben? Wir folgen ihm noch einmal vom Bahnhof in Ham über Béthancourt und Pargny nach Epénancourt. Diesmal ist es nicht Nacht in Ham, diesmal fährt kein Schiff am Soldatenfriedhof von Béthancourt vorüber, diesmal zeigt die Kirchturmuhr von Pargny auf allen vier Seiten die gleiche Zeit an, nur die aufgelassene Zuckerfabrik von Epénancourt ist noch immer verstrickt in das Gewirr ruinöser Gestelle und Tanks. Vor einem roten Blechkasten mit der Aufschrift »Danger Explosif!« liegen verrostete Kartuschen, angewachsen an Moos und Knöterich, achtlos auf den Haufen geworfen, als brauche man sich nicht um die Vergangenheit zu kümmern.

Wie viel ist zugeschüttet worden, ohne daß es genau angesehen, mit Interesse betrachtet, mit Sorgfalt gedeutet wurde! Die Kirche in Deniécourt ist ein Schuttplatz der Nachkriegsjahre. Unrat liegt zwischen den Bänken, Staub bedeckt den Altar, Spinnweben überziehen die Fensternischen. Der Bauer von nebenan hat uns die Tür geöffnet, wir treten in ein schmutzstarrendes Gruselkabinett. In den Schubladen der Sakristei sind verfleckte Priesterstolen und Ministrantenschärpen liegengeblieben, zerschossene Bilder des Kreuzwegs hängen an der Wand, Prozessionsfahnen verrotten in der Ecke, das Harmonium ist im Dreck, die Glocke im Rost erstickt. Niemand hat hier je wieder ein gottgefälliges Leben begonnen, der Bauer steht angewidert auf der Türschwelle.

Fast gibt es kein Eindringen in das Wäldchen von Soyécourt. Efeu hat Baumstämme und Wurzelstöcke mit seinem Herzmuster überspannt, Lianen umschlingen das Gestrüpp, sie sind faustdick und fest im Fleisch, graugelb und gut genährt. Wir lassen uns an ihnen in die Unterstände und Gräben hinunter, aus Lehm gestampft sind die Grabensohlen, auf denen verrostetes Blech und Eisen liegt. Am Waldrand, jenseits der alten Brustwehr, über dem leicht ansteigenden Maisfeld, trillern die Lerchen zwischen den Fontänen, die eine Wasserwerfermaschine aufschießen läßt.

Am Ortsende von Chaulnes, eingelagert in eine kleine Senke, entdecken wir Steinschutt eines Denkmals. Die Kalkquader sind längst abgetragen, ein Blick in das Fundament zeigt uns den ausgesparten Hohlraum, in dem einst eine Flasche lag, die eine Botschaft enthielt. Sie war eingemauert worden, als die Deutschen während des Krieges hier ein Denkmal für ihre Gefallenen errichtet hatten. Als der Platz nach dem Kriege zur Schutthalde wurde, war die Flasche längst nicht vergessen. Ein Bauer aus der Nähe wußte um die Flasche, sein Sohn wandte sich vor einigen Jahren an den Volksbund Deutscher Kriegsgräberfürsorge, der die Erlaubnis erhielt, die Reste des Denkmals an anderer Stelle wieder aufzumauern. Der Bauer besorgte es selbst, und so finden wir das kleine Monument beim Abstieg zur Mulde, goldgelb in der Sonnenhitze.

Monsieur Belot sitzt in seinem Wohnzimmer, zwischen Eierkorb und Staubsauger, zwischen einer Kiste mit verrosteten Ketten und einem Ständer mit illustrierten Zeitungen, und zeigt die Flasche. Er sitzt da, zwischen zwei Fernsehapparaten und einem Personalcomputer, zwischen Nylontüten und Handwerksgeschirr, und hält ein Gefäß in der Hand, das ihm wertvoller erscheint als alle lebenswichtigen Geräte seiner täglichen Arbeit: eine Monstranz, eine Bundeslade. Da sitzt er, zwischen Linolschnitten eines deutschen und dem holzgeschnitzten Klapperstorch eines elsässischen Künstlers, die Gerätschaften liegen herum, als lägen sie seit siebzig Jahren an gleicher Stelle wie die verrotteten Geschoßhülsen auf seinem Hof. Ihn kümmert nur die Flasche, die die Botschaft birgt. Mit breiten Fingern, die aber vorsichtig, ja liebevoll zupakken, nimmt er das Blatt Papier aus der zerbrochenen Flasche, legt es sorgfältig auf einen weißen Karton und bittet uns, das Papier, wenn nötig, nur mit den Fingerspitzen zu berühren. Es ist ein angegilbtes Stück Büttenpapier, an den Rändern zerfranst, vom Schimmel gebläut, mit spitzen Schriftzügen in Sütterlin bedeckt.

Die Botschaft hat bis heute niemand entziffert. Wir entziffern sie. Es ist aber kein Aufruf zur Waffenruhe, kein Friedensappell, kein neues Evangelium, o nein. Ein Leutnant spricht vom siegreichen Feldzug, vom tapferen Ausharren, vom ehrenden Gedenken. Er beschwört mit Wörtern aus dem angelernten Sprachgebrauch. Doch Léon Belot hört unsere Übersetzung mit dem Behagen des Sammlers. Er fügt das Blatt den Postkarten, den Regimentsgeschichten, den Bildbänden aus der Korpsverlagsbuchhandlung von Bapaume bei, die er stapelweise einer Kiste entnimmt. »C'était la guerre!« ruft er aus, und ruhig, als sei er fest davon überzeugt, fügt er hinzu: »Mais la guerre, c'est fini!« Chaulnes hat mit einem Dorf bei Hannover Partnerschaft geschlossen, Monsieur Belot schenkt niedersächsisches Bier aus und zeigt stolz die Flaschenetikette. Ist der Krieg wirklich zu Ende? Damit es so sei und jedermann hüben wie drüben die Waffen und Wunden, aber auch die Kriegskuriositäten des anderen sehen und deuten kann, hat die Association STORIA, die auch den Film über meine Spurensuche dreht, eine Ausstellung im Rathaus von Péronne eingerichtet: Nebeneinander liegen der englische, der französische, der deutsche Stahlhelm aus dem Ersten Weltkrieg, die deutsche Maschinenpistole und der englische Revolver, das französische Kriegspuzzle »Nos grands Chefs militaires«, das deutsche Kriegsquartettspiel »Versenkte Dampfer«, das englische Grabenfußballspiel »Trench Goal Football«, der französische Hygienekasten, der englische Flachmann, der deutsche Bierkrug mit Kaiser Wilhelms Pickelhaube.

In der Bibliothek betrachten wir das Fotoalbum eines deutschen Offiziers: Wir sehen die Soldaten beim Baden und Bootfahren, beim Ständchensingen und bei der Gartenpflege.

Wen finden wir, wenn wir da nach den Zwanzigjährigen von damals suchen, stoßen wir wirklich auf neue Spuren? »Je mehr wir voneinander wissen, um so besser werden wir uns verstehen«, sagt Gerd Krumeich, und er kennt auch die englische Weisheit, daß ein Volk, das seine Vergangenheit leugnet, keine Zukunft haben wird.

Es sind zwei kleine Dörfchen, die dicht beieinander liegen, Vermandevillers, wo Alfred Lichtenstein am 25. September 1914 in den tödlichen Schrapnellhagel geriet, Ablaincourt, wo Reinhard Johannes Sorge am 20. Juli 1916 in einen Granatsplitterregen lief, nur ein paar Tage später, nachdem mein Vater aus dem vorderen Graben ausgezogen war. Zwei deutsche Dichter liegen hier begraben, ich suche, ich finde ihre Namen im Namenbuch, Lichtenstein und Sorge ruhen im Kameradengrab, wie es in der Sprache des Volksbundes Deutscher Kriegsgräberfürsorge lautet, nicht im Massengrab, wie es früher einmal hieß. Eine Krähenfeder liegt im Gras, ich hebe sie auf. Wenn ich sie mit dem Taschenmesser zur Schreibfeder zurechtschneiden würde, flösse vielleicht schwarze Tinte heraus. Ich könnte Sorges letztes Gedicht aufschreiben, in dem er so unbegreiflich vom heilen Sinn der eisernen Saat spricht, könnte Lichtensteins Gedicht notieren, worin es am Ende heißt: »Am Himmel brennt das brave Abendrot. Vielleicht bin ich in 13 Tagen tot.« – Ich suche meinen Vater, Merkmale seiner Beschaffenheit, Bedingungen seines Lebens, Umstände seines Verhaltens in dieser äußersten Situation menschlicher Existenz: Die Bilder des Grauens hellen sich erst allmählich auf; Vater blieb stumm.

Ich finde aber zwei deutsche Dichter, die von diesem Grauen sprechen. Meine Reise ist eine Erkundungsfahrt, wie sie die Prinzen von Serendip unternommen hatten, die in unübersichtlichem Gelände den richtigen, den glücklichen Weg finden wollten, »im rechten Augenblick« unternommen, durch »genaues Hinsehen« gekennzeichnet, wie Walter Höllerer schreibt. Lichtenstein und Sorge haben eine große Nähe zu meinem Vater: Als Frontsoldaten haben sie am gleichen Ort gekämpft wie er, ich stelle mir vor, wie sie im gleichen menschenüberfüllten Graben, schlaflos, hungrig, den schwerbepackten Tornister auf dem Rücken, eng zusammengepfercht, auf den Angriff gewartet haben. Ihre Nähe zu meinem Vater hat sie mir nahegebracht; meine Erkundungsfahrt ist eine Reise ins Leben und in die Poesie.

Es ist später Nachmittag. Vom Wegrand aus setzen wir unseren Fuß auf die kalkige Ackerkrume. Sollen wir es den Soldaten von damals gleichtun und in die weiten Mohnfelder hineingehen? In wieviel Briefen ist vom Mohn die Rede? In wieviel Gedichten wird vom Mohn gesprochen? Wir halten ein, wir bleiben stehen, wir schauen nur. Am Horizont steigt Rauch auf. In kilometerbreiter Front brennt ein Stoppelfeld.

Austiner Torte

Aus dem texanischen Tagebuch

Freunde

Der Name »Texas« sei indianisch und bedeute soviel wie »Freund«, sagt Leslie Willsons Wörterbuch, und das will ich gerne glauben. O ihr texanischen Freunde, ich schließe euch jetzt schon in meine Arme, kaum daß ich einen Schritt in euer Land gesetzt und erst einen Anflug der alten indianischen Gastfreundschaft genossen habe! Ihr stolzen, ihr einfachen Texaner, ihr macht euren Mund auf, und schon habt ihr unser banges europäisches Herz gewonnen.

Mir braucht es nicht so zu ergehen wie Mark Twain auf seinem »Bummel durch Europa«, wo er allein durch die Deklinationen der deutschen Sprache daran gehindert wurde, Freunde zu finden. »Wenn der Deutsche ein Eigenschaftswort in die Finger bekommt, dann dekliniert er es und hört nicht auf, es zu deklinieren, bis der letzte Rest von Verstand fortdekliniert ist«, klagt er, und er dekliniert, im Singular: mein guter Freund, meines guten Freundes, meinem guten Freunde, meinen guten Freund, wo es, einfach und freundschaftlich, im Englischen heißt: my good friend, of my good friend, to my good friend, my good friend. O nein, hier in Texas, dem Land der Freunde, ist es viel unkomplizierter mit der Freundschaft, da gibt es keine deklinatorischen Umstände, da steht keine Grammatik im Weg.

Leonard Schulze holt uns vom Flugzeug ab, John Pustejovsky besorgt uns ein Apartment, Tom O'Hare kümmert sich um ein Auto, Christopher Middleton zeigt uns Restaurants und Einkaufsshops, Leslie Willson erledigt die Bankgeschäfte, bestellt ein Telefon und setzt die Hebel nach der geheimnisvollen, Tod oder Leben bedeutenden »social security number« in Bewegung. Dann stehen Walter Wetzels und Robert Mollenauer vor der Tür, alles Texaner, auch wenn sie deutsche Namen tragen, hantieren mit Kabeln und Verlängerungsschnüren, schließen Lampen und Klimaanlage an, längst haben sie die Systeme des Do-it-yourself durchschaut, operieren mit Schraubenziehern und Flügelzangen, hängen Vorhänge auf und transportieren am Ende einen alten, eleganten, massiv hölzernen amerikanischen Schreibtisch aus Eiche ins Zimmer, verlängern seine Platte mit Hilfe eines zauberhaften Mittelbretts und placieren einen puritanischen Stuhl, der das Denken und Erfinden glutvoll stimuliert.

Der Prospekt der United States Travel Services behauptet, der indianische Name »Texas« bedeute soviel wie »Fremde« und der Texaner brenne darauf, unsere Bekanntschaft zu machen, damit er uns sein weites, fremdes Land zeigen könne, seine unermeßlichen Prärien, seine gigantischen Städte, seine reichen Ölfelder, und überhaupt die Größe, ja, ganz besonders die Größe seines Landes will uns der Texaner zeigen. Süße, verlockende, grausame Fremde: o ja, auch das will ich gerne glauben.

Happy Birthday!

Heute ist Hundertjahrfeier der Grundsteinlegung zum neuen Capitol. Auf dem Weg zur Congress Avenue sitzen wir zwischen den Studenten im Shuttle-Bus, sie tragen, wie stets, ihre Bücher offen unter dem Arm, sie haben nichts zu verbergen. Jeder soll sehen, daß sie den freien Weltgeist aus den bedruckten Blättern atmen, so hält eine Studentin in roter Ballonmütze Miltons Paradies fest in der Hand, ja, sie möchte den Laren der schöneren Zukunft körperlich nah und ihrer schützenden Hände immer teilhaftig sein.

Schon vom Martin Luther King Boulevard aus sehen wir die roten Anzüge der Musikkapelle leuchten. Ja, ganz in Rot, weiße Schuhe an den Füßen, Texashüte auf dem Kopf, mit breitem Schultertuch, das bis in den Rücken hängt und in Fransen übergeht, so marschieren sie, straff und etwas rascher als die Deutschen, schlagen auf ihre Trommeln, hauchen in ihre Pfeifen, blasen in ihre Tubas, als gelte es, auch den Mauern, den Dächern, den kahlen Winterbäumen Kunde zu geben von soviel texanischer Freude. Auf dem Schultertuch leuchtet in Großbuchstaben das Wort »TEXAS«, und die Musikkapelle eilt schnurstracks auf die hohe, heilige Stätte zu.

Es folgen die Rangers zu Pferd, die Honoratioren in der Kutsche, die schottischen Dudelsackpfeifer zu Fuß. In weitem Bogen schwenkt die Kolonne in den Park hinab, die Eichhörnchen, menschenfromm, lugen neugieriger als sonst hinter den Stämmen vor, die Stare, scheu wie immer, sind in die Wipfel der Live Oaks geflüchtet, die Kapelle der Longhorns marschiert zwischen den bronzenen Heroen der texanischen Geschichte: es grüßen der Trapper und der Cowboy, der Ranger und der Fußsoldat aus dem Spanisch-Amerikanischen Krieg. Der Cowboy, auf wilderstarrtem Roß, schwenkt seinen Hut, der Trapper, mit aufgekrempeltem Ärmel, hält seine Winchester ausgestreckt und lächelt stolz den Nachgeborenen zu. Die alten Kanonen aus der Schlacht am San Jacinto rumoren mit ihren Rohren und warten auf einen späten Salut. Die Musik der Longhorns ist hochgestimmt und fröhlicher als sonst gewohnte Marschmusik, eine Dame, im langen, schwarzen Kleid, legt ihr Sandwich auf die Balustrade und singt ergriffen mit.

Kommandos ertönen, die die Marschierenden bei jeder Ausführung mit lauten Rufen begleiten. Sie stoßen die Arme in die Luft, spreizen Zeige- und kleinen Finger und rufen: »Hook 'em, Horns!« Ja, die Longhorns zeigen ihre Hörner und lassen keinen Zweifel, daß sie jeden aufspießen werden, der sich ihnen in den Weg stellt. Aber da stehen nur die weißen Matrosen mit hoch über dem Kopf gekreuzten Klingen, unbeweglich, zu anderen Taten bereit, die Säbel senken sich, und die Matrosen lassen eine Gasse für den Gouverneur.

Auf den Treppenstufen des Capitols ist ein Rednerpult aufgebaut, es treten die Repräsentanten aus Politik und Wirtschaft, aus Kultur und Wissenschaft ans Mikrophon, und ganz Texas ist auf einmal ein Herz und eine Seele. Weiße und Schwarze stehen beieinander, sie hören das Wort, das am häufigsten erklingt, es ist das Wort »Texas«, und bei seinem Klang tritt ein Leuchten in ihre Augen. Ein Weißer setzt seine Coca-Cola-Dose vom Mund ab und schlägt seinem Nachbarn krachend auf die Schulter, eine schwarze Schönheit, mit vielen geflochtenen Zöpfchen in der Stirn, zeigt ihrer Freundin, einer lockenköpfigen Angela Davis, ihren Button am Pelzcape, der den Stern von Texas trägt. Hoch über dem Eingang des Capitols weht der Lone-Star, weiß im blauen Feld über den rotweißen Längsstreifen. Eine Fahne heißt »Independence«, eine zweite »Liberty or Death«, eine dritte »Come and take it!«

Auch Mrs. Clements, die Frau des Gouverneurs, im kecken grünen Hut, reckt Zeige- und kleinen Finger und hakt nach den Feinden des Landes. »Texas, our Texas, all hail the mighty state!« singen alle, und dann stimmt ein Chor die amerikanische Hymne an. Es klingt wie im Boxring, wenn Frank Sinatra sein Tremolo hören läßt, aber die Männer ziehen ihre Hüte, und auch ich drücke meinen blauen Jeanshut fest ans Herz und blicke zu dem weißen Stern empor.

Schulklassen werden durch das Haus geführt, Zehn- und Zwölfjährige, die junge Nation lernt die Taten ihrer erfolgreichen Männer kennen, sie lernt ihre Geschichte, die aus lauter Geschichten besteht, es sind Sagen, Legenden, Storys, die von Amerikas Selbstbewußtsein erzählen. Sie sind nicht älter als zweihundert Jahre, aber sie scheinen aus Urzeiten übermittelt und klingen biblisch und unwiderlegbar, wenn Davy Crockett am Alamo wie Josua vor Jericho erscheint.

Unter der Kuppel ist aus vier Tischen eine festliche Tafel zusammengebaut, draußen donnern die Salutschüsse, die Scheiben klirren, die Türen scheppern, wieder spreizen alle Texaner ihre Finger zum Rindergehörn. Das Tor öffnet sich weit, vier Männer in Rehlederwesten tragen ein Modell des Capitols auf breitem Tablett durch die Halle herein, sie tragen es wie einen geweihten Tabernakel, rosa schimmert der Stein, grün leuchtet das Gras. Aber der rosa Granit ist rosagefärbte Buttercreme und das grüne Gras grüngefärbte Buttercreme, und das ganze Capitol ist eine gigantische Buttercremetorte, ein Kuchen aus tausend Kuchenstücken, umgewandelte Rasen- und Quaderstücke, Fenster- und Säulenstücke, die abgetragen werden mit Kuchenmessern und Tortenschaufeln, Stück für Stück, und einverleibt von Mündern, die nicht auf Brosamen und Buttercreme erpicht sind, o nein. Sie lechzen nach dem Geist aus dem Brote, der sich mit diesen Bissen überträgt und in ihren texanischen Mägen zur Wohlfahrt vergärt, zu Freiheit und Unabhängigkeit, zu denen schon die Fahne rief: »Come and take it!«

Auch ich esse davon, ich bin einer der ersten, der in der Reihe steht und die Gnade dieser Wohlfahrt empfängt, ich esse ein Endstück vom Rasen, ich weide im Gras der Verheißung, ich einverleibe mir das Labsal der unermeßlichen texanischen Prärie. Ich esse von diesem Kuchen, um davon sprechen zu können, wie Borges sich wünschte, daß jemand töte, damit er es nachher erzählen, und wie Goethe, der alle Töpfe zum Fenster hinauswarf, damit er sich an einer lustigen Geschichte ergötzen konnte. Ich aber esse, ich will nicht Gewalt an Sachen und nicht Gewalt an Fleisch und Blut ausüben sehen, ich esse, damit ich mich später daran erinnern und das Einverleiben preisen kann. Zur 125. Wiederkehr des Hambacher Festes im Mai 1957 mahnte Theodor Heuss von Bonn aus: »Macht mir keinen Wurschtmarkt draus!« Warum eigentlich nicht?

Hans im Glück

Es ist ein warmer, texanischer Frühlingstag mit mitteleuropäischen Sommertemperaturen, die Luft ist klar, der Himmel stahlblau, die Landschaft blank gefegt. Wir überqueren den Colorado über den Mansfield-Staudamm und fahren hinunter in den kleinen Park am Seeufer des Lake Travis. Ein paar junge Burschen sind in einem Toyota angekommen, die Wagentüren stehen offen, das Autoradio heult laut, die Burschen haben ihre Hemden ausgezogen, sie halten sich an den Händen, singen und tanzen, ihre Haare fliegen im Seewind. Auf einem Felsvorsprung liegt eine junge Frau im Badeanzug und sonnt sich, ein Mann in mittleren Jahren trägt ein gelbes Schlauchboot vorbei, er hält es, was gar nicht nötig wäre, hoch über den Kopf und setzt es mit dramatischem Schwung ins Wasser.

Die Burschen haben mit dem Tanzen aufgehört, sie sitzen auf der Landzunge und lauschen einem Rotschopf, der mit breit ausholender Geste ein Anliegen erklärt. Er wirft den Arm in die Luft, spreizt die Finger, und sein Mund ist so weit aufgerissen, daß man die weißen, blank geputzten, gut gepflegten Zähne sieht. Vielleicht benutzt er »Gleem«, die Zahnpasta der schweigenden amerikanischen Mehrheit, vielleicht bevorzugt er »Crest«, die Zahnpasta der jungen Generation, die nach Chlorodont und den deutschen Zeltlagern der dreißiger Jahre schmeckt. Ja, hieß nicht die Zahnpasta dieser Jahre »Biox-Ultra«, von der man sich nur einen kleinen Striezel auf die Bürste zu tun brauchte, und schon waren die Zähne gerettet.

Der Rotschopf zeigt seine Zähne mit keckem Selbstbewußtsein, und wenn sein Anliegen diesen prächtigen Zähnen entspricht, dann braucht einem um Amerika nicht bange zu sein. Der Bursche prahlt und gestikuliert, womöglich erzählt er eine Geschichte, in der die Hoffnung der Verfolgten, die Toleranz der Bekenntnisse, die Achtung der Menschenrechte, in der alle die löblichen Werte seiner Nation eine Rolle spielen, Gleichheit und Brüderlichkeit, der weitherzige amerikanische Gerechtigkeitssinn, der aus freiem Willen und nicht aus zwanghafter Not aufgeblüht war, ja womöglich entwikkelt er sogar eine ganz neue, eine viel weiter gehende, eine schier welterlösende Idee von Nachbarschaft und Bürgergeist, und mit einemmal blitzt das Wasser des Lake Travis auf, und nicht nur die hochfliegenden Luftbilder des jungen Mannes, sondern die ganze Landschaft ist so rein und blank geputzt wie seine Zähne.

Wir holen unsere Tüten hervor, packen Brote, Tee und Tomaten aus, und während die Garanten einer besseren Zukunft ihre Theorien verhandeln, wandelt uns ein Hambacher Gefühl an, ein Hauch von heimatlicher Nähe und Sprache, von deftiger Bäckerei und Metzgerei, und das »Mestemacher Farmbrot« und die Leberwurst runden unseren freien und gleichen Leib.

Wir fahren, hochgestimmt, am Ufer des Sees entlang, atmen das Wasser, schmecken die Luft und riechen das Harz der Machandelbäume. Im Segelhafen des Marshall Club beim Tom Hughes County Park klatschen die Stahltaue an die Hunderte von Bootsmasten, es ist bis auf die Höhe des Komantschenpfads zu hören und klingt, als schlügen Engel ihre silbernen Triangel; unter dem Laubschatten des Cypress Creek County Park sitzen ein häßlicher Köter und ein schönes, rothaariges Kätzchen beieinander, zeigen ihre Gebisse und jaulen vor Freude so hell, als tönten Äolsharfen über den See: ja, so lustvoll ist dieser Tag, alles klingt zusammen, alles schwingt empor, alles wiederholt sich, die blitzenden Gebisse, die roten Haare und die süße, himmlische Musik. Wir steigen beim Big Sandy Park auf die Höhe der Balcones Fault empor und kehren über Cedar Park nach der Stadt zurück, ermuntert, gesättigt, von Glück beschieden. Texas ist ein erhebendes Land!

Nun ist das Glück aber eher ein wechselhaftes, ein augenblickliches Weltgefühl als ein dauerhafter Zustand, und der Hans im Glück aus dem Märchen, der den Klumpen Gold mit dem Pferde, das Pferd mit der Kuh, die Kuh mit dem Schwein, das Schwein mit der Gans und die Gans mit einem Wackerstein vertauschte, bildet den glücklichen Menschen viel einsichtiger ab als alle Psychologie- und Gewerkschaftsmodelle. »Mit leichtem Herzen und frei von aller Last sprang er nun fort«, heißt es vom Hans im Glück, als ihm am Ende noch die Wackersteine in den Brunnen gefallen waren und er gar nichts mehr besaß als das Hemd auf dem Leib: Und genauso wie dem Hans im Glück erging es mir an diesem texanischen Frühlingstag.

Wir kommen an, parken den Wagen, steigen die Treppe empor, und da liegt eine Scheibe unseres Apartmentfensters auf der Außenterrasse, in Stücke zerbrochen, und daneben ein Ende des Aluminiumrahmens, worin sie befestigt war. Die Tür ist nur angelehnt, o nein, wir brauchen keinen Schlüssel mehr. Ungehinderten Schritts treten wir ein in die offene Stube, die wir so sorgsam verschlossen hatten, über Schachteln und Kleiderbügel, über leere Flaschen und umgestülpte Plastiktüten treten wir in unsere neue texanische Welt: aufgerissen die Schubladen der Schlafzimmerkommode, ausgeplündert die Fächer des Kleiderschranks, umgekehrt die breite amerikanische Matratze. Und erst die schöne mexikanische Decke, da liegt sie im Staub der Verwüstung, und mit einem Schlag besitze ich nur noch das, was ich auf meinem freien und gleichen Leib und in die beseligenden Parks hinausgetragen habe an diesem ersten texanischen Frühlingstag.

Auf dem Schreibtisch liegen meine Papiere, die Tagebuchblätter von gestern, die Notizen für morgen mit den luftigen Metaphern über die Gleichheit und die Brüderlichkeit; aber auf dem Boden liegen die drei Unterhosen, die mir geblieben sind, im Staub liegt eine Tube Zahnpasta, und im Dreck liegt die schöne Idee von Gleichheit und Brüderlichkeit und vom zähneblitzenden besseren Menschen der Zukunft.

Leslie und Walter eilen herbei, und bald steigt auch Sergeant Steve X von seinem Motorrad, ein zarter, netter Mensch mit Colt und Schlagstock an seinem Gürtel, ja, bis an die Zähne bewaffnet, ist er unverzüglich aus dem Raubdezernat hergekommen. Er checkt die Liste der gestohlenen Gegenstände, und dann arbeitet er mit Puder und einem hauchfeinen Butterbrotpapier, er nimmt Fingerabdrücke und läßt sein scharfes Auge in jeden Winkel schweifen. Er kniet sich nieder, prüft den Teppich, tastet die Fußleiste, wischt die Fensterbank ab, und während er stäubt und pudert, erzählt ihm sein Walkie-talkie von weiteren Einbrüchen und Diebstählen, von Raub und Gewalttat, und Sergeant Steve schüttelt den Kopf und schaut auf die Uhr, vielleicht fürchtet er um seinen Puder und das Abziehpapier, die zur Neige gehen, und er besteigt sein Motorrad mit wehenden Rockschößen.

O Gott, was ist aus diesem verheißungsvollen Tag geworden! Es ist wohl nicht die Menschheit, der unsere Aufmerksamkeit gelten sollte, nicht die Gesellschaft, nicht die Gleichheit, nicht die Brüderlichkeit, die unsere Achtung und Liebe verdienen, es sind wohl doch Walter und Leslie und Robert mit der Bohrmaschine, der seine Schrauben in den Rahmen dreht und das Fenster wieder richtet. Nein, es ist sicher nicht die Gesellschaft, die zählt, es ist das Gesellige zwischen Robert und Leslie und Walter und uns. Was bedeutet Gleichheit, was Brüderlichkeit? Aus den Begriffen, den Parolen, den Sprüchen haben sich gottlob ein paar Menschen entpuppt, einer sogar mit einer Bohrmaschine, der einige Löcher in den Fensterrahmen bohrt, und unsere Sicherheit garantieren ein paar dicke Schrauben und nicht eine hochfliegende Idee.

Oh, was ist das für ein armes Geschöpf, das jetzt mit meinen Schuhen an den Füßen und meiner Lederjacke am Leib durch die Straßen geht und sich eines Diebstahls erfreuen muß! Vielleicht hat man ihn in früher Kindheit schon um sein Menschsein betrogen, vielleicht hat man ihn nur die Freiheit und die Gleichheit gelehrt, vielleicht hat er nur Begriffe, Parolen, Sprüche gehört und war nie dazu gekommen, seinen Hundeschwanz zu verlieren und ein Mensch zu werden.

O. Henry's Cottage

In der 5th Street, zwischen Lagerhallen und Garagen, Neubauten und Ödflächen, liegt O. Henry's Cottage. Irgendwann nach dem Kriege, als die alten Häuser abgerissen, die historischen Gebäude in Fabriken, die Holzveranden in Brennmaterial verwandelt wurden, bewegten respektvolle Hände das Haus aus der 4th in die 5th, und hier steht es nun, in seiner einfachen Ländlichkeit ein bißchen verloren, zwischen den architektonischen Mißgeburten der fünfziger Jahre. William Sydney Porter, vom 11. September 1862 bis zum 5. Juni 1910, geboren in Greensboro, N.J., war 1882 nach Texas gekommen, hatte auf einer Ranch bei Cotulla gelebt und sich 1884 nach Austin begeben, wo er als Apotheker und Musiker, Draftsman und Bankangestellter lebte, bis er, in kriminelle Affären verwickelt, Austin verlassen und später eine Gefängnisstrafe absitzen mußte.

Hier, zwischen den alten Möbeln, hängen die Fotos seiner Familie, er, im spitzen Schnurrbart, mit Elvis-Presley-Welle, seine Frau und seine Tochter; hier liegen die unzähligen Glückwunschkarten zum Valentinstag, Puppen und Spielzeug; die Kinderwiege und das Tafelgeschirr stehen gravitätisch im Kinder- und Eßzimmer; das Klavier, von Horace Waters gebaut, mit eingelegtem Perlmutt, ziert den kleinen Salon. In einem Bilderrahmen sind die Muster der Originaltapeten zu sehen, die rosa Tapete des Badezimmers und die grau-gelbe der Toilette. Das Bett ist hoch gebaut und trägt an seinem Kopfende einen handgeschnitzten altarmäßigen Aufbau, an den Wänden stehen Kommode und Waschtisch mit Kannen und Schüsseln aus weiß-grünem Porzellan und eine prächtige Singer-Nähmaschine, noch ganz ohne Verkleidung, so daß das gußeiserne Zusammenspiel von Mechanik und Gestell für jedermann sichtbar und ein Beispiel der Gebrauchskunst der Jahrhundertwende ist. In der Küche der Eisenofen mit Wasserkessel, Pfannen und Bügeleisen, die Regale mit Kuchenformen, Waffeleisen und Waschbrett. Im Geschirrschrank blitzt ein zweites Tafelservice mit einem nostalgischen Landschaftsmuster: über ein verschilftes Ufer biegt sich ein Zweig, tief im Hintergrund, vor sanften Hügeln, ziehen sich Büsche hin, von kleinen Vögeln belebt.

Jogger

Abendspaziergang zu den Joggern am Town Lake. Hunderte sind unterwegs, Plattfüße und Spreizfüße, Rudergänger und Zehengänger, Eiertänzer und Sackhüpfer, Geißen im Eimer, Störche im Salat. Einige schlagen die Beine, als wollten sie sich selbst in die Hüften treten, andre schlagen mit den Armen und peitschen die Luft, die ihnen hart ins Gesicht steht.

Am Stadtrand die aufgebockten Hauswagen, die umgebauten Station Cars, die geparkten Wohnmobile. Sieben Jahre bleibt der Amerikaner am Ort, dann bricht er die Zelte ab, zieht weiter, siedelt von neuem im Unbehausten. Derweilen läuft er auf gestampften Pfaden, unter blühendem Oleander, an rauschendem Strom, ißt seine durchgeweichten Sandwichs vom Pappteller, trinkt seine chemischen Limonaden aus der Dose, knackt seine Shrimps, schlürft seine Dressings, lebt aus der Hand in den Mund.

Ich zeige auf Beine, die überhaupt nicht zum übrigen Körper passen, Brigitte beobachtet einen Rumpf, der zu ganz anderen Beinen zu gehören scheint, die Menschen sind außer sich und laufen einem Idealbild nach, das es nur in der Werbung und in der nächtlichen Fernsehserie gibt. Es fesselt uns zunehmend das Ritual dieser unbeugsamen Lemminge.

Rodeo

Das Coliseum von Austin, sonst Fest- und Versammlungshalle, ist in eine Arena verwandelt. Hinter Maschendraht, mit dem die Kampfstätte eingezäunt ist, erheben sich Sitzreihen bis unter den Rand der Kuppel. Bunte Sommerkleider, Gürtelschnallen, Perlen und Pistolen blitzen, da sitzt das Volk von Austin, die Männer mit Texashüten und Gimme-Caps auf dem Kopf, die Frauen mit Trinkbechern und Babys, mit Popcorntüten und Kleenex-Schachteln auf dem Schoß. Über dem Eingang zu den Ställen wehen Stars & Stripes und der Lone-Star, sie flattern einträchtig nebeneinander, Bundes- und Staatsflagge, und aus den Lautsprechern tönt Country-Musik, die Baßtuba und der Bariton Johnny Cashs.

Die Show beginnt mit einer Reiterparade. Reiter und Reiterinnen mit hocherhobenen Flaggen durchqueren die Arena, wenden die Pferde, schwenken die Pferde, kreuzen die Reihen, spalten die Linien, immer ist ein blondes Cowgirl in rotglänzendem Anzug in die Mitte genommen, die Reiter schwenken nach links, schwenken nach rechts, schwenken diagonal, stets ist das purpurne Girl in ihrer Mitte. Aus dem Lautsprecher tönt immer noch die Stimme von Johnny Cash, sie erzählt die Geschichte der amerikanischen Flagge. »Auf den Mauern des Alamo!« sagt Johnny Cash. »Sterne und Sterne auf den heiligen Mauern des Alamo!« röhrt er, aber er täuscht sich, denn auf dem Alamo hat der texanische Lone-Star geweht, keine Streifen, keine Sterne, nur der eine texanische Stern.

Im Scheinwerferkegel taucht das glitzernde Girl in eine Aureole von Licht, die Hymne erklingt, und selbst die Knechte in den Ställen lassen von den Pferden ab, nehmen ihre Hüte vom Kopf und pressen sie gegen ihre geschwellte texanische Brust. Jäh erlischt der Scheinwerferstrahl, die Lautsprecherstimme gebietet den anwesenden Zuschauern, um die Gesundheit der Cowboys zu beten.

Das ist Rodeo, des Texaners heiligstes Fest, ein Männerwahn mit Frauenlob, die Gockel recken ihre Kämme, die Pfauen spreizen ihre Federn, ja, das ist Rodeo, die Sensation der einfachen Geste, und es beginnt mit dem Reiten auf dem ungesattelten Pferd (»Bareback Bronc Riding«). Im Höllentempo stürzen sich die Pferde aus dem geöffneten Gatter, werfen die Kruppe in die Höhe, schlagen aus und schütteln den Reiter, der sich, weit nach hinten gelehnt, auf dem Rükken des Pferdes zu halten versucht, auf und ab. Nach acht Sekunden ertönt eine Glocke, nur wer sich länger auf dem Rücken des Pferdes zu halten vermag, kommt in die Wertung. Nach dem Abwurf wird das Pferd von zwei Reitern in die Mitte genommen, beruhigt, in die Hürde zurückgeführt.

Als nächstes ist das Kälberfangen (»Calf Roping«) an der Reihe. Ein Kalb stürzt aus dem Gatter, ihm folgt ein Reiter, der es mit dem Lasso fängt, niederreißt, blitzschnell die Hinterbeine zusammenbindet. Robert Parker aus Austin, Steven Perry aus Freeport und Randy Stewart aus Georgetown treffen haarscharf, aber Charles Williams aus El Campo reißt sein Lasso, nachdem es über den Kopf des Kalbs geflogen und zur Schlinge um den Hals geworden ist, mit übermäßiger Gewalt an, daß das Tier, plötzlich in seiner Flucht gebremst, wie vom Beil gefällt, zusammenbricht. Williams braucht es nicht mehr an den Hinterbeinen zu fesseln, es bäumt sich noch einmal auf, schnappt nach Luft, sackt in sich zusammen, als seien ihm alle Beine gebrochen. Cowboys eilen herein und schleifen es, an Ohren und Hinterbeinen gepackt, über den Sand hinaus in den Schmutz der Ställe.

Jetzt dringt gedämpftes Mondlicht aus den Scheinwerfern, sanfte Hillbilly-Musik aus den Lautsprechern, es erscheint eine Mannschaft von Reitern mit Fackeln. Sie spielen das Spiel der Verbrecherjagd, wie wir es aus den Filmen kennen: der Sheriff, der den Suchtrupp zusammenstellt, reitet mit großer Gebärde vorweg, das Posse folgt im lockeren Zirkustrab, ein finsteres texanisches Stegreifspiel. Aber schon sind die Scheinwerfer wieder aufgeblendet, und es beginnt das Stierringen (»Steer Dogging«). Es flattern die Lederschurze, es klirren die Sporen, es fliegen die Hüte, die Cowboys stürzen aus der Box, springen dem fliehenden Stier ins Genick und werfen ihn zu Boden. Früher hat der Cowboy dem Stier in die Lippe gebissen, erzählt John Pustejovsky, der mit Suzan, seiner Frau, und Jamie, seinem flachsblonden Jungen, mit uns gekommen ist. Ja, früher war der Cowboy nicht zaghaft und verzärtelt. Wieviel Blut fließt nach dem Zungenbiß, wieviel Schweiß vor dem Schultersieg, etliche springen ins Leere, ein mancher bringt den Stier nicht in die gewünschte Rückenlage.

In der Pause treten die Clowns auf. Sie spielen ein witziges Stück mit einem roten Auto, das sie nach allen Regeln ihrer Kunst auseinandernehmen. Nach dem roten Phantasieauto der Clowns erscheint des Sponsors weißer Cadillac, auch ein irreales Objekt, ein Gegenstand aus der amerikanischen Traumfabrik. Ein Chauffeur im Texashut fährt den Wagen in die Arena ein, Mister Stevens und seine Gattin sitzen im Fond, vorne auf der Haube prangt das Longhorn als überdimensionale Kühlerfigur. Mister Stevens handelt mit Sprite und Coca Cola, er läßt sich lang beklatschen, dann fängt der Ernst des Schauspiels wieder an.

Zunächst preschen Cowboys aus den Boxen, jeweils zwei und zwei, sie jagen ein Kalb, das der erste mit seinem Lasso um den Kopf, der andere mit dem seinen um die Hinterbeine fesselt (»Team Roping«), dann beginnt das Kälberfangen der Kleinen (»Calf Scamble«). Wohl hundert Kinder, Jungen und Mädchen, klettern über die Umzäunung, drängen sich durch die Barrieren, springen an den festgeleinten Pferden vorbei in die Arena, holterdipolter hinter den Kälbern her. Sie sind auf der Jagd nach ihrem Kalb, aber es sind nur neun Kälber da, und als das Zeichen zum Anfangen erfolgt, ist die Arena längst schon ein Tummelplatz wilder Horden, ein wirres Knäuel von Mensch und Tier. Die Kinder rennen und stürzen, die Kälber springen und schütteln sich, wer entgeht dem Hufschlag der quirligen Kreatur, wer knüpft dem Kälbchen die rosa Schleife vom Schwanz? Früher durfte jeder, der sich ein Kälbchen fing, das Tier mit nach Hause nehmen und großziehen im eigenen Stall.

Der Abend nähert sich seinem Höhepunkt, schon sind die Cowgirls angekündigt. In Abständen von je einer halben Minute stürzen Reiterinnen herein, lenken ihre Pferde auf drei im großen Dreieck aufgestellte Fässer zu, wenden auf dem Fuß und drehen ihre Pferde um die Fässer, bevor sie wieder, wie ein Spuk, in den Ställen verschwinden (»Ladies Barrel Race«). Ihr braven deutschen Pferdefreunde, ihr warmherzigen Sonntagsreiter, ihr sanftmütigen Don Quijotes, euch würde das Herz im Leibe brechen, so hart sind die texanischen Pferde hergenommen, so schonungslos sind sie gegen die Fässer gelenkt, so heftig ins Tempo gepeitscht. Was genießt dagegen ein europäisches, ein deutsches, ein kastilisches Pferd Hochachtung und seelenvolle Behandlung! »O Rosinante! dies, meine Gebieterinnen, ist der Name meines Pferdes!« rief Don Quijote aus, als er zu den beiden Schankmädchen sprach, selbst seine alte, dürre Mähre ging ihm über den Bukephalos des Alexander und den Babieza des tapferen Cid.

Aber dem Pferd folgt der Bulle, der profanen Kreatur das heilige Wesen, dem Nutzvieh das Totemtier. Ja, endlich, zu später Stunde, und mit großer Spannung erwartet, beginnt das Reiten auf dem Bullen (»Bull Riding«). O ja, der texanische Bulle ist das Totemtier einer ganzen Nation! Ich habe deutsche Kühe auf der Wiese liegen, habe normannische Kühe auf ihren Hügeln stehen, habe bretonische Kühe am Meer weiden gesehen, aber was sind diese törichten Kühe gegen eine texanische Kuh, einen texanischen Bullen, ein texanisches Longhornrind? Die friesischen und die bayrischen, die normannischen und die bretonischen Rinder machen alle den Eindruck des Blöden, wie sie da stehen und vor sich hin in eine Ecke der Landschaft starren. Ein texanisches Longhornrind aber steht erhobenen Hauptes da, stolz und eher spanisch, obwohl der Texaner dem Spanier gegenüber voller Mißtrauen, auch voller Mißachtung ist. Aber den iberischen Stolz seines Rindes läßt sich der Texaner nicht schmälern. O nein, das Longhornrind ist sein Wappentier, das breite, spitze Horn ist das Zeichen seiner eigenen Kraft.

Was ist das für ein Sport, dieses Bullenreiten! Während das Pferd vergleichsweise harmlos aus den Boxen prescht und mit seinen Hufen um sich schlägt, ist der Bulle ein ungezähmtes, ein unzähmbares Vieh aus der Vorwelt, eine Naturgewalt, ein Urereignis. Mit dem Cowboy auf dem Rücken, der nur mit einer Leine um seinen Hals mit ihm verbunden ist, dreht er sich im Kreis, wirft Vorder- und Hinterbeine in die Luft, schlägt eine plötzliche Volte nach links, bricht nach rechts aus, beugt den Kopf zur Erde und schüttelt den Körper ein- und auswärts. Der Bulle springt auf und taucht unter, er prustet wie ein Atlantikschwimmer, stampft mit dem Fuß, rüttelt mit dem Horn, wirbelt wie ein Drummer, ja, ein Schwimmer, ein Trommler, ein wilder Zaubertänzer ist er, der mit allen vieren um sich schlägt!

Der Cowboy, der sich nicht länger als ein paar Sekunden auf dem Bullen zu halten vermag, springt, nachdem das Tier ihn abgeworfen hat, gleich weit zur Seite, rettet sich auf die Barriere, am liebsten hoch auf den Zaun, denn der Bulle dreht sich gleich nach dem Abwurf um und verfolgt seinen Quälgeist mit leidenschaftlicher Lust. Einer der Bullen ist nur schwer wieder in die Boxen zu kriegen, er rast entlang der Barriere, und alle Cowboys, einer Reihe eintrainierter Bodengymnastiker ähnlich, springen in die Höhe, einer um den andern in einer kuriosen Livestock-Choreographie. Der Bulle rennt gegen die Puppe in Menschengröße, die die Clowns aufgestellt haben, rammt sein Horn in das Tuch und wirbelt die Puppe hoch in die Luft.

Steve Henderson, der Kanadier, prescht aus der Box, den Bullen unter sich am Riemen. Der Bulle bäumt sich auf, und den Cowboy schüttelt er sich wie ein lästiges Insekt vom Leib. Henderson verhakt sich in seiner Leine, der Bulle bricht aus und schleift ihn durch den Sand. »Bravo!« rufen die Leute, »take him!« Der Bulle irrt durch die Arena, Henderson hinter sich am Boden, und während die Clowns die zerfledderte Puppe zur Ruhe betten, schleift der Bulle den Cowboy durch den Sand. Der Bulle schnaubt, die Cowboys stoßen Schreie aus, und aus den Lautsprechern tönt der Zapfenstreich aus dem Film »Verdammt in alle Ewigkeit«. »Take him!« schreit die Menge, »nimm ihn dir!«, und als dann endlich der Bulle eingefangen ist, schickt der Animateur die Zuschauer nach Hause, es ist Samstagnacht, und alle sind dringend gebeten, zum sonntäglichen Gottesdienst aufs neue zu erscheinen.

Maria Stuart in der Scheune

Schon zur Mittagsstunde in Austin war uns eine köstliche Einstimmung zuteil geworden. »Die Blümelein, sie schlafen!« tönte das Glockenspiel vom Turm der Universität, und dann erklang, breit und wie vom Männergesangverein vorgetragen: »Sah ein Knab ein Röslein stehn.« Wir fuhren am Spätnachmittag über Bastrop, Smithville, La Grange nach Winedale, und tatsächlich, die Texas Bluebonnets und die Indian Paintbrushs, so blau und so rot sie uns hinausleuchteten ins Land der alten Texasdeutschen, jetzt schlossen sie ihre Kelche im Abendlicht, und auch die Rosen, die wir stehen sahen, ließen ihre frisch gewachsenen Köpfe hängen.

In Winedale, dem alten Dorf mit dem Joseph-George-Wagner- und dem McGregor-Grimm-Haus, mit Drugstore und Poststation, wird in der alten Scheune des Historical Center »Maria Stuart« von Schiller gegeben, eingerichtet und aufgeführt vom Department of Germanic Languages und vom College of Liberal Arts. Die Rancher und die Farmer aus der Umgebung sind herbeigekommen, aus Freyburg und Schulenburg, aus Frelsburg und Oldenburg, aus Holmann und Weimar, aus Mannheim und New Ulm, vielleicht sogar aus Uhland und Niederwald, aus Westhoff und Schroeder, aus Nordheim und Weser. Sie sitzen auf Klappstühlen, die in acht Reihen hintereinander auf dem gestampften Lehmboden der Scheune stehen, eine Reihe sitzt sogar oben auf dem Heuboden, die Männer in hellen Sonntagshosen, die Frauen in bunten Sommerkleidern mit Halsketten und Ledertäschchen.

Wir sitzen in der allerersten Reihe, das Bühnenbild dicht

vor der Nase; die Königin, im langen, schwarzen Kleid, mit Schleier und Häubchen, geht direkt an unseren Fußspitzen vorbei und zieht uns unwiderstehlich in das dramatische Ereignis hinein. Ein Rancher, im blauen Polohemd, mit wassergescheiteltem Haar, hält das Textbuch auf dem Schoß, eine alte, in gotischen Lettern gedruckte Ausgabe aus dem vergangenen Jahrhundert, und mit dem Finger verfolgt er den schweren Fluß der Jamben. Er schaut nicht auf Bühnenbild und Gesten, selbst die verzweifelten Hin- und Hergänge der gefangenen Königin in ihrem Käfig lassen ihn ungerührt, der Klang der Sprache genügt ihm, und ihm allein lauscht er mit hingebungsvollem, mit dankbarem Lächeln des Wiedererkennens.

Es klingt teils wie Holländisch, teils wie Norwegisch, vielleicht wie Altisländisch, was die Studenten sprechen, sie sprechen es mit texanischem Akzent, eine harte, eine rüde, eine bäuerliche Sprache ohne Umlaute und Umstände, kühn und gesanglos, ein martialisches Wikingerdeutsch. Baron von Burleigh, in blauen Pumphosen und graumeliertem Bart, verschwindet beim heftigen Hin- und Hereilen immer hinter einer der beiden Stützbalken der Scheune, so daß ich nie richtig sehen kann, wie er sich gebärdet, wenn er seine schmählichen Vorwürfe gegen die arme Königin schleudert. Elisabeth, blond und blutjung, sagt: »Was ist der Mensch, was ist das Glück der Erde?« Ihre Brust bebt unter dem schweren, purpurnen Gewand, und sie zieht alle Blicke hinter ihrer Schleppe her.

Maria Stuart ist entsetzt, soviel Kabale und kriminelle Arglist am englischen Hof anzutreffen, ihre Stimme ist wehleidig und weich, sie spricht eine Sprache mit lieblichem Nasal.

Spricht sie Englisch? Spricht sie Deutsch? Ja, ob wohl die Amerikaner unter den Zuschauern diese Sprache für Deutsch, die alten Deutschtexaner sie für Englisch halten? Die sympathischen Burschen mit Dolchen und Baretten, die vor einer Stunde noch, in Jeans und mit nacktem Oberkörper, hinter dem ländlichen Sommertheater Purzelbaum schlugen und den Mädchen verwegenes Liebesspiel gestikulierten, mühen sich mit den dickflüssigen Jamben ab und stampfen mit dem viel zu großen Pantoffel auf das Holzpodest. Aber als Graf Leicester zu Elisabeth sagt: »Ich habe dich so reizend nie gesehn«, da schaut auch der Rancher im Polohemd auf und verliert die gedruckte Zeile aus dem Auge. Er reckt sich auf seinem Klappstuhl, lacht auf und zeigt seine Freude an der appetitlichen Königin auf seine Weise.

Vor dem großen Scheinwerfer, der die Mitte der Bühne erleuchtet, fliegt ein Maikäfer. Er torkelt gegen das Glas, wendet im Flug und stößt immer wieder an die heiße Lichtwand. Maria, ganz überschwenglich geworden, zeigt auf den gelben, rissigen Lehmboden der Scheune und spricht vom »grünen Teppich dieser Wiese«, ein Glück, daß zwei künstliche Rosenbüsche auf der Bühne stehen und die Phantasie nicht allzusehr strapazieren, als sie von den Bäumen ihres Gefängnisgartens spricht. O weh, jetzt treffen die beiden Königinnen zusammen, und von diesem Augenblick an hat der Rancher in der ersten Reihe keinen Blick mehr für die gotischen Lettern in seinem Textbuch. Er ist erzürnt und fuchtelt mit den Armen.

Aber auch Talbot regt sich furchtbar auf, er hustet und stampft mit seinen Pantoffeln auf den Boden, daß der Staub auffliegt. Mortimer kommt hereingestürzt, und als er zu Maria sagt: »Du bist das schönste Weib auf dieser Erde!«, da weiß der Rancher nicht mehr, was er von diesen jungen Männern halten soll. Er klopft sich auf die Schenkel, schaut sich nach einem Bekannten um, der in der letzten Reihe sitzt, und flüstert seiner Frau etwas ins Ohr, was diese gar nicht hören will. Sie rückt von ihm ab und schaut nach den Brustkasten der Schauspieler, die sich blähen unter den Kostümen. Der Maikäfer hat vom Glas der Lampe abgelassen und kriecht über das Bühnenpodest, es ist nicht mehr viel Bewegung in seinen Gliedern, er krabbelt noch ein wenig, dann sitzt er still.

In der Pause nach dem dritten Akt wird draußen auf der Wiese schon ein Faß Lone-Star angestochen. Der Käse und das

Brot werden angeschnitten, das erste Bier schäumt in den Pappbechern auf, den hungrigen und durstigen Seelen winkt das Labsal vom Bauerntisch. Der vierte Akt beginnt vehement, das Licht geht aus, Mortimer ersticht sich, der Offizier der Leibwache ist außer sich, aber der dicke Maikäfer lebt immer noch. Am Ende herrscht große Aufregung auf dem Podest, und auch draußen hinter der Szene ist der Teufel los. Das Spektakel endet, nach Elisabeths Monolog, in sommernächtlicher, texanischer Exaltation. O nein, Maria ist nicht mehr zu retten, und auch der Maikäfer darf nicht mehr lange leben. Elisabeth sagt: »Ihr Haupt soll fallen!«, und der Rancher nickt mit dem Kopf. Ja, sie hat den Tod verdient, der blonden Königin treten die Tränen in die Augen, so sehr ist sie in ihrer Eitelkeit gekränkt. Der Rancher ist entrüstet, er steht von seinem Stuhl auf, und für einen Augenblick sieht es so aus, als wolle er persönlich hinter die Kulisse treten und das Richtbeil schwingen. Der Aufruhr ist komplett, Burleigh muß nicht nur die katholische Königin zum Schafott abholen, o nein, er zertritt auch noch zu allem Überfluß den Maikäfer auf dem Holzpodest. Elisabeth verlangt nach Leicester, der Graf von Kent sagt: »Der Graf läßt sich entschuldigen, er ist zu Schiff nach Frankreich!«, und der Rancher schaut im Textbuch nach, ob das auch tatsächlich die letzten Worte des Stückes sind.

Denn draußen auf der Wiese ist längst ein fröhliches Treiben im Gange, schon vor zehn Minuten, als der Graf von Leicester noch nicht das Schiff nach Frankreich bestiegen und gesagt hatte: »Es ist ganz still!«, da tönte von der Wiese her ein helles Lachen. Kaum haben sich die jungen Schauspieler, mit Professor Michael, dem Regisseur und Direktor der Truppe in der Mitte, zum Applaus versammelt und verbeugt, hebt auch schon auf der Wiese das Spiel der Handharmonika an, eine Baßtuba fällt ein, es erklingt: »Alle Möpsjer beiße, alle Möpsjer beiße!«, und die Wiese von Winedale in Texas hat sich in eine deutsche Dorfwiese des 19. Jahrhunderts verwandelt. »O Susanna, wie ist das Leben schön!« singen die Texaner aus Schulenburg und Weimar, fassen sich unter zum Tanz, und das Mondlicht gießt seinen milden Glanz über die blühende Prärie. Die Blumen schlafen, wie es schon das Austiner Glockenspiel verkündet hatte am Mittag, auch wir sind müde geworden, und als wir zum Parkplatz hinüberspazieren, sendet uns die Harmonika einen Abschiedsgruß nach. »Muß i denn, muß i denn zum Städtele hinaus!« spielt der kräftige Bursche im Texashut, und die Baßtuba dröhnt unter dem hohen, südlichen Mond.

Osterspaziergang

Einige behaupten, von der Sachsenhausener, einige andere dagegen, von der Bergener Höhe aus habe Goethe den spazierengehenden Faust die Stadt Frankfurt liegen, den Mainstrom fließen und die ortseingesessenen Osterausflügler in alle Winde sich zerstreuen sehen lassen. Ich jedenfalls, der ich zu jedem Osterfest den »Osterspaziergang«, dieses beschwörende Frühlings- und Auferstehungsgedicht aus »Faust«, rezitiere, habe immer nur den Gehlenberger Wald, den Brennenden Berg oder die Goldene Au vor Augen gehabt, bis zu diesem Osterfest des Jahres 1982.

Ja, wir stehen auf dem Mount Bonnell, mehr als siebenhundert Fuß über dem mächtigen Colorado River, und nicht deutsche Krokusse und Forsythien, sondern Agaven und Kakteen und der blühende Yuccastrauch bilden die grünende Flur. Es ist ein texanischer Osterspaziergang, und anstatt eines Kahns, zum Sinken überladen, kommt ein Motorboot den Strom heruntergeschossen, es zieht an den zahllosen Anlegestellen auf der Seite der West Lake Hills vorbei, kommt vor dem Flußbogen bei Zilkers Park schon am Tom Miller Dam zum Stehen, wendet und kehrt zurück. Ein zweites Boot biegt unter dem roten Stahlgerüst der Highway-Brücke hinter dem Bull Creek in die Flußgerade ein, ein drittes, ein viertes, ein fünftes folgen, bald ist der Colorado ein mächtiger goethischer Nachenbeweger.

Die fernen Pfade sind Asphaltstraßen, auf denen buntgekleidete Automobile kreuzen, des Dorfs Getümmel pflanzt sich über die sechs Sendemasten von CBS und NBC fort, die, lang und dünn, hinter der Hügelkette stehen wie Stahlstangen aus dem Märklin-Baukasten. An unseren Augen und Nasen fliegen Schmetterlinge vorbei, Pfauenaugen und Admirale, die wir seit unserer Kindheit nicht mehr gesehen haben. Auf der anderen Seite taucht die Silhouette der Stadt auf, die Kuppel des Capitols, der Quader des Universitätsturms, der scheinklassizistische Säulentorso des neuen Football-Stadions.

Was dem Texaner vom Faustischen geblieben ist, das ist die Geschäftigkeit des zweiten Teils, der Drang zur Begradigung der Natur, zur Verwandlung des Lebens, zur Eroberung des Alls. Kein Zweifel ficht ihn an, kein Skrupel nagt an seinem Gewissen, seine Hand ist hart, sie kann Bohrmaschinen und elektrische Stühle bedienen, und sie packt beherzt an. Ja, ganz Texas ist auf den Beinen, rührig, unverdrossen, faustisch. Eric Santner, unser Freund aus New York, sagt, es sei amerikanische, zumal texanische Mentalität, von selbst auf die Beine zu kommen; wer es nicht könne, sei wohl des Lebens nicht wert.

»Hier bin ich Mensch, hier darf ich's sein!« rufe ich über den Colorado, ich breite die Arme und zeige die Zähne, daß es bis zum neuen Football-Stadion blitzt. Aber Brigitte hat mich an die Hand genommen, »Ist ja gut«, sagt sie, und das dämpft etwas meinen texanischen Überschwang.

Buchfieber

Ich liege im Bett, fiebere, lese ein bißchen, schlafe. Wie schön wäre es, die Neugier, die Sehnsucht, die Hoffnung in einer einzigen Geschichte zu beschreiben, und zwar zuerst die starken Gefühle, ohne gleich zu verraten, worauf sie gerichtet sind, und dann erst die Gründe, die Umstände, die Anlässe einer solchen Aufwallung.

Der Buchumschlag von Mark Twains »Bummel durch Europa«, einer schönen alten Ausgabe des Ullstein-Verlags, zeigt, im Profil, einen forschen Amerikaner im Reisewams, mit bestickten Wickelgamaschen an den Beinen und einem schleierbesetzten Hut auf dem Kopf. In der Linken trägt er einen mannshohen Wanderstab, im Mund eine Pfeife und auf dem Rücken Rucksack, Feldflasche und Kartentasche. Im Hintergrund ist eine Eisenbahnbrücke zu sehen, über die gerade ein Zug fährt, ein Wiesenhang und spitze Berggipfel, aber der wandernde Amerikaner, streng im Profil, von irgendeinem fernen Gegenstand angezogen, schaut unverwandt geradeaus, und zwar durch ein Fernglas. Das Fernglas vor seinem Auge ist dabei so weit an die Kante des Buchdeckels vorgerückt, daß es aussieht, als schaue der Amerikaner am Rücken des Buches vorbei auf eine Begebenheit außerhalb des Buches, etwa auf die Kakerlake, die in diesem Augenblick über die getünchte Wand läuft, oder, wenn ich das Buch über die Bettdecke hinaus hoch vor das Fenster halte, auf die Lokomotive des Southern Pacific, der eben hinter der heruntergelassenen Bahnschranke der 46. Straße hervorkommt.

Aber wenn man im Buche bleibt, wenn man dieses zusammenhängende Stück Geist und Papier nicht zerreißt und wer weiß welche Spielchen außerhalb des Buches treibt, dann kann man gewahr werden, wonach der Sinn dieses Amerikaners gerichtet ist. Schlägt man nämlich den hinteren Deckel des Buches zurück, so daß er links neben den vorderen zu stehen kommt, dann ergibt sich ein vollständiges Bild des Interesses: zu Füßen des Amerikaners setzen sich die Wiese und die Gebirgslandschaft fort und endigen am äußersten Buchrand in einer deutschen Burgruine, oben am Himmel ist das Fernrohr auf einen Luftballon gerichtet, der, dick gebläht und mit einem fröhlichen Luftschiffer bemannt, in der nächsten Minute aus dem oberen Bildrand verschwinden wird.

Gott sei Dank handelt es sich um ein Buch, aus dem zum guten Schluß nichts verschwindet, sondern im Gegenteil alles für alle Zeiten enthalten bleibt, auch wenn Geschichten darin passieren, die vorübergehen und ein Ende nehmen, aber ganz am Ende doch nicht verschwunden und auf eine sonderbare Weise immer gegenwärtig sind.

Zauberberg

Zwischen Fredericksburg und Llano, an der Farm Road 965, liegt ein Berg, 1825 Fuß hoch, der Zauberberg. Der Name reicht tief in die indianische Mythe hinab, doch endet die Sagenbildung erst im 19. Jahrhundert. Es ist ein mächtiger, kahler, wie eine Kuppel gewölbter Höcker aus rosa Granit, mit Rissen und Mulden, und es wundert nicht, daß er berühmt ist in der indianischen und texanischen Legende. Hier sollen einst Menschenopfer dargebracht worden sein, einige Stämme fürchteten sich davor, ihren Fuß darauf zu setzen, andere gebrauchten den Gipfel zu feierlichen Zusammenkünften, aber alle hielt er in Angst. Indianer glaubten, daß Geisterfeuer in Mondnächten auf dem Gipfel flimmerten, der Stein knarrt am Abend, Irrlichter geistern über die Wasserpfützen.

Wir steigen gegen Mittag auf. Am Fuß des Berges klare Tümpel im Kies, Kakteen, Wacholder, Mesquite. Wir steigen zwischen den rosa Granitblöcken und Wiesenstücken mit gelben und violetten Blumen aufwärts, die Steine sind mit Flechten überzogen, auffallend in der Farbe, grünspan, rotgold, amethystblau.

Es ist ein Gang durch einen Zaubergarten, ein Schweifen im Märchenland. Dann und wann zwischen den Granitplatten die geheimnisvollen weißen lilienartigen Blumen. Das letzte Stück Wegs, eine Kletterpartie, führt über den kahlen Fels. Kleine ausgewaschene Mulden, in denen bei Regenwetter das Wasser steht.

Auch hier, unterhalb des Gipfels, der unvermeidliche Historical Marker. Ein texanischer Historical Marker ist kein Holzschild, keine Blechplatte, keine einfach mit Farbe beschriebene Hinweistafel, o nein, ein texanischer Historical Marker ist aus Bronze gegossen, die Lettern des Textes sind herausgehoben aus dem Metall, vorgewölbt, erhaben in jeder Beziehung, für die Ewigkeit gemacht. Die Platte ist in den Stein eingelassen, sie erzählt die Geschichte von Hauptmann John O. Hays, der im Herbst 1841, durch Komantschen von seiner Einheit abgeschnitten, den Zauber des Felsens nutzte und die Indianer zum Abzug zwang.

In wenigen Schritten sind wir oben. Auf dem breiten Gipfel haben sich Hochmoore gebildet, kleine, gartenbeetartige Lebensgemeinschaften. Eine Iguana, grasgrün, lang wie ein Unterarm, kriecht unter eine Spalte, ein paar Lebenseichen haben sich angesiedelt und halten sich, krüppelig, im heftigen Wind. Über den Berg kreisen Habichte, ein halbes Dutzend. Wir steigen wieder hinab und picknicken unter Mimosen. Jetzt sind es grellrote Kardinalvögel, die um unsere Köpfe schwirren.

Wir sind ganz allein, glücklich und verzaubert.

Neue Welt

Bald schließe ich mein texanisches Tagebuch ab. In fünf Tagen reisen wir, dann ist Texas, dann ist Austin, dann ist The University eine große Erinnerung, aber schon jetzt fangen die Betrachtungen an. Dies alles habe ich, spontan und ohne viel Kunst, in mein Notizbuch geschrieben, an Ort und Stelle der Begebnisse, und wenig später, anderntags oder noch am selben Abend, in meine Reiseschreibmaschine getippt. Dieses Tagebuch ist entstanden in »Spanish Trail«, unserer Austiner Wohnung, und hier habe ich dies alles geschrieben, umrauscht, ja umtost von einem so unsäglichen Lärm, wie wir ihn nie zuvor in unserem Leben ertragen, aber auch genossen haben.

Man braucht uns nicht ins Bein zu kneifen, damit wir aus einem Traum oder einem amerikanischen Film erwachen, o nein, es ist alles ganz wirklich, wenn es geschieht, und es ist wirklich gewesen, wenn es geschehen ist, it has been real, wie der Texaner sagt und sich von einer Party verabschiedet. Schon das Aufwachen, die Stunde nach dem Frühstück, der Vormittag in Austin sind von Geräuschen erfüllt, die keine eingebildete Stadtmusik, sondern zugleich Höllenspektakel und Ohrenschmaus, Hup- und Pfeifkonzert sind, eine gräßliche und liebenswürdige Lärmsinfonie aus der Neuen Welt. Das Telefon klingelt, aber es ist nicht Rockfords Telefonscheppern aus dem TV-Wohnwagen und nicht der Dienstapparat des Chefs aus dem FBI-Movie, nein, das ist unser Telefon auf der Frühstückstheke, das so fröhlich scheppert. Eine Sirene heult auf, aber es ist nicht Karl Malden, der durch die Straßen von San Francisco, und nicht Kojak, der durch die Eastside von Manhattan fährt, nein, das ist unser Sheriff mit der dicken Zigarre und dem großen Stern, der gerade um die Ecke biegt und wer weiß was für einen Grund hat, so einen Lärm zu machen.

Dann aber dröhnt und faucht es, ein gellendes Pfeifen hebt an, Staub fliegt auf, und die Stare stieben aus den Nußbäumen. Was ist es, das da auf den Schienen herankeucht? Da fährt leibhaftig der Southern Pacific vorbei, stampft und heult und rollt dahin wie in den Zeiten von Tom Sawyer und Huckleberry Finn. »Cotton Belt« ist auf den Waggons zu lesen, und in unseren Köpfen rumoren die Geschichten aus den alten Baumwollfeldern. Aber kaum ist die Glocke der Southern-Pacific-Lokomotive hinter der 51. Straße verklungen, da surrt und schnurrt es wie von tausend Rädchen, der gepreßte Hauch aus Düsen fegt über die Dächer, der Atem eines modernen Hephaistos, immer rascher, immer höher, immer sphärischer und himmlischer, und verliert sich sausend in der Ferne, eine elektronische Luftkomposition aus der Neuen Welt.

Aber das alles sind Sphärenklänge gegen die irdische Bumsmusik unseres Drummers. Im Apartment unter uns, genau eine Treppe tiefer, wohnt ein kleiner, schnurrbärtiger Mensch, der die Trommel schlagen kann. Er hat in seinem Schlafzimmer, genau unter dem unseren, eine ganze Batterie aufgestellt, kleine und große Trommel, Becken und Glockenspiel, und wenn er seine Stereoanlage voll aufdreht, daß die Türen zittern und die Wände beben, dann benutzt er auch die Ratsche und die Windmaschine. Ramtamtam, ramtamtam, ramta ramta ramtamtam geht es zuerst, dann kommt ein kleiner Wirbel und ein Tusch auf das Becken, und aus reiner Verlegenheit wirbelt der kleine Mensch ein paar wildere Rhythmen auf das Trommelfell, daß ein ungeübtes Ohr annehmen könnte, er sei ein Art Blakey oder der Drummer von Thelonius Monk. Aber leider, sein Repertoire ist beschränkt, und es bleibt, sooft und solange er sein Schlagzeug bedient, immer nur bei diesem enttäuschenden Ramtamtam. Er kennt keine Feinheiten, er verschmäht die Raffinessen, er macht keine Umstände. Auf seiner Trommel macht es nur ramtamtam. Mehr ist es nicht.

Ich sitze währenddessen an einem schönen, alten Schreibtisch aus Eichenholz, der Walter Wetzels gehört, draußen grünen Live Oaks und Zypressen, die immergrünen texanischen Lebenseichen- und die lateinischen Todesbäume, schreibe auf, was mich bewegt, und lasse damit nicht nach, täglich beflügelt, stündlich gemahnt.

O nein, der Amerikaner macht keine Umstände, er ist wie der eisige Nordwind, der über seine Prärien bläst, er sagt: »Zwischen Kanada und dem Golf von Mexiko gibt es nur einen Maschendraht.« Nein, er macht keine Umstände: der »Western Night Club« wird zum »Western Nite Club«, der handgreifliche Zahlungsverkehr mit Münzen und Scheinen, mit Warentausch und ungedeckten Schecks wird zum sicheren Automatentrick mit der Kreditkarte; und das Fernsehen, hierzulande immer noch Traumfabrik, ist längst zum Desillusionator geworden. Alle zwei, alle drei, alle vier Minuten, je nach Sendezeit und Einschaltquote, unterbricht ein Werbespot den Programmablauf, ganz gleich ob Nachrichtensendung, Sportreportage oder Fernsehfilm. Auf diese Weise müssen die Amerikaner doch wohl auch »Holocaust« anders gesehen haben, nicht von der anderen Seite aus, sondern, wegen der Werbung, als saure Schnulze. Der illusionäre Zusammenhang ist gestört, »Holocaust« ist, im Film, nur Glimmer, Glitzer, Flimmer.

Eine Serie heißt »Fantasy Island«, in der ein Mister Roarke die Illusionen herbeigereister Touristen in Szene setzt. Im Vorspann eilt sein Gehilfe, der Zwerg Tatoo, die Wendeltreppe eines Glockentürmchens hoch, läutet die Glocke und ruft: »The Plane! The Plane!«, und ein Wasserflugzeug landet mit Junggesellen, die die schöne Helena, mit Ehemännern, die den östlichen Weltfeind, mit Frauen, die die ewige Jugend erjagen wollen. Auf paradiesischer Hawaii-Insel vollbringen sie Wundertaten, vollführen sie Gewaltstreiche. Aber am Ende geht nichts, es bleibt der Glimmer, der Glitzer, das Flimmern. Nein, keine Umstände, keine Luftbilder der dritten Art.

So ist der Amerikaner. Aber was soll ich erst vom Texaner erzählen? Wo soll ich da anfangen? Wo soll ich aufhören? Andere, die nach Texas gekommen sind, flogen nach New Orleans, sie wollten zurückkehren ins Ancien régime; andere flogen nach Mexiko, sie wollten zurückkehren in eine alte Kultur; wieder andere flogen schnurstracks nach Chicago, sie wollten davoneilen ins 21. Jahrhundert. Wir sind ein Semester lang in Texas geblieben, und was hatten wir davon? Wir haben Texas und den Texaner kennengelernt, diesen blondesten, diesen blauäugigsten, diesen schönsten, diesen reichsten, diesen größten aller Amerikaner, ja, den größten.

»Wir sehen jetzt durch einen Spiegel in einem dunkeln Wort«, heißt es in der Bibel, »dann aber von Angesicht zu Angesichte«, und weiter heißt es: »Jetzt erkenne ichs stückweise.« Ja, auch wir haben es nur stückweise erkannt, trotzdem muß ich sagen: Nun aber bleibt Kingsize, Americansize, Texassize, diese drei; aber die Texassize ist die größte unter ihnen. Der Mann aus Kentucky sagt zum Texaner: »Wir haben Fort Knox. In Fort Knox ist so viel Gold, daß wir damit einen Zaun um ganz Texas herum bauen könnten.« Darauf sagt der Texaner: »Gut, bau ihn, und wenn er mir gefällt, dann kaufe ich ihn.« So ist der Texaner, hochtrabend, hochfahrend, hochgemut, aber nicht etwa aus Prahlerei, o nein, er hält, was er verspricht. Der Mund, den er voll nimmt, gibt alles zurück; der Wind, den er macht, wirft dich um. Der Texaner ist Feuergeist, ist Kraftmeier, ist Energiebündel. Ja, sein Lebensgeist ist pure Energie.

Das Fernsehen wirbt für ein Produkt, das nur ein texanisches sein kann, irgendeine elektronische Batterie, ein futuristischer Generator mit dem Namen »Energizer«. Ganz Texas ist Energizer, was in saarländischen Ohren despektierlich, vielleicht sogar obszön klingen mag, aber wenn der Amerikaner sagt: »Energize me!«, dann erfüllt ihn der Texaner mit all seiner Kraft. Bei der Blutspendeaktion hatten die Studenten der Universität zwei Transparente aufgezogen, auf dem einen stand zu lesen: »U.T. Blood Drive!« und auf dem anderen: »Put a little Texan in Everyone!« Ja, pump ein bißchen Texanisches in jedermann, das ist die Devise des Texaners. So wie er sollen alle werden, stark, schön und reich.

Weiß der Teufel, womit diese texanischen Kreditkarten gedeckt sind? Das Gold brauchen sie, um den Kentuckyern den Zaun abzukaufen, den diese um Texas herum gebaut haben, und jeder Gläubiger bekommt am Ende ein Stück von diesem Draht, eine Masche, eine Schlinge, einen Krampen, womit der Zaun an den Pfosten angenagelt ist. Der Pfosten, unverwüstlich, ist aus Eichenholz, aus dem auch der Schreibtisch gezimmert ist, an dem ich dies schreibe.

Pfannkuchen à la Peter der Große

Finnland, heißt es, sei das Land der tausend Seen. Ich bin in Finnland gewesen, im Namen Goethes, ich habe dort gelernt: Alle Wahrnehmungen, die der Besserwisser als phantastische Voreingenommenheiten ausgibt, bestätigen sich als Tatsachen – unversehens ist man wieder Kind geworden, das an das Wunderhafte der Tatsachen glauben darf. Als die Maschine der Lufthansa nach Helsinki einschwebte und im goldroten Nachmittagslicht das flache Vorland überquerte, war ich beim Zählen der Seen auf 1013 gekommen, und es fehlte mir allein in meinem Gesichtskreis noch ein weiteres Drittel. »Das Land der Seen beginnt erst hinter Helsinki«, sagte der Purser zu mir, »aber mit dem Zählen brauchen Sie gar nicht erst anzufangen, es sind nicht tausend, wie man sagt, es sind genau 179 584 Seen.«

Volker Marwitz, Leiter des Goethe-Instituts, holte mich am Flughafen ab. Wir drehten eine kleine Tour durch die Stadt, fuhren zum Hotel, ein im finnischen Klinkerstil ausgebautes herrschaftliches Zollmagazin, und trafen uns später mit Freunden im russischen Restaurant *Šašlik*. Dort aßen wir den »Vorschmack«, ein Lamm-Salm-Anchovis-Püree mit roter Bete, sauren Gurken und Sahne, Bärenpastete mit Honig, Elchfleisch mit Kaviar, danach Schneehuhn und Rentierherz, geeiste Moosbeeren mit Karamelsauce und Quarkpfannkuchen à la Peter der Große. Wer sich als Realist bezeichnet, doch je in seinem Leben einmal das Glück haben sollte, ein Menü im *Šašlik* zu kosten, der verlöre auf der Stelle seine Meinung, auch Schlemmermärchen seien erfunden.

Im Zug nach Jyväskylä las ich das finnische Märchen von den zwei Rentierjägern. Als der jüngere von beiden die Innereien eines getöteten Tiers ausweidete, merkte er, daß das Herz fehlte. Er fragte seinen Kameraden, wo das Herz des Rens geblieben sei. Der antwortete: »Was hast du wohl gestern abend gegessen?", und plötzlich befiel mich mitten im Lesen die gleiche Angst wie den jungen Jäger, als er hörte, daß er das Herz gegessen hätte, bevor das Ren überhaupt erlegt worden war. So sind die Finnen, »erstaunlich wild«, wie schon Tacitus in seiner »Germania« schrieb, doch während der junge Jäger voller Entsetzen seinen Kameraden allein ließ und seines Weges ging, harrte ich bei jedem Essen tapfer aus und stieß die Finnengabel noch einige Male in ein blutiges Rentierherz.

Möbel-, Spanplatten-, Papierfabriken am Stadtrand von Jyväskylä: Finnland sei mit einem Holzbein auf dem Weltmarkt aufgetaucht, lautet ein wirtschaftspolitisches Bonmot, doch Christoph Parry vom germanistischen Institut der Universität entführt mich ins sanft gewellte Hinterland, wo es nur noch Wälder und Seen gibt. An den Ufern liegen Jagd- und Fischerhütten, aufgebockte Boote, geflößtes Holz. Auf der Insel Säynätsalo im Päijännesee besuchen wir das Gemeindehaus, das Alvar Aalto gebaut hat. Im Innenhof kokettiert eine Bronzeplastik im Stil des Art déco, eine händeringende Dame mit fließenden Haarwellen und anderthalb Brüsten. Der Abend kommt rasch: Das Wasser des Sees glänzt wie Stanniolpapier und spiegelt Birken und Tannen wider. Über die Baumspitzen hinaus ragt der Kopf der Sprungschanze von Jyväskylä. Hier trainiert Nykänen und zeigt, Wälder und Seen vor Augen, sein finnisches Babygesicht.

Wir essen im *Pöllöwaari*, beim Eulenopa, einem Restaurant im englischen Modern Style, sitzen auf chintzüberzogenen Korbstühlen und essen ein gebratenes Rinderfilet. Hier hatte Nykänen jahrelang seine Pokale in einer Vitrine ausgestellt, jetzt schmücken sie, plaziert zwischen Whisky- und Aquavitflaschen, die Wände seiner Kellerbar. Wir treten auf die Straße, es ist fast dunkel. Aaltos Klinkerwände schimmern im letzten Abendblau, ein blauer Nieselregen geht nieder und läßt den Asphalt der Straße blau aufglänzen. Ich lese im Schriftstellerhaus. Auch wenn man es nicht glauben möchte,

Märchen seien wahrhaftiger als Tatsachen, sagt Irma Hyvärinen von der germanistischen Fachschaft, letzte Nacht habe sie meine »Hortensien der Frau von Roselius« gelesen, sich ins Blaue eingesponnen, ins Blaue verstrickt, heute morgen habe sie auf ihrem Kopfkissen einen blauen Fleck entdeckt, der nicht wieder zu entfernen gewesen sei.

Auf- und abschwellende Klänge einer sinfonischen Musik durchströmen den Konzertsaal des Sibelius-Museums von Turku. Die »Finlandia« tönt auf, Geigen schwirren, Oboen näseln, national-romantische Melodien schweben durch den Raum, mal lyrisch verhalten, mal dramatisch erregt. Junge blonde Finnen sitzen mit ihren Mädchen andächtig zwischen alten Instrumenten: Pauken und Violinen, Tempelglocken und Maultrommeln, einer Harfe, einem Spinett. Durch das breite Oberlicht flirren die herbstbunten Blätter alter Eichen herein, Wölkchen ziehen vorüber, flecken das blasse Himmelsblau. Hans-Peter Adolf vom Goethe-Institut mokiert sich über Sibelius' deutsche Kriegs- und Soldatenlieder, Professor Nyholm zeigt mir die von Jahr zu Jahr zunehmenden Stirnfalten auf einer Serie von Sibelius-Karikaturen, die jeweils eine neue Sinfonie symbolisieren; zuletzt waren es sieben.

Nach meiner Lesung in der Universität treten wir aus überheizten Räumen auf die Straße. Es ist ein schwebender Nachmittag im verspäteten Indianersommer, kein Lüftchen weht, kein Wetter droht, es herrscht ein eigenartiges Licht, in dem die Bronzefiguren auf den gemauerten Sockeln wie erstarrte Lebende wirken: Henrik Portban, der Gelehrte, barhaupt mit hohem Schädel auf gedrechseltem Stuhl, Per Brahe, der Statthalter, mit Landsknechtsbarett und bequemer Pumphose auf breiten Stiefelsohlen. Sie sind für die Ewigkeit gegossen und verziehen keine Miene, im Unterschied zu dem Löwen vor der Bibliothek; die rechte Pranke erhoben, den Kopf energisch gewandt, ist er frisiert wie Kirk Douglas in der Rolle eines Wikingers im Historienfilm, fletscht die Lefzen und streckt die Zunge heraus. Weit draußen, hinter der letzten Brücke, liegt der »Finnische Schwan« vor Anker. Die Bordwand ist hoch und weiß, die Segel sind gerefft, und Kirk Douglas in Gestalt des Löwen hat Zeit, sich in den Wikinger zurückzuverwandeln, bevor er das Deck betritt.

Auch über Helsinki ist ein duftiger Herbstschleier gebreitet. Ich bin in die Hauptstadt zurückgekehrt, fahre mit Volker Marwitz am Ufer entlang aus der Stadt hinaus. Zwei Fährschiffe, »Fascination« und »Sensation«, spreizen sich in ihren frischen Farben auf dem Dock zwischen Kränen und Montagehallen. Als wir aussteigen, legt sich der Schleier auf unsere Schultern, ein paar Schneeflocken, kaum gefallen, tauen wie Zuckerkristalle. In der deutschen Botschaft begrüßt uns die Kulturreferentin. Sie führt uns in den Garten zu dem Stein, den Leo Kornbrust gemeißelt hat: Eine Seele aus südafrikanischem Syonit, die sich anschickt, zur See hin ihre Flügel auszubreiten. Rundum gezauste Kiefern, gebeutelte Fichten, eine verwachsene Birke neigt sich zum Wasser, die Äste der Buchen, schon ohne Laub, zeichnen Leo Kornbrusts innere Linie nach.

Was ich gegessen habe an diesem vorletzten Tag in Helsinki? Im Landschaftszimmer der *Villa Angelica* saß ich mit Volker Marwitz zwischen impressionistischen Aquarellen, draußen im Garten blühten die letzten Dahlien, ein Hund bellte in der Ferne, ein Windchen strich durch entlaubte Birken; wir gaben uns wie ein Freundespaar aus einer Novelle von Tschechow und speisten Kalbsnieren in Senfsauce mit indischem Reis. Dann am Abend die Lesung im Goethe-Institut, die letzte Nacht im Hotel *Grand Marina*, vor dem Abschied noch ein Besuch der Deutschen Bibliothek. Hinter geschlossenen Glastüren präsentiert sich fast lückenlos die Sammlung der Insel-Bücherei: Nr. 1 – der Cornet von Rilke, Nr. 17 – die Poggenpuhls von Raabe, Nr. 31 – das Schöne von Kant. In den Regalen finde ich die Romane der Baltendeutschen: Frank Thiess, Werner Bergengruen, Edzard Schaper, auch Siegfried von Vegesacks »Herren ohne Heer« mit handgeschriebener Widmung: »Dem herzlieben Juuli – dem Pflegemütterchen des Kleinsten im Hause – zur freundlichen Erinnerung an die Augusttage 1934, Opi.«

Habe ich nicht auch einmal einen finnischen Roman gelesen? Es ist lange her, Anfang der fünfziger Jahre, es war ein dicker Schinken aus der Deutschen Buchgemeinschaft, Alexis Kiwi: »Die sieben Brüder«, mit kantigen Holzschnitten. Ich weiß es noch wie heute: Immer brutzelten sieben große Stücke Fleisch über dem Feuer. So hatte ich mir die Finnen vorgestellt, wilde Analphabeten, wie sie bei den Olympischen Spielen von 1936 den zarten Japaner Murakoso niedergerungen haben. Kaarina Rantavaara, die zarte Bibliothekarin, schenkt mir einen Kaffee ein, sie kennt sich aus, spricht Deutsch, spricht Englisch, spricht Finnisch, mein Gott, wie man sich täuschen kann!

Im Foyer des Goethe-Instituts sitzt ein junger Mann aus Deutschland, buschiger Schnurrbart, strähniges Haar, er trägt Jeans und eine fleckige Jacke und betrachtet starr ein Buch, das auf seinen Knien liegt: »Der Schutz vor Folter im Völkerrecht«. »Haben Sie einen Augenblick Zeit für mich?« fragt er und fängt unvermittelt eine Geschichte von Zwangsverhaftung, Zwangsvorführung, Zwangseingriffen zu erzählen an. Er beschreibt Anästhesien und Operationen, die er erlitten habe, spricht von Zahnsprengungen und Hirnzellenzertrennungen, krempelt die Ärmel seiner Jacke und seines Hemds hoch, zeigt mir Nadeleinstiche und scheußliche Blutergüsse und sagt: »Ich getraue mich nicht mehr nach Deutschland zurück.« Als ich ihn nach Ursachen und Anlässen frage, antwortet er immer wirrer, verhaspelt sich in physikalischen Begriffserklärungen von nieder- und hochfrequenten Stromstößen, nimmt seine Brille ab, zeigt auf sein rechtes Auge und fragt: »Halten Sie das für ein sehtüchtiges Auge?« Mir hat es die Sprache verschlagen, es fällt mir schwer, ihn allein dasitzen und sein Elend beklagen zu lassen. Überstürzt breche ich zum Flughafen auf, doch auch dort erweist sich das Normale nicht als widerspruchsfreier als hier das Verrückte.

Drei Männer, pelzgefütterte Lederstiefel, wollgepolsterte Jacken, stahlblaue Baseballmützen, sitzen mir in der Abfertigungshalle gegenüber. Vor ihnen auf dem Boden stehen doppelläufige Büchsen an bepackte Rucksäcke gelehnt. Sie flögen zur Wolfsjagd nach Ivalo ins Land der Lappen, sagt einer von ihnen, nachdem ich minutenlang die Donnerbüchsen angestarrt habe. Wenn man bedenkt, daß sogar den lieben Gott im finnischen Märchen die Angst befiel, als er dem vom Teufel erschaffenen Wolf in die Quere kam! Er mußte erst Leben in ihn hineinblasen, damit der Wolf ihm aus dem Wege ging. Ich flog über die Ostsee und ahnte bald unter mir Solling und Reinhardswald, worin es den Wolf nur noch im Märchen gibt.

Was bleibt vom eigentlichen Leben?

Auf Shelleys Todesspur im Ligurischen Meer

Weit draußen in der Bucht liegt ein großes, rotes Schiff. Noch scheint die Sonne, noch ist die Fläche des Wassers straff über den Golf gespannt. Es ist Sonntagnachmittag, ein später Oktobertag in der Bucht von Lérici. Im Hotel *Shelley* klingeln die Telefone, klappern die Zimmerschlüssel, sanft rauscht der Lift. Wir haben die Tür zur kleinen Loggia aufgestoßen, draußen, jenseits der Brüstung, liegt das Schiff. Noch ist es mild, und das Meer ist still, und da stehen wir, aufgestützt auf das Gitter, in dem sich schmiedeeiserne Knospenspitzen einander zukehren, und schauen dem ligurischen Sonntagnachmittag zu.

An der Kaimauer entlang, auf roten, glasierten Terrakottaplättchen, flanieren die Spaziergänger, Herren in Hüten, Damen mit Krokodilledertäschchen; ein schnurrbärtiger Schwarzschopf schwingt seinen Transistorenkoffer, eine Nappagrüne tritt schief und verliert ihren hochhackigen Sonntagsschuh. Die Marmorblöcke am Ufer sind streng liniert, umbrabraune Querstreifen gittern die Steine, über die rosafarbenen Bruchstücke balanciert ein kleiner Junge wie über eine gigantische Charcuterie.

Das Wasser des Beckens ist bleigrau, über und über mit Masten und Doppelmasten bestückt, Boot ist an Boot gekettet, zwischen blauweißen Bojenzeilen. Linker Hand, von der mächtigen Ruine des Castellos flankiert, steigen die Fassaden der Häuser auf, ockergelb und ochsenzungenrot, in einen leichten Schleier gehüllt nach langem Sommertraum.

Rechter Hand, am anderen Bogen der Bucht, ist San Terenzo eng an den Felsen geschmiegt. Das Licht des Nachmittags liegt auf der Casa Magni, es gleißt und greift mit seinen Strahlenfingern aus, als wollte es das Haus aus der Uferzeile reißen, wie ein Blatt aus einem Poesiealbum. Grell blitzt das weiße Gemäuer über den Rundbogen in der Sonne, die aber nur für wenige Augenblicke so hell und so habgierig ist.

Jetzt senkt sie sich rasch hinter den Felsen des Montevenero, eine schmale Wolke kreuzt die Scheibe, sie fließt auseinander wie das Gelb aus dem Aquarellkasten eines Malers. Auf einen Schlag stehen die Boote mit ihren Masten über den Linien der Bojen wie Noten und Notenhälse auf der Partitur einer Hafenserenade. Ist es eine italienische Nocturne, oder ist es eine deutsche Schnulze? Was ist mit den Booten, sind sie alle zurückgekehrt, braucht nicht jemand vergeblich auf einen Freund zu warten, einen Bruder, einen Gatten? Und was ist mit dem roten Schiff, das immer noch, groß und geheimnisvoll, vor der Küste kreuzt?

Am 7. Juli 1822, einem gewittrigen Sonntagabend, waren es zwei Frauen, die in der Bucht von Lérici der Ankunft eines Segelbootes harrten, Mary Godwin, die Frau des Dichters Shelley, und Jane Williams, ihre Freundin; den ganzen Tag über hatten sie auf der Terrasse der Casa Magni gesessen, Shelley war mit seinem Freund Williams unterwegs, aber die weiße Feluke wollte am Horizont nicht erscheinen. Shelley hatte sich in Pisa bei Lord Byron verweilt, Williams wartete den ganzen Sonntag über in Livorno auf ihn, so waren die Freunde erst montags segelbereit, aber auch da war es zu spät. Denn als Jane Williams die Nachricht ihres Gatten aus Livorno erhielt, er werde segeln, auch wenn Shelley nicht aus Pisa zurück sei, da war das Unheil bereits hereingebrochen.

Es ist ein langer Oktobernachmittag, der Sonntag will nicht enden, und immer noch lehnen wir über die Loggienbrüstung unseres Hotelzimmers gebeugt. Hinter den Panzerkreuzern von La Spézia flammen die Lichter auf, jetzt auch an der Uferstraße von Lérici, entlang den marmornen Wellenbrechern. Zwei junge Männer, mit prallgefüllten Plastiktaschen, legen mit einem Schlauchboot von der Ufertreppe des Hotels ab, fahren hinaus zu einem Segelschiff, das in der Bucht Anker geworfen hat. Noch bevor es Nacht geworden ist, kehren sie zurück, knüpfen das Boot an die Brüstung der Caféterrasse und überqueren die Straße, jeder dem anderen den Arm um die Schulter geschlungen. Über die Bucht spannt sich ein Malerhimmel, ein Musikerhimmel, ein Dichterhimmel mit Wolken, die das entschwundene Sonnenlicht von tief unten mit Goldstaub besprühen.

In der Hotelhalle sitzt ein Herr unter Shelleys Porträt, einer *Riproduzione di Carlo Bodini*. Aber auf diesem Bild ist Shelley gar nicht der reine Geist, der tugendsame romantische Phantast, er sieht grämlich aus, vielleicht empört ihn die schlechte Reproduktion. Der Herr blättert im »Eve Express«, dem Skandalblatt aus Mailand, das die Principessa Marina di Savoia zeigt, wie sie, barbusig, im blauen Slip, die Annehmlichkeiten ihres Sommerhauses genießt. Shelley, mit weit geöffnetem Hemdkragen, erbleicht über der Schulter des Herrn, seine Feder ist auf dem Blatt Papier erstarrt, als fürchte er, einen Vers zu schreiben, der seinen ästhetischen Sinn beleidigt. Im Entree, unter kunstvoll gedrechseltem Steuerrad, liegen zwei Anker auf dem Boden, stumpfzackig und rostzerfressen, vielleicht sind auch sie Zeugen eines dunklen Schiffbruchs.

Das Stilleben flankieren zwei Gummibäume, sie sind nahezu blattlos, nur der Philodendron glänzt im gespaltenen Licht, das der Kristallüster von der Decke wirft. Der Herr hat sich dem »Corriere della Sera« zugewandt, jetzt sitzt er auf einem geblümten Sessel in der Bar, und über ihm, im Hut der Jahrhundertwende, hängt ein mächtiges aquarelliertes Damenporträt; die Dame trägt ein Kleid mit Plusterärmeln, sie lächelt kokett, und sie ist schwanger wie Mary Shelley damals in der Casa Magni.

Jetzt liegt Lérici im Schein der Laternen, unter der angestrahlten Mauer des Castellos das Ristorante *Golfo dei Poeti*, hinter den Einzäunungen aus Phlox und Buchsbaum die Trattoria des Hotels *Doria*. Die Jalousien sind über die Fischstände gezogen, badezimmergrün, badezimmerblau, aus den Gäßchen, über Treppen und Rampen, drängen die Menschen auf die Plätzchen der Stadt, es ist Essenszeit, die Lustversprechungen beginnen und die Mißverständnisse mit den Kellnern. Vor der Bar des Ristorante *Due Corone*, unter rotweißem Rettungsring und den beiden Kronen im Schild, sitzen zwei Männer beim Campari. Wir steigen die Treppe zum Ristorante hinauf und essen erst Rigatoni vesuviana, dann eine Grigliata mista di pesce. Das vulkanische Feuer reizt unsere Gaumen, wir trinken einen toskanischen Weißwein, das Etikett der Flasche zeigt ein Landgut mit Weinhängen und Traubenpressen. Trinkend verwandeln wir uns in historische Figuren, der Kellner sieht auf einmal aus wie der jüngere Bruder von Jerry Lewis in irgendeinem verfilmten amerikanischen »Tausenddollarmißverständnis«.

Auf der Fahrbahn, auf den Gehsteigen, unter Platanen und Bogengängen spazieren die jungen Leute hin und her. Sie haben einen Cappuccino und einen Grappa getrunken, vielleicht auch das Acqua minerale »Panna«, das die Verdauung so nutzbringend fördert. Nun schauen sie in die beleuchteten Schaufenster, auf Tennisschuhe und Kassettenrecorder, auf Kriegsspielzeug und Muschelketten. Der Maler Tarico zeigt seine Bilder in der Via Biaggini, eine Stalltür, ein Fahrrad, ein Autowrack, fotorealistisch zum Anfassen gemalt, auch zwei Boote auf dem Trockendock, das eine als Luxusobjekt, das andere als Skelett.

Es gibt eine Weltanschauung des Malerischen, hier ist sie auf italienische Weise vorgeführt. Jeder Ziegelstein, jeder Kiesel ist mit Geschmack und Kunstverstand plaziert, der Marmor aus Carrara führt das Auge auf die Weide, auf Firmenschilder, auf Straßenschilder. Selbst die Schilder »Aufkleben verboten!« sind aus Marmor geschnitten.

»Divieto d'affissione!« heißt es auf ihnen, und sie sehen aus wie Gedenkplatten, die für die Ewigkeit gemeißelt sind. Das Straßenschild »Località le Sare« trägt die handgemalte Aufschrift »Bronx«; aber das hat jemand geschrieben, der die Bronx nicht kennt und die Sare für etwas Amerikanisches hält. Theatralisch ragt der Turm von San Rocco auf, auch sein Glockenstuhl ist hell beleuchtet, Gebälk und Gestänge, Zugdrähte und Schwengel blitzen wie im Feenstück, eine geheimnisvolle Mechanikerwerkstatt, das Privatkabinett eines Zauberkünstlers. Am Fuß der Via Gerini sitzen die Alten auf den Bänken hintereinander, sie spreizen sich, als hätten sie in der Loge Platz genommen, hoch über dem Schauspiel der Straße, erhaben über das Drama der Nacht.

Am nächsten Morgen spazieren wir nach San Terenzo hinüber. Am Seeufer, gleich hinter dem Ortseingang, liegt die Casa Magni, breit und prächtig, mit Loggia, fünf Rundbogen, grünem Staketenzaun, mit fünf Fassadenfenstern über der Terrasse und darüber, unter dem flachen Walmdach, mit wiederum fünf kleineren Fenstern. An der Ostseite des Hauses, auf marmorner Tafel, steht zu lesen: »A lonely house close by the sea-side / surrounded by the soft and sublime / scenery of the bay of Lerici (maggio 1822)«. An der Westseite heißt es: »I still inhabit this divine bay / reading dramas and sailing and listening / the most enchanting music (giugno 1822)«.

Das war im Mai und Juni des verhängnisvollen Jahres, Shelley hatte die Casa Magni für den ganzen Sommer gemietet, er wollte mit den Freunden die Bucht genießen, lesen und schreiben, wandern und segeln, mit Lord Byron und seinem Freund Williams, mit Leigh Hunt, dem Journalisten und Essayisten, und Edward John Trelawny, dem Schriftsteller und Abenteurer. Es war die Zeit der englischen Exzentriker, die Zeit der zweiten Empfindsamkeit. Byron und Shelley hatten sich am Genfer See kennengelernt, sie waren zusammen gesegelt, zwei zornige junge Männer, zwei Fackeln, die rasch verlöschen würden.

Sie liebten sich, und sie verabscheuten sich zugleich, Shelley, der Adoniskopf, ein Pantheist, ein Atheist, ein gefühliger Naturmensch, und Byron, der Klumpfuß, ein Schwimmer, ein Boxer, ein Fechter. Byron war der englische Löwe, sein Brüllen, aber auch sein Gähnen. Er hatte den Weltschmerz erfunden, aber Shelley war es, der ihn wirklich litt. Von Skandalgeschichten umwittert, lebten sie mit ihren Frauen in üppigen Palästen, Byrons Skandale glänzten, Shelleys Skandale schwärzten, wie Wolfgang Koeppen es beschreibt. Mary Shelley schreibt den Schauerroman »Frankenstein«, Claire Clairmont, ihre Stiefschwester, verfolgt Byron mit heftiger, aufdringlicher Liebe. Dann reisen sie nach Italien, trennen sich, treffen sich wieder, trennen sich erneut, Byron lebt in Pisa, Shelley kommt in die Bucht von Lérici.

Heute wohnt Signor Arrigo in der Casa Magni. Auf die Türschwelle blicken zwei marmorne Männerköpfe mit Lorbeer im Haar, über der Tür an der Westseite thront Maria mit dem Kind und zwei geflügelten Schutzengeln. Sind sie noch zu etwas nütze, werden sie das Haus vor neuer Unbill bewahren? Im Hinterhaus logiert das Sindicato immobiliare turistico, auf der Terrasse wedelt eine Palme mit ihren Blättern, hinter der fahlen Weinlaube welkt Oleander in Tonkästen, dahinter, im Garten, grünt Maulbeergesträuch, und zwei Pinien recken ihre Struppköpfe über das Walmdach.

Der Strand ist leer. Die Boote sind an Haken aufgehängt, sie schaukeln an Drähten, quietschen an Rollen. Auf dem Wellblechdach des *Lido Club* sitzt eine Möwe, sie schaut auf die Marmorterrasse, die regenblank im Meerlicht glänzt. Im nassen Sand sitzt ein Pudel, da liegen angeschwemmte Holzstücke, Coladosen, Korkpfropfen, Plastikkämme. Hinter der Ufermauer steht ein Paar Sandalen, eine grüne und eine blaue, haben sie die Farbe des Meers angenommen, hat nur eine von ihnen die Farbe gewechselt? Die Saison ist verbraucht, Berge von Wellpappe behindern den Schritt, Flaschenscherben versperren den Eingang zur Bar.

Es ist Montag, es regnet, wir sitzen in der Bar *Shelley*. Die blonde Wirtin ordnet einen Strauß Gladiolen, der Padrone blättert in der Sportzeitung. Die Buchstaben des Barnamens sind in orangefarbenem Plastik geprägt, an der Wand gilben zwei Plakate, Casino de Paris und Folies-Bergère. »Von versunkener Sonne goldene Reste hingen an der Asche noch der Wolken«, sagt Shelley, vielleicht ahnte er sein rasches Ende voraus.

Draußen auf der Uferpromenade steht eine Gruppe junger Männer. »Manrico Puccinolli – vini e acque minerali – Marina di Carrara« ist auf einem grasgrünen T-Shirt zu lesen, ein fünfter kommt hinzu, klatscht dem Grünen zärtlich auf die Wange, und dieser sagt: »Hallo Barone!« Das Hotel *Byron* ist geschlossen, neben der Tanksäule steht der Tankwart, er nimmt Coupons und Trinkgeld und rückt seine rotblaue Schirmmütze aus der Stirn. Ist auch er immer noch eingehüllt in den langen Sommertraum, fürchtet er künftige Unfälle, wird er erwachen, wenn der Westwind anhebt und neues Treibgut ans Ufer schwemmt?

Wir eilen nach Pisa, wo das Unheil von 1822 seinen Anfang nahm, und suchen die Casa Lafranchi am Arnoufer. Byron hatte den Palazzo gemietet, hier wurde Shelley an jenem 7. Juli aufgehalten, von Leigh Hunt und seiner Familie, während Williams in Livorno auf ihn wartete, um mit ihm nach Lérici zurückzusegeln. Es ist ein weißer Palazzo, ein kaltes, zugesperrtes Haus mitten zwischen ockergelben Nachbarhäusern. Das Wappen über dem Portal zeigt einen achtzackigen Stern inmitten starrer Drapierung. »Archivio di Stato« ist in den Marmor gemeißelt, eine Fahnenstange steckt an der Brüstung des Balkons.

Zwei Gäßchen trennen die Casa von ihren Nachbarhäusern, in der Via delle Belle Torre liegen alte Zeitungen, im Vicolo Toscanelli eine ausrangierte Damenstrumpfhose am Boden. Hier in der Casa Lafranchi hat Byron an seinem »Don Juan« geschrieben, aber jetzt sind die Fensterläden alle geschlossen, und die Insassen der vorüberfahrenden Kutsche folgen nicht dem Finger des Fremdenführers, der nach der Erinnerungstafel weist. Sie schauen auf die Reklametafeln, auf die jungen Leute vor den Bars. Peugeot und Talbot werben für den Autosalon, Pubbli Idea für die Trofeo Baracchi, im *Caffè Bosi* tummeln sich die Pisaner Irokesen, in engen Jeanshosen und giftgrünen Pullis. Ein paar Schritte arnoabwärts ist die Farmacia Ferretti ausgebrannt, die Buchstaben sind abgeplatzt, es ist nur noch »arma« zu lesen, vielleicht ein verräterischer Hinweis. Noch steht das Löschwasser in den Rillen des Steinfußbodens, ein abgewetzter Besen liegt vor der Barriere, die die Feuerwehrleute aus den Stahlregalen gebaut haben. Der pharmazeutische Müll stinkt die Straße aus. Aber da singt ein seltsamer Vogel, er fliegt, gelb und blau, aus einer Mauerritze, streicht über das Wasser des Arno und lockt uns flußabwärts nach Livorno.

Im Hafen drängen sich die Fährschiffe, Corsica Ferries, mit quittengelber Bordwand, die unter panamaischer Flagge fahren. An brüchiger Ziegelsteinmauer entlang schwingt sich die alte Via del Molo Mediceo zum Jachthafen. Die Segelboote liegen abgetakelt an der Kaimauer, Kräne ragen über Schuppen und Schornsteine, die Boote heißen Vimana und Daniela, Altair und Rockstar. Aus den Ritzen der Mauer platzen Steinbrech und Wolfsmilch, ein Schlepper tuckert im Becken, es tutet und stampft, die Allerheiligenspaziergänger drängeln sich auf der Landebrücke.

Der Leuchtturm ragt hinter dem Bug der Nello d'Alesio auf, zwei Kräne, wie Gottesanbeterinnen, kehren sich dem Mittelschiff zu, über dem sich jetzt die Nachmittagssonne dem Dunst des Horizonts zuwendet. So ist der Turm nur noch ein Schattenriß, zwei übereinandergestülpte konische Zylinder, mit Zinnen an den Umläufen und dem Filigrannetz der Antennen. Hier standen Trelawny und Kapitän Roberts, als Shelley und Williams mit ihrem Schiffsjungen am 8. Juli 1822 in See stachen. Es war Montag, um die Mittagszeit, als sie an Bord des »Ariel« gegangen waren, die Luft war glühend heiß. Trelawny, der den »Bolivar« seeklar gemacht hatte, konnte nicht mitsegeln, ihm fehlten die Gesundheitspässe, er mußte eine Quarantäne befürchten. So war es schon zwei Uhr am Nachmittag, als Shelleys Feluke, hochbords und übertakelt, den Hafen von Livorno verließ. Der Himmel hatte sich bewölkt, über dem Meer zog sich ein Unwetter zusammen, Wind flaute auf.

> Du, der du in der Bajä-Bucht erwachtest,
> liegst eingehüllt nach langem Sommertraum
> in erste kleine Wirbel, die du machtest:
> Kristallnes Spiel aus leichtem weißem Schaum.

Einst hatte Shelley den Westwind in einer Ode besungen; nein, es waren nicht Orte und Menschen, die der Sommertraum eingehüllt hatte, es war der Wind, und jetzt war er erwacht und blies dem Dichter steif ins Gesicht. Trelawny und Kapitän Roberts sahen die Feluke im Gewölk verschwinden, pfeilschnell schoß sie in die Regenwand, drehte noch einmal, aber sie kam nicht wieder daraus hervor.

> O West, im Sprunge öffne deine Krallen
> und halt nicht länger Blitz und Regen fest
> und laß im Auftrieb lockre Wolken fallen
> als Blättersturz aus himmlischem Geäst!

Zwei Tage warteten Trelawny und Roberts auf Nachricht aus Lérici. »Am Morgen des dritten Tages ritt ich nach Pisa«, erzählt Trelawny, »ich hoffte, einen Brief aus der Casa Magni zu finden: es war keiner da. Ich erzählte Hunt von meinen Befürchtungen und ging hinauf zu Byron. Als ich ihm berichtete, zitterten seine Lippen, und seine Stimme brach, als er mich ausfragte.« Hunt sandte ein Billett nach Lérici, Mary und Jane eilten nach Pisa, mit Trelawny brachen sie zur Küste auf. Als sie durch Viareggio kamen, erfuhren sie, daß ein kleines Boot und ein Wasserkanister ans Ufer angespült worden seien. Am 16. wurden zwei Leichen angeschwemmt, Williams und der junge Matrose, am 18. die Leiche Shelleys, von Fischen zerfetzt, mit einem Gedichtband von Keats in der Tasche. Trelawny ließ die Leichen mit Lehm einschmieren und an Ort und Stelle vergraben.

Es ist Allerseelen, und es sind mehr als hundertsechzig Jahre vergangen. Heute sind es Olga Tschechowa und Helena Rubinstein, die mit Sonnenölen und balsamischen Cremes die Leiber behandeln. Mit Boutiquen und Geschäftspavillons zieht sich die Strandpromenade kilometerlang schnurgerade hinter dem Sandstrand hin: Lederwaren, Sommerkleider, touristische Devotionalien. Nur die Firmenschilder lassen eine Unterscheidung zu: Silver Group, Magic Shop. In der *New York Bar* gibt es Gelati Alemagna.

Zwischen den Boutiquen öffnen sich die Eingänge zu den privaten Stränden, sie heißen Narcisa, Corallo, Il Sole, aber auch Texas, Cairo, Jamaica. Die Badekabinen sind mit Mönch und Nonne gedeckt, Türen und Fenster fest geschlossen, mit gelben und braunen Latten vernagelt. Spuren von stark profilierten Schuhsohlen mustern den Sand, ein Auto fährt vorüber, zwei Männer in gelben Overalls sammeln die unverweslichen Reste der Saison auf: Spraydosen und Bierflaschen, eine Familienpackung Baygon contra moscas, contra mosquitos, das »fulminante, permanente« Mittel aus Leverkusen. Verrottet sind Tuchfetzen und Holzstücke, im Sand zerronnen die Spezereien der bacchantischen Strandfeste. An einer Feuerstelle, auf verkohlten Brettern, sitzen Fliegen und sprenkeln das angesengte Holz. Eine Plastikhülle ist über den Grillplatz gezogen, die Fliegen schillern wie Metallplättchen in der Sonne.

Am 15. August 1822 hatten es die italienischen Behörden Trelawny erlaubt, die Leichen der Schiffbrüchigen auszugraben und zu verbrennen. Byron und Hunt waren aus Pisa gekommen, sie standen bestürzt vor den Scheiterhaufen, Byron meditierte: »Werden wir wohl alle so aussehen? Das könnte ja der Kadaver eines Schafs sein, nach allem, was ich unterscheiden kann.« Er deutete auf Williams' schwarzes Halstuch und sagte: »Ein alter Fetzen behält seine Form länger als ein toter Körper.« Am nächsten Tag verbrannten sie die Leiche Shelleys. Trelawny schrieb darüber: »Als ich den Weihrauch, Wein und Öl auf den Scheiterhaufen warf, sprach ich Beschwörungen, ich sagte: ›Ich gebe der Natur durch das Feuer die Elemente zurück, aus denen dieser Mann zusammengesetzt war, Erde, Luft und Wasser; alles ist verändert, aber nichts zerstört; er ist jetzt ein Teil dessen, was er verehrte.‹ Byron, der an meiner Seite stand, sagte: ›Ich wußte, daß Sie ein Heide, aber nicht, daß Sie ein heidnischer Priester sind.‹«

Danach schwamm Byron zum »Bolivar« hinaus, zehn Tage später schrieb er an Thomas Moore: »Du kannst Dir nicht vorstellen, was für eine außergewöhnliche Wirkung so ein Scheiterhaufen hat, an einem einsamen Strand, mit Bergen im Hintergrund, davor das Meer, und das eigentümliche Aussehen, das Salz und Weihrauch der Flamme verliehen. Alles von Shelley wurde zu Asche, mit Ausnahme seines Herzens, das die Flamme von sich abwies und jetzt in Weingeist verwahrt wird.« Auf dem Heimweg aßen und tranken sie in Viareggio. Hunt erzählt später: »Der Landauer fuhr schnell durch den Wald nach Pisa. Wir sangen, wir lachten, wir schrien. Ich spürte eine Lustigkeit, die um so mehr schockierte, weil sie echt war und eine Erleichterung.«

Wir kehren nach Lérici zurück. Der Morgen unserer Abreise ist klar und nüchtern und wird ein Allerweltstag werden. Das große, rote Schiff hat gedreht, jetzt kehrt es seinen Bug der Mole zu, ist schmal und schlank, und seine Masten geben sich als Kräne zu erkennen. Die Geheimnisse der Nacht sind aufgelöst im frischen Meerwind, auch Tino und Palmária, die Inseln vor der Bucht, sind keine untergetauchten Flußpferde mehr, die ihre großporigen Rücken aus dem Wasser heben.

Es ist ein gewöhnlicher Arbeitstag, die Fischer sind angekommen, ihre Boote liegen an der Mole. Auf kleinen Karren, in eisbepackten Styroporkästen, liegen die Fische zum Verkauf, rotgesprenkelte Barben, schillernde Pulpen, silbergeschuppte Äschen. An den Rädern der Karren sitzen Katzen, eine von ihnen hat einen Fisch erhascht, Kopf und Schwanz ragen ihr aus dem Maul. Die Fischfrau keift, die Katze springt in eine Häuserlücke. Ein Fischer sticht Kalmare; mit langer

Stange fährt er auf den Grund des Beckens, an seinem dreigezackten Haken zuckt das Fischfleisch.

Die Via Cavour wimmelt von Leben. Hier laugt ein Arbeiter den Lack einer Tür ab, dort stellt ein Händler Obststeigen vor seinen Laden. Eine Friseuse lüftet eine dampfende Haube, eine Floristin steckt Dahlien zu einem Strauß, der Maler sitzt auf einer Mauer und wühlt in seinen Wasserfarben. Das Krokodil von Lacoste zeigt seine Zähne, der Greif von Agip speit das Feuer von Supercortemaggiore. Ja, es ist ein gewöhnlicher Alltag, der Sommertraum ist ausgeträumt, auch Signor Arrigo in der Casa Magni ist nicht mehr sorglos eingehüllt. Byron schrieb: »Wenn man die Kindheit vom Leben abzieht (die Vegetieren ist), – Schlafen, Essen und Waschen – Zuknöpfen und Aufknöpfen – wieviel bleibt dann noch vom eigentlichen Leben? Der Sommer einer Haselmaus.«

So fern vom Leben

Bei Friedrich Nietzsche in Sils-Maria

Es ist mitten im Sommer, ein warmer Tag mit Sandstaub in der Luft. Es rieselt und rinnt, als schwebten die Wüsten Afrikas über das Alpental. Aus heiterem Himmel sintert ein weißes Mehl und legt sich auf Parkbänke und Autodächer. Ein Mann tritt aus dem Hotel *Julier*, faßt sich an den Kopf und wendet sich wieder der Tür zu. Nach einer Weile kehrt er zurück, nestelt an einer Schachtel und führt seine Hand zum Mund. In der Luft ist ein Murmeln zu hören, vielleicht ein Grollen, ein gleichmäßiges Brummen, wie Hubschrauberdröhnen, wie ferner Donner. Ist es eine Kopfwehtablette, die der Mann aus seiner Schachtel genommen hat? Der Föhn weht, warm und trocken, er trägt den Sand in den hintersten Winkel, über die flache Landzunge, die die beiden unteren Seen voneinander trennt. Hier liegt Sils-Maria, »ein Juwel«, wie der Reiseprospekt, der »lieblichste Winkel der Erde«, wie Friedrich Nietzsche sagt. Hell und freundlich liegt es da mit seinen Häusern und seiner weißen Bauernkirche; die goldenen Ziffern glänzen im blauen Zifferblatt, in den Grasgärten hinter den Häusern weiden Schafe, auf der Straße flanieren Touristen zwischen Automobilen und Pferdekutschen. Aus der *Chesa Cumunela* tritt ein Wanderpaar in Bundhosen und Bergstiefeln, der Mann trägt blaue, gelbe, grüne Blätter in der Hand, er rückt seine Brille zurecht und studiert die bunten Veranstaltungsprospekte.

Sollen sie sich nun einer botanischen, einer geologischen oder einer mineralogischen Exkursion anschließen? Sollen sie das Punkteabonnement der Engadiner Bergbahnen annehmen und eine Pferdekutschen-Exkursion ins Fextal, eine Motorschiffahrt auf dem See oder einen Besuch der St. Moritzer Kunsteisbahn ins Auge fassen? Oder sollen sie nicht viel lieber am Engadiner Sommerlauf teilnehmen, das Engadiner Kammerkonzert besuchen, sich vielleicht sogar am Engadiner Preisfischen beteiligen? Die Touristik prosperiert, die Termine überschneiden sich, die Themen fächern sich willkürlich und widersprüchlich. Wir überqueren die Straße und treten in den kleinen Weingarten des Hotels *Edelweiß* ein; das sommerlich maskierte Paar überprüft derweil noch immer den Engadiner Freizeitwert.

Friedrich Nietzsche, der Philosoph, hat ein Jahrzehnt lang seine Sommer hier verbracht. Es ist hundert Jahre her.

»Ja, meine liebe Mutter«, schreibt er bei seinem ersten Aufenthalt nach Hause, »hier oben, 6000 Fuß höher als Genua, wo die Schneeschmelze bis zum Juni sich hinzieht, und im Juli und August Schnee fällt, hat man Wünsche, die unten in der Ebene etwas verrückt klingen mögen. Ich sehe nach dem Thermometer im Zimmer: 8 Grad Réaumur. Dabei schneidende Winde, und das unbeständigste Wetter, welches auch den Engadinern unangenehm und nachtheilig ist: leider (für mich qualvoll) sehr viele Gewitter.« Und noch ein Jahrzehnt später tobt der Föhnsturm in seinem Kopf; er schreibt an seinen Freund Overbeck: »Ewiger Kopfschmerz, ewiges Erbrechen.«

Nietzsche wohnte im Haus der Familie Durisch, der Besitzerin einer kleinen Handlung, hier kann er »englische Biscuits, Cornedbeef, Tee, Seife und eigentlich alles mögliche kaufen«: »Die Leute sind so gut gegen mich und freuen sich meiner Wiederkehr, zumal die kleine Adrienne.«

Das Haus ist zweistöckig, ein festes, schlicht gebautes, gedrungenes Engadiner Bürgerhaus, weiß, mit grünen Läden. Über der Haustür heißt es auf einer Tafel: »In diesem Hause wohnte Friedrich Nietzsche während schaffensreicher Sommermonate 1881–1888.«

Das Haus liegt zwischen der *Chesa Alvetern* und dem

Haus Matossi, von der Straße zurückgesetzt, dicht an den Fuß des Bergwalds gelehnt. Die kostümierten Sommertouristen kommen und gehen, ihr Alltagsgeschwätz verstummt auf der Schwelle, flüsternd stehen sie vor den Handschriften, gehen sie an den Fotos und Landkarten vorbei. Das Haus ist ein kleines Museum, in alten Glasschränken verstauben Nietzsches Schriften, Bücher, in denen Nietzsche und Sils-Maria erwähnt und gedeutet werden, von Thomas Mann und Walter Benjamin, von Robert Musil und Marcel Proust. Eine Schweizerin erklärt einer Französin einen Titel von Hermann Hesse: »Engadiner Erlebnisse«. Ja, was ist das eigentlich auf französisch, ein Erlebnis? Aber die Französin nickt mit dem Kopf und revanchiert sich mit der Deutung eines Briefes von Jean Cocteau, der auf der Schwelle des Hauses gekniet, Schnee gegessen, Gedichte rezitiert und auf seine theatralische Weise vor dem Altar von Sils kommuniziert hat. »Jünglinge waren wir, törichte Liebhaber des rauhkehligen Tenors von Sils Maria!« dröhnte Pablo Neruda, der chilenische Dichter, »ja, der gefiel uns, die ausweglose, widerborstige Einsamkeit.«

Nietzsche, der Pfarrerssohn aus Sachsen, Student in Schulpforta, Professor in Basel, Philosoph und Dichter, rastloser Sucher nach unverstelltem Leben und freiem Geist, »kühner Gratwandler«, wie Jacob Burckhardt ihn nennt, Umwerter aller Werte, verbringt diese Sommermonate in einer niedrigen Bauernstube, er geht hin und her zwischen Bett und Stuhl, zwischen Tisch und Sofa, zwischen Waschkommode und Toiletteneimer, es gibt nichts außerdem, nur noch die Wasserkaraffe und den Handtuchständer, einen marmornen Kerzenhalter und eine Öllampe aus Messing. Die Waschschüssel ist von der Firma U. & Co. aus Sarreguemines und die Seifenschale von John Maddock & Sons Ltd. aus Brooklyn, ein Sammelsurium aus dem städtischen Warenhaus.

»Das Haus, in dem Nietzsche wohnte, wird entstellt von einer unsäglich philiströsen Inschrift. Aber es zeigt, wie würdig man vor achtzig Jahren arm sein konnte«, schreibt

Adorno, »heute wäre man, unter ähnlichen materiellen Bedingungen, bürgerlich deklassiert; damals erkaufte man um den Preis bescheidenster Lebensführung die geistige Unabhängigkeit.« Bei dem Wort »damals« hat jemand mit dem Kugelschreiber hinzugefügt: »Nur damals? Haha! Ahriman.«

Fern vom Leben, überwirklich auf eine hellwache, nervöse Weise, ist Nietzsche unentwegt dem Geist seiner Zeit auf der Spur: »Ich stand mehrere Male nachts um zwei Uhr auf, vom Geiste getrieben und schrieb nieder, was mir vorher durch den Kopf gegangen war. Dann hörte ich wohl, wie mein Hauswirt, Herr Durisch, vorsichtig die Haustür öffnete und zur Gemsenjagd davonschlich. Wer weiß! vielleicht war ich auch auf der Gemsenjagd.«

Nietzsches Gemsen sind die Chimären der Nacht, die Phantome seiner Fieberstunden. Am Tag drängt es ihn hinaus in die Landschaft, »hier, wo Italien und Finnland zum Bund zusammengekommen sind«. Der Hirngeplagte wandert durch »dies Stück Ober-Erde«, »heroisch zugleich und idyllisch«, »meine Landschaft, so fern vom Leben, so metaphysisch«.

Wir folgen seinem Spaziergang am Strand des Sees von Silvaplana, an Wald und Höhlen, an Verstecken und Verrat, an Motiven und Kulissen eines Opernprojektes entlang. Am Fuß des Corvatsch, hoch über dem Tannenwald vor dem Saum der Schneegrenze, werden Betonarbeiten ausgeführt, irgendein Luftfundament, irgendein Stützpfeiler, ein Hubschrauber fliegt über dem Talgrund hin und her mit einer Betonbombe an Bord. Alle drei Minuten kehrt er zurück und landet über den Köpfen der Spaziergänger. Es sind Männer in Jeans und in Strohhüten, in Strickkäppchen und Schirmmützen, mit kurzen Hosen und hohen Schuhen, Fotoapparate geschultert, Filmkameras im Anschlag. Die Damen tragen Bikinioberteile und blaue Hosenröcke, auf den T-Shirts ihrer Kinder ist »Country Club« eingedruckt, »University of Iowa« oder auch »Los Angeles Police Department«.

Ein Maskenzug ist nach dem Zarathustrastein unterwegs, aber man biegt schon auf halbem Wege in die falsche Richtung ab. Einige steigen zum Wasserfall hinauf und stülpen sich ihre Kopfbedeckungen tiefer über die Ohren, eine Familie mit Kinderwagen und Spitz an der Leine, ein weißbärtiger Herr in dunkelblauem Anzug und weißer Kapitänsmütze; andere flanieren zum flachen Seeufer und streifen sich Schuhe und Strümpfe von den Füßen, ein Angler mit Panamahut und Krawatte, eine Nixe im Badekostüm. Der Spitz, ohne Hut über den Ohren, kläfft und winselt zwischen den Tannenstämmen; die Nixe winkt den lustigen Windsurfersegeln und rührt mit dem Fuß im Gletscherwasser. Alle gehen achtlos an Nietzsches Stein vorüber, sie streifen ihn gedankenlos mit der Hand, treten ihn mit dem Fuß, jemand klettert auf den Block und läßt Kieselsteine über die Wasserfläche springen.

Hier überfiel Nietzsche die Idee des Zarathustra, seines dionysischen Helden, seines berauschten Übermenschen, der in Schwindelhöhen und Gruseltiefen den Umsturz prophezeite. »Die Grundkonzeption des Werks, der Ewige-Wiederkunfts-Gedanke, diese höchste Formel der Bejahung, die überhaupt erreicht werden kann, gehört in den August des Jahres 1881«, schreibt Nietzsche selbst. »Ich ging an jenem Tage am See von Silvaplana durch die Wälder; bei einem mächtigen pyramidal aufgetürmten Block unweit Surlej machte ich Halt. Da kam mir dieser Gedanke.«

Resa von Schirnhofer, eine Freundin dieser Jahre, erzählt: »Auch mich, wie vorher und nachher andere seiner Besucher, führte er zum wasserumspülten Felsblock am Ufer des Sees von Silvaplana, dem Zarathustrastein, an jene wundervolle Stelle ernster Naturschönheit, wo dunkelgrüner See, naher Wald, hohe Berge, feierliche Stille ihren Zauber gemeinsam weben. Nachdem ich mich seiner Bitte gemäß auf den ihm ›heiligen Stein‹ gesetzt hatte, fing Zarathustra an, aus der Welt seiner geistigen und emotionalen Hochspannung heraus zu sprechen und goß, in dithyrambische Worte gekleidet, eine Fülle von Gedanken und Bildern aus.«

Nietzsche erinnert sich: »Ich hatte jedesmal auf meinen Wanderungen zuviel geweint, und zwar nicht sentimentale Tränen, sondern Tränen des Jauchzens, wobei ich sang und Unsinn redete, erfüllt von einem neuen Blick, den ich vor allen Menschen voraus habe.« Resa von Schirnhofer begleitet ihn weiter, bis ans Ende des Traums und des Tages. Sie schreibt: »Als wir dann am Seeufer weitergingen, die Zone des Zarathustrazaubers hinter uns lassend, verloren sich auch die geheimnisvollen Vibrationen im Wesen Nietzsches; eine natürliche Entspannung trat ein, begünstigt durch die köstliche Frische und Luftreinheit dieses klaren Sommertages, den kein ›elektrisches Wölkchen‹ am Horizont, von Nietzsche so sehr gefürchtet, bedrohte.«

Auch wir spazieren über die schmale Landzunge zurück; zwischen Seeufer und Dorf, beim Schlößchen Surlej, schwingt ein Mäher seine Sense. Er macht abwechselnd fünf Züge mit seiner Sense und an seiner Pfeife, der Hubschrauber fliegt über ihn hinweg, auch er kommt und geht im gleichen Atemrhythmus der Wiederkehr. Nietzsche-Bilder und Nietzsche-Gedanken im heiligen Wechsel.

Mitten in Sils-Maria, auf der anderen Seite des Fexbachs, aufgestockt und renoviert, liegt das Hotel *Edelweiß*. Am Abend treffen sich die Gäste zur Table d'hôte im Speisesaal, die Herren im weißen Hemd und mit knalliger Krawatte, sie hängen ihre Jacken über die Stuhllehnen, schieben ihren Begleiterinnen die Stühle in die Kniebeuge und räuspern sich raumbeherrschend. Die Damen tragen Sommerblusen mit Lavallieren, sie zünden sich Zigaretten an und verdoppeln das raumbeherrschende Räuspern. Ein Herr mit Brille, in heller Nappajacke, sitzt allein an einem Tisch. Der Kellner, mittelmeerischer Herkunft, mit schwarzem Schnurrbart, schlank und glattgescheitelt, rückt den Beistelltisch an seine Seite und serviert die festgelegte Speisefolge: Kraftbrühe mit frischem Gemüse, Crevetten armorikanisch mit Butterreis, Kalbsleber mit Salzkartoffeln und Prinzeßbohnen, Emmentaler Käse.

Unter Decken- und Wandgemälden, bei Stilleben mit

Früchten und toten Fasanen klappern die Silberbestecke, das Räuspern ist in ein trockenes Flüstern übergegangen. Vor den hohen Fenstern schweben Gardinen wie Bühnenvorhänge, die Paneele schimmern im Abendlicht, die Beistelltische mit Warmhalteplatten, Käsebuffets und Früchteschalen rollen geräuschlos durch den Raum. Auf allen Speisetischen stehen bizarre Behältnisse für die Speise- und Getränkecoupons, beschönigende aus Glas, durchrationalisierte aus Plastik, holzgeschnitzte, die die kommerzielle schweizerische Funktionalität verbergen wollen.

Bei seinem dritten Aufenthalt in Sils-Maria nahm Nietzsche sein Essen im Hotel *Edelweiß* ein. Er schreibt an einen Freund: »Ich möchte Geld genug haben, um mir hier eine Art ideale Hundehütte zu bauen: ich meine, ein Holzhaus mit zwei Räumen; und zwar auf einer Halbinsel, die in den Silser See hineingeht. Es ist mir nämlich auf die Dauer unmöglich, in diesen Bauernhäusern zu wohnen. Im Hotel ›Edelweiß‹ esse ich: allein natürlich, und zu einem Preise, der nicht gänzlich im Mißverhältnis zu meinen kleinen Mitteln steht.«

Das Hotel ist ein hellhöriges Haus. Um vier Uhr in der Frühe ist Lachen auf der Treppe zu hören, ein helles Frauen- und ein dunkles, südländisches Männerlachen, Türen schlagen, das Wasser einer Dusche rauscht, das Lachen hat sich in ein ersticktes Kichern verwandelt. Beim Frühstück tritt eine junge Dame allein an ihren Tisch, der mediterrane Kellner hinter der Marmeladetheke lächelt verklärt. Als die Dame sich gesetzt hat, tritt der Kellner an ihre Seite, sie wechseln ein paar Worte, Kaffee oder Tee, ein Ei, eine Scheibe Schinken, vielleicht ist es das Paar von heute nacht.

Zum *Edelweiß* gesellt sich die *Alpenrose* hinzu, zur restaurierten Nobelherberge die ausrangierte Prachtpension. Dorfauswärts, auf dem Weg zur Straße nach Maloja, liegt der massige Bau, vierstöckig, mit ramponierter Fassade, im Innern halb zerfallen. Verwelkte *Alpenrose* – sie muß wohl einmal bessere Zeiten gesehen haben! Nietzsche traf hier seine Damen, sein Silser Kränzchen, seine schwärmerischen Verehrerinnen: Mademoiselle von Mansuroff, eine Schülerin Chopins, die Damen Fynn, Mutter und Tochter: »Gestern haben mir meine Damen einen delikaten, mit sauerer Milch angemachten Quark geschenkt, nach russischer Manier, nebst zwei schönen Grahambroten.« Im Sommer 1886 erscheint Helen Zimmern, eine amerikanische Journalistin. Sie schreibt: »Ich wohnte damals im Hotel *Alpenrose*, wohin Nietzsche immer zum Lunch kam. Im Hotel wohnte zugleich Fräulein von Mansuroff, die einen nervösen Zusammenbruch erlitten hatte und an schweren Zwangsvorstellungen litt. Eines Tages sagte Nietzsche, der von dem merkwürdigen Fall gehört hatte, zu den besorgten Freunden der Dame: ›Überlassen Sie sie einmal mir!‹ Und eines Mittags, als der Wagen wieder vorgefahren war, erschien plötzlich Nietzsche in der Haustür des Hotels mit der kranken Dame, die ihm wie ein Hündlein gehorsam folgte.« Nietzsche, der Frauenfeind?

Und Adolf Ruthardt, der Komponist und Klavierpädagoge, auf Einladung seiner Schülerin, des Fräuleins von Mansuroff, für drei Wochen nach Sils gekommen, erzählt: »An einer kleinen Biegung des Waldes stand plötzlich Nietzsche vor uns. Nach dem Austausch einiger Höflichkeiten geleitete er uns, ritterlich bemüht, Fräulein von Mansuroff zu unterhalten, bis an die Schwelle der *Alpenrose*. Schon hatte er sich, mir die Hand reichend, aufs artigste verabschiedet, als ihn Fräulein von Mansuroff mit den Worten zurückhielt: ›Sie sind freundlichst eingeladen, lieber Herr Professor, uns heute abend hier in Nummer vier, das ich als Musikzimmer für mich belegt habe, mit Ihrem Besuche zu beehren. Herr Ruthardt wird uns Bach, Chopin und Schumann vorspielen.‹ Nicht ohne eine gewisse Verlegenheit und mit fast leidender Miene fuhr sich Nietzsche über die prachtvoll gewölbte Stirne, indem er klagte: ›Ach, Musik, Musik tut meinem Zustande nicht gut!‹« Nietzsche, der Musikliebhaber?

Längst ist die *Alpenrose* aufgegeben, die Farbe blättert, die Läden sind geschlossen und vernagelt. Der Stuck der geflochtenen Lorbeerkränze über der unteren Fensterreihe blättert ab, die Fensterscheiben der Seitenbalkone sind eingeworfen, Wintergarten, Rundturm und Dachterrasse bröckeln ab und werfen Moos und Mörtel in den Hof. Auch der Garten ist verwildert, Bärenklau und Königskerzen schießen ins Kraut, in den Ebereschen sitzen laute Sommervögel, Amsel- und Finkenpaare.

Im Sommer 1886 war Meta von Salis, die er in Zürich kennengelernt hatte, heraufgekommen. Meta, ein gebildetes Fräulein aus dem Bergell, die erste Bündnerin mit Doktorgrad, war in Begleitung ihrer Freundin Hedwig Kym. Meta erzählt: »Nachdem wir am Mitteltisch Platz genommen hatten, hielt ich Umschau, und meine kurzsichtigen Augen versicherten sich allmählich, daß Nietzsche am oberen Ende der Tafel saß. Er schien mir jugendlicher als bei unserer ersten Begegnung, und unterhielt sich lebhaft mit der Dame zu seiner Rechten, die ich am nächsten Tag als Miß Helen Zimmern kennenlernte.«

Für Meta ist »Nietzsche mit Sils so unzertrennbar verknüpft wie Heraklit mit dem Heiligtum der Göttin bei Ephesus«. Sie berichtet: »Der Sommer war außerordentlich heiß. Selbst dort oben, so nahe an der Grenze des ewigen Schnees, blieb man über die Mittagsstunde am liebsten im Haus. Die beiden Hotels waren voll von Gästen, und fast jede Familie im Dorf hatte Zimmer vermietet. Wir wurden in einem stattlichen Engadinerhaus diesseits der Brücke über den Fexbach und dicht bei der Fahrstraße ins Fextal untergebracht. Nietzsche wohnte im gleichen Hause wie früher, jenseits der Brücke, und kam fast jeden Morgen und zuweilen auch nachmittags zu uns herüber: bei schönem Wetter und mäßiger Hitze, um uns zum Spaziergang abzuholen, sonst zu traulichem Gespräch im Zimmer. Wenn er einen ganzen Tag ausblieb, so war er krank. Das war damals nicht oft der Fall, und das Wetter blieb, mit wenig kurzen Unterbrechungen, während der sieben Wochen meiner Anwesenheit glorreich schön. In der *Alpenrose* bildeten ankommende Bekannte und einige Fremde allmählich einen kleinen Kreis um mich und meine Freundin, dem wir uns bei den Mahlzeiten – Nietzsche aß nur noch mittags im Hotel, und zwar allein und vor den andern – widmeten. Sonst galten wir für exklusiv und waren es auch, denn wir machten unsere Ausflüge am liebsten allein.«

Heute ist der Spaziergang ins Fextal eine ausgetretene Touristenfährte. Die Deutschen gehen in Kniebundhosen, bewaffnet mit Kartentaschen und Ferngläsern, die Franzosen, in Flanell gekleidet, sind ausgerüstet mit Guides Bleus und Angeltäschchen. Durch die Schlucht klettern verwegene Mannskerle in Bergschuhen, den Höhenweg benutzen Spaziergänger mit dünnen Sandalen. Jemand hat aus einer Wurzel einen Waldschrat geschnitzt, schief im Gesicht sitzt die verkrebste Nase, die dicken Lider, Astwülste, sind über die Augen gewölbt. Ein junger Mann mit blauem Rucksack steigt über einige Steine hinweg, Johannes aus dem Evangelium, mit langen blonden Haaren, wie in dem Gedicht von Hölderlin, »von schwellenden Augenbrauen der Welt vergessen«. Eine Wanderin ruft: »Schauen Sie diese Flora!« und bückt sich nach Storchschnabel und Akelei. Laut rauscht das Wildwasser auf, über den Arven krächzen Elstern und Eichelhäher.

Christian Doermer, der Schauspieler, rezitiert Nietzsche im Gehen. Drei Stunden lang ist er mit seinem Gefolge unterwegs, an Pferdewagen und Kuhherden, an Spaziergängern und Bergsteigern vorbei zieht er bergauf, er keucht, er singt, er schwelgt im Wort. »Man soll keinem Gedanken glauben, der nicht im Freien geboren ist!« spricht er mit Nietzsche. »Bei freier Bewegung, bei der nicht auch die Muskeln ein Fest feiern.« Fünf Kinder, alle in Rot gekleidet, haben sich aneinandergebunden, kleine freie Tanzfiguren Nietzsches, sie laufen über die Bergwiese in den Biergarten des *Hotels zur Sonne*.

Die Kapelle von Fex, mit Fresken im Chor von 1511, mit alter Zwingli-Bibel auf der Kanzel, liegt mauerumfriedet mitten in der Wiese. Heinz und Dora Hartmann, in Wien geboren, in Stony Point und New York gestorben, liegen an der Mauer neben den Fexer Bauern begraben: »Weh spricht vergeh, doch alle Lust will Ewigkeit, will tiefe, tiefe Ewigkeit«, steht auf der Tafel zu lesen, ein darwinistisches Nietzsche-Zitat. Hier liegt auch Samuele Giovanoli, Schafhirt und Wilderer, Skilehrer und Handorgler, Eigenbrötler und Alleskönner, der »Paradiesmaler aus dem Fextal«. Als Kind hat er Segantini malen sehen, als alter Mann hat er Nietzsche gemalt, mit Sommerjoppe und Spazierstöckchen, wie er unter einer Lärche sitzt und über den See von Silvaplana schaut.

Jetzt sind Ruderer auf dem See, an der Halbinsel Chasté vorbei zieht ihr Kahn eine silberne Kiellinie in das Wasser. Drüben im Inselwald, unter Föhren- und Kiefernkronen, gibt es einen zweiten Nietzsche-Stein: »O Mensch, gib acht!« Das trunkene Lied aus dem »Zarathustra« ist eingemeißelt, Meta von Salis schreibt darüber: »Als mich Nietzsche am Vormittag des 9. September 1886 abholte, galt unser erster Gang der Halbinsel. Bald standen wir auf der ersten Anhöhe. Hier hatte Nietzsche, als noch keine Wege heraufführten, im durchsonnten Moos und Heidekraut liegend, einst einen Teil seines ›Zarathustra‹ gedichtet. Hier hatte er damals gewünscht, daß man ihn seinerzeit begraben möchte.«

Zwei Jahre später fällt Nietzsche in geistige Umnachtung, die Bauchkrämpfe, der Brechreiz, das Kopfweh, die Erschöpfung, alles hat ein Ende. Nach tagelangem Regen und Schnee, nach Überschwemmungen und Dammbrüchen kommt er in Turin an: »Aber seltsam! Wie im Ruck war alles in Ordnung. Wunderbare Klarheit, Herbstfarben, ein exquisites Wohlgefühl auf allen Dingen.«

Die Ruderer sind hinter der Landspitze der Halbinsel verschwunden, das Wasser ist glatt wie unbeschriebenes Papier. Nur das Rieseln in der Luft ist zu hören, vielleicht wächst die Wüste wirklich?

Ein Herbsttag mit Julie

In den Fußstapfen der Neuen Heloise

Es ist ein später Oktobertag, die Morgensonne wirft eine Lichtbahn auf den See, so glatt und gleißend, als habe sie ihren allerschönsten Spiegel ausgebreitet. Ist Julie schon unterwegs, die tugendsame Romanheldin Jean-Jacques Rousseaus, um so früh am Morgen ans Seeufer zu treten, ihre anmutige Gestalt, ihr zartes Gesicht, ihr braunes Haar zu spiegeln? »Geht nach Vevey, besucht die Gegend, beschaut die Landschaft, fahrt auf dem See umher und sagt, ob die Natur dies schöne Land nicht für eine Julie, für eine Claire und für einen St. Preux geschaffen hat!« ruft Rousseau in seinen »Bekenntnissen« aus. »Aber sucht sie nicht darin!«

Eben schlägt es achtmal vom Kirchturm, noch hängen die gelbblauen Fahnen schlaff an den Masten, unter der Balkendecke der Grenette, des alten Kornlagers, von neudorischen Säulen gestützt, sind Holzböcke und Dielen gestapelt, die Marktrequisiten für dienstags und samstags.

Die »Affichages des Sociétés Locales« zeigen »Farafina«, eine »Super Soirée Africaine«, und die vierzehn schönsten Transvestiten aus Thailand in einer »Asiatischen Live-Show« an. Aber alles geschieht im benachbarten Montreux. Hier im Théâtre de Vevey ist Gianni Notare in einem Einmannauftritt zu sehen: »Mariage d'Amour« heißt das Stück.

Zwei Mädchen mit Schulmappen unter dem Arm stehen vor den Plakaten, die eine mit blonden Zöpfen, die andere mit brünetten Ponysträhnen, sie stoßen sich gegenseitig in die Hüften, sie kichern, aber »die Lust ist mit der Sittsamkeit im Bunde«, heißt es ja in Rousseaus Briefroman.

Ich bin nach Vevey gekommen, ich habe Julie und Claire gefunden, ich werde auch St. Preux finden, in den der Dichter sich verwandelt hatte.

»Wenn die glühende Sehnsucht nach einem glücklichen und ruhigen Leben, das mich stets flieht und für das ich doch geboren bin, meine Phantasie entflammt, so versetzt sie sich stets in das Waadtland, in die Nähe des Sees, mitten zwischen die entzückenden Felder«, schreibt Rousseau, »mich verlangt dann nach einem Garten an den Ufern dieses Sees und nirgend anderswohin. Ich bedarf eines treuen Freundes, eines liebenswürdigen Weibes, einer Kuh und eines kleinen Bootes. Und niemals werde ich auf dieser Erde vollkommen glücklich sein, solange ich das nicht besitze.«

Rousseau, in Genf geboren, nach Frankreich, nach England und als ewiger Exilant wiederum in die Schweiz verschlagen, hat dieses Stück Seeufer nie besessen, aber seinen Phantasiegestalten wählte er die Landschaft aus, die ihn am tiefsten rührte: »Ich bestimmte den Teil der Ufer dieses Sees, wohin meine Wünsche seit langem meinen Wohnsitz gestellt hatten in den Glücksträumen, auf die mein Schicksal mich beschränkt hat. Die Gegensätze der Natur, der Reichtum und die Mannigfaltigkeit der Landschaft, die Pracht und Größe des ganzen Schauspiels, das die Sinne entzückt, das Herz und die Seele erhebt, taten das übrige, um mich endlich zu bestimmen; ich brachte also meine jungen Schützlinge in Vevey unter.«

Heute, mehr als zweihundert Jahre später, an diesem hellen Oktobermorgen, strahlt das Seeufer von Vevey im gleichen sanften Glanz eines späten Rokoko. Während der Durchgangsverkehr, zwischen Nestlés Dosenmilchfabrik und dem Hôpital de la Providence, dem geraden Lauf der Bahnlinie folgt, wölbt sich das Altstadtviertel, mit engen Gassen, mit lieblichen Gärten, in den See vor. Am Quai Perdonnet, hinter Platanen und Roßkastanien, sind die blaugelben Boote angekettet. Schwäne ziehen zwischen den Bojen einen eleganten Wasserslalom, vor dem kunstvoll geschmiedeten Eisengitter der Kaimauer sitzen Angler in Zipfelmützen und Trenchcoats, hinter ihren Rücken, in steingefaßten Rabatten, welken die letzten Herbstblüten, trauern die Stiefmütterchen, tränen die Herzen. Was hat die Blätter der Palme gesengt, wovon sind die Nadeln der Edeltanne vergilbt?

Zwischen Goldlack und Geranien steht eine alte Trestermühle, Charlie Chaplin, aus Bronze, stützt sich auf sein Rohrstöckchen und hält in der Linken eine Rose, deren Blüte aus Bronze, deren Stiel aber natürlich ist und durch die gespreizten Finger ragt. Sind Julie und Claire vorübergegangen und haben ihm diese letzte Blume des Jahres geschenkt?

»Ich dachte mir die eine braun, die andere blond, die eine lebhaft, die andere sanft, die eine verständig, die andere schwach, aber von einer so rührenden Schwäche, daß die Tugend dabei zu gewinnen schien«, erzählt Rousseau, und er fährt fort: »Ich gab der einen einen Geliebten, der der zärtliche Freund der andern und sogar etwas mehr war; aber ich ließ weder Eifersucht noch Hader, noch Nebenbuhlerschaft zu, weil ich Mühe habe, mich in peinliche Empfindungen hineinzudenken, und ich dies lachende Bild durch nichts trüben wollte, wodurch die Natur herabgesetzt wird. Verliebt in meine zwei Musterbilder, träumte ich mich in den Geliebten und Freund hinein, soweit es mir möglich war; aber ich machte ihn liebenswürdig und jung, wobei ich ihm obendrein die Tugenden und die Fehler gab, die ich in mir fühlte.«

Die Sonne ist jetzt ganz hervorgekommen, sie ruht auf den Schultern des Gebirgs, schießt einzelne Strahlen in die Gassen herab, legt ihren breiten Schein auf die Walmdächer. Nur das Château bleibt im Schatten der Platanen, die Caféterrasse rüstet sich zum Winterschlaf. Ein silberglänzender Asterix wirbt für »Gauloises«, ein Mexikanerhut für »Café la Semeuse«, Henniez-Bier um den Durst der heißen Tage.

Mit den Scheckkarten von Eurocard, American Express und Diners Club ließen sich die Zechen bezahlen, aber jetzt, so spät im Jahr, verrotten die Blechschilder im Seewind. Noch blühen in einer alten Kutsche Fuchsien in Plastikkästen, Pampasgras wedelt mit seidigen Pinseln, die Rinde des Lorbeerbaums ist gesplittert von Nagelhieben. In den oberen Etagen des Schlosses ist das Weinmuseum eingerichtet, ganz oben auf dem Dachreiter sitzt eine Taube, Charlie Chaplins sanfte Weggenossin.

Den Hinterfronten der Hotels sieht man ihre Fassaden nicht an, die Fensterbrüstungen sind in einem vornehmen Graugrün gestrichen, die Gitterspitzen der Zäune blitzen von Gold. Der heilige Martin läßt seinen Mantel gleiten, im Hotelschild der *Taverne du Château* und vom Stadtbrunnen, beide Male bunt gekleidet wie ein Harlekin. Unter Rosenpergolas, zwischen Wacholder und Mimosen, schwingt der Chemin de l'Esperance aufwärts zum Temple de St-Martin. Der Turm ist eingerüstet, hinter grüner Gaze bewegen sich die Maurer wie in einem expressionistischen Schattenspiel. Auf der Goldkuppel der russischen Kirche glänzt der Sonnenspiegel. Allmählich rückt er weiter, als schiebe eine unsichtbare Hand ihn nach der Seite des Collège hin, wo jetzt Pause ist und die Mädchen auf den Schulhof treten.

In kleinen Gruppen stehen sie auf der Treppe des Collège, in Pullovern und Parkas, mit Milchbechern und Limonadedosen, die Blonde mit den Zöpfen und die Brünette mit den Ponyzipfeln, Rousseaus nachgeborene Romanfiguren. Hier in Vevey also hatte der Baron von Etange den jungen St. Preux zum Hauslehrer seiner Tochter Julie bestellt, hier entflammt St. Preux in Liebe zu Julie, hier schreiben die Liebenden ihre Briefe und Billetts, hier nimmt die tränenreiche Geschichte ihren Anfang. Julie, einem Herrn von Wolmar versprochen, gibt sich St. Preux hin, sie wird schwanger, des Barons Worte der Empörung lösen eine Fehlgeburt aus, St. Preux, die Gesetze der Gesellschaft achtend, verzichtet auf Julie und reist ab. Ist einmal die Unschuld verloren, so hilft nur noch die Tugend der sittlichen Kraft, das ist die Lehre Rousseaus, darüber bricht das ganze 18. Jahrhundert in Tränen aus.

Rousseau, der nach Vevey gekommen war, den Heimatort seiner Geliebten, der Frau von Warens, zu sehen, schreibt in den »Bekenntnissen«: »Auf dieser Reise nach Vevey gab ich mich, dem schönen Gestade folgend, der süßesten Schwermut hin. Mein Herz stürzte sich glühend in tausend unschuldige Wonnen; ich wurde gerührt, ich seufzte und weinte wie ein Kind. Wie oft habe ich den Schritt gehemmt, um nach Herzenslust zu weinen, und auf einem Steine sitzend mich daran ergötzt, meine Tränen in das Wasser fallen zu sehen. In Vevey kehrte ich im *Schlüssel* ein und während der zwei Tage, die ich dort blieb, ohne irgend jemand zu sehen, faßte ich für diese Stadt eine Vorliebe, die mir auf allen meinen Reisen geblieben ist.«

Auch ich kehre im *Schlüssel* ein. Ich sitze an Rousseaus Tisch, trinke eine Tasse Kaffee und einen »Marc de la Région«. Es ist ein schmaler Holztisch mit runden Stempeln und stabilen Streben. Die Platte ist rissig und wurmstichig, mit geflammten Intarsien verziert, mit Nußbaum oder Mahagoni, vielleicht mit einem Edelholz von der Insel Juan Fernández, für die Rousseau so rührend schwärmte. Eine eingelassene Messingplatte erzählt: »Jean-Jacques Rousseau prit ses repas sur cette table lors de son séjour à l'Auberge de la Clef en juillet 1730.« (An diesem Tisch nahm Rousseau während seines Aufenthaltes im *Schlüssel* im Juli 1730 seine Mahlzeiten ein.)

Da sitze ich also, mit Rousseau an einem Tisch, für eine Viertelstunde nur, bevor die Geschichte der Liebenden und meine Suche nach ihnen weitergeht.

Julie hat Herrn von Wolmar geheiratet. Zwar ist die Macht der Leidenschaft gebrochen, dafür erschöpft sich die Tugendhafte jetzt in Frauendienst, in Mutterschaft, in Familiengeschäften. Wolmars wohnen in Clarens, dem Nachbarort von Vevey; Herr von Wolmar hat seiner Gattin einen Garten Eden eingerichtet, und St. Preux, der inzwischen zurückgekehrt und Gast bei Wolmars gewesen ist, schreibt an seinen Freund: »Als es zum Ufer hinabging, empfand ich einen neuen Eindruck, von dem ich keine Vorstellung hatte; ein bestimmtes

Gefühl von Angst, deren Grund ich mir nicht erklären konnte, wurde immer größer, je näher ich der Stadt kam«, und im nächsten Briefe fährt er fort: »Ich hatte schon mehrere Tage von diesem Elysium reden hören; man machte mir aber ein gewisses Geheimnis daraus. Endlich gestern nachmittag, da die große Hitze den Aufenthalt in oder außer dem Hause fast gleich unerträglich machte, schlug Herr von Wolmar seiner Gemahlin vor, sich diesen Nachmittag freizunehmen und anstatt wie gewöhnlich bis zum Abend im Zimmer ihrer Kinder zu bleiben, mit uns in den Garten zu gehen, um frische Luft zu schöpfen.«

In Clarens gibt es offensichtlich viele Wolmars, ein Elysium grenzt an das andere. Hier sprießt das Pampasgras noch höher, blitzen die Zitronen noch gelber, repräsentieren die Zypressen noch vornehmer als in Vevey, und die Blätter des Ölbaums glitzern so silbrig, als hingen Geldstücke an den Zweigen. Nur die Schwäne haben sich zurückverwandelt in anmutige Duckenten; die grünen Erpelhälse glänzen im Sonnenlicht, vielleicht sind sie in Clarens mit Seide bespannt. Durch die Staketenzäune der Gärten schimmern Hollywoodschaukeln und Minigolfbahnen, ein Pavillon mit farbigen Glaswänden und betoniertem Säulengeländer hat unlängst noch Gäste beherbergt; die Tür steht sperrangelweit offen, und ein feingeputzter Knabe läuft ein und aus.

Auf der Mauer stehen Blumenschalen mit Löwenköpfen als Griffen; es schwellen Petunien, Akazien, Mimosen. An der Villa, in der Tiefe des Gartens, sind die roten und blauen Markisen eingezogen, hinter den Scheiben des Wintergartens, unter napoleonischen Fensterstürzen, geht eine Dame in gelbem Négligé auf und ab. Wilder Wein klammert sich an die Mauer an, mit roten Pfötchen. Hier sind die Blätter wie Finger, die Zweige wie Hände, die Äste wie Arme. Ein Kind kreischt hinter der Bruchsteinmauer, ein zweites spricht beschwichtigend auf es ein, dann ist eine Frauenstimme zu hören, womöglich die Stimme der Dame im gelben Morgenkleid, vielleicht die Stimme einer besorgten Julie.

Manche der Häuser haben sich in Hotels und Pensionate verwandelt: *Ermitage* und *Pensionnat Château Beau Cèdre* ist zu lesen, die Zeder wirft ihren Schatten auf eine Heckenrosenpergola, die grüne Wetterfahne der Ermitage weist nach Montreux. Der asphaltierte Uferpfad ist blank gefegt; ein Herr mit Hut sitzt auf der Kaimauer, er greift in eine Plastikflasche und wirft Brotkrümel vor die Schnäbel der Enten. Möwen neiden den Enten das Futter und fahren kreischend in den Pulk.

Ich wende mich ab und sehe über den Gärten und Villen die Hochhäuser, die Weinhänge, die Autobahnbrücken aufragen; überall verstrickt sich das Auge in engmaschiges Filigran, am Seeufer war es das Filigran der Mimosenzweige, auf den Häusern ist es das Filigran der Fernsehantennen. Ich spaziere hügelan durch die Rue du Port. Über die Straße neigt sich ein Baukran, die Arbeiter sprechen italienisch, spanisch, portugiesisch. Schon gibt es in den Charcuterien neues Sauerkraut und in den Buschenschenken frischen Wein.

Später sitze ich auf einer Bank an der belebten Straßenkreuzung Montreux–Lausanne–Autobahn. Das Licht der Ampel springt auf Grün; es jaulen die Motoren, es quietschen die Bremsen, es kläffen die Spitzpudel an den Leinen. Nur die beiden Porzellanhunde im Fenster der Kantonalbank stehen bleich und ungerührt. Auf Betonsäulen ruhen die elf Stockwerke des Hochhauses an der Rue du Lac; im Foyer, auf blitzblankem Marmorboden, steht eine Garnitur Ledersessel, an der resopalverkleideten Decke hängt das Ensemble einer modernen Ganzglasleuchte. Betteln und Hausieren sind verboten, auf dem Vorplatz kostet das wilde Parken dreißig Franken Strafe, im Wiederholungsfalle das Doppelte. Die beiden Windhunde aus dem Fenster der Bank sind lebendig geworden, sie trippeln am Doppelhalsband einer Damenkette.

An der Rôterie *La Chaloupe* steigt die Avenue Rousseau empor; sie beginnt am Busdepot und endet am Bahndamm; Béard fabriziert »Tout pour le ménage«, Mafioly stellt Fernsehapparate her. Die christliche Mission unterhält einen Kindergarten, Monsieur Gallarotti verkauft Antiquitäten. In seinem Schaufenster liegen alte Türschlösser und Schrankbeschläge, eine Taschenuhr mit römischen Ziffern und ein gewebtes Rokokopaar in ovalem Rahmen. Der Jüngling schwingt einen Spazierstock, die Dame trägt ein Hündchen auf dem Arm. Sind es Julie und St. Preux, lag einst hier Julies Wäldchen, oder ist es der lichte Hain unterhalb des Château des Crêtes, das der Architekt Dubochet um die Jahrhundertwende gebaut hat? Hinter Stahlstangen und Röhren, hinter Drähten und kopfgroßen Porzellanisolatoren steigt ein Park empor, der mich in Rousseaus Roman versetzt.

»Von Zeit zu Zeit fand ich dunkle Gebüsche, gleich dem dichtesten Walde den Sonnenstrahlen undurchdringlich. Sie bestanden aus Bäumen von geschmeidigstem Holze; man hatte die Zweige bis zur Erde niedergebogen und durch eine Kunst Wurzel fassen lassen, die dem natürlichen Wachstum der Maglebäume in Amerika ähnlich war«, schwärmt St. Preux, der immer noch nicht begreifen kann, daß Julie für ihn verloren ist. Eines Tages rudern sie in einem Boot nach Meillerie, das Clarens gegenüber am französischen Ufer des Sees liegt. Sie havarieren vor der Küste, retten sich ans Ufer, erquicken sich bei einem Forellenessen und steigen dann ins Gebirge auf, wo St. Preux eine einsame Klause kennt: »Ein aus geschmolzenem Schnee gespeister Sturzbach wälzte zwanzig Schritte von uns sein schlammiges Wasser bergab, unter Getöse Lehm, Sand und Steine mit sich führend ... Ein großer Eichenwald erhob sich zur Linken jenseits des Sturzbachs, und unter uns dehnte sich jene unermeßliche Wasserfläche aus«, schreibt St. Preux an seinen Freund und schildert seinen letzten verzweifelten Versuch, Julie zurückzugewinnen.

Immer noch gibt es den Fußpfad entlang des Gießbachs, zum La Joux sind es eine Stunde und 45 Minuten, zum Le Maravant anderthalb Stunden; eine gelbe und eine rote Markierung weisen den Weg. Huflattich und Spitzwegerich wachsen auf dem Pfad, der niederstürzende Bach ist in betonierten Becken gestaut, aus denen er durch Eisenrohre die Straße unterquert. Der Pfad führt an der Kirchhofsmauer entlang, Kastanien glänzen hellbraun, St. Preux' eingeritzte Liebesbotschaften sind durch farbige Markierungen ersetzt. »Als ich meine alten Merkzeichen wiedererkannte«, ließ er seinen Freund wissen, »da wäre mir bald übel geworden; doch ich überwand mich, ich verbarg meine Unruhe, und so kamen wir an.« Jemand hat auf den Wegweiser geschrieben: »La forêt n'est pas une poubelle. Merci!« Der Wald von Meillerie ist tatsächlich keine Mülltonne, der Efeu darf unbehelligt schlingen, das Immergrün ungestört blühen.

Der Wasserbehälter von Meillerie aus dem Jahre 1925 ist ein Eingang in das unterirdische Reich der Gnome, ein niedriges Rundbogentor ist fest verschlossen, das Holz der Tür fault in der Nässe, Moos wächst auf den Stufen, über den Schlußstein tropft der ewige Quell. Ich werfe einen Stein durch das Gitter, er schlittert über den Steinboden und wirft einen gellenden Hall zurück. Beim Abstieg ins Dorf gehe ich eng an der Friedhofsmauer entlang. Die Hortensien sind verblüht, die Friedhofsgänger haben sie über die Mauer geworfen. Hier schauen die Blüten künstlicher aus als die Plastikblumen auf den Gräbern.

Am gegenüberliegenden Ufer schaukeln die Segelboote von Montreux im Nachmittagslicht, die Weinhänge strotzen von Grün, wie Rousseau es liebte, ein Kiesschaufler kreuzt die Fahrrinne, er lärmt und zieht einen scharfen Keil ins Wasser. Die Mole von Meillerie umschließt ein winziges Bekken, in dem sich lauter grüne Boote tummeln. Die Möwen haben Rousseaus Schnepfen verdrängt, auch Schwäne und Enten sind in Vevey und Clarens geblieben. Die Möwen schnarren, manchmal raunen sie wie alte Matrosen, die von der Jagd nach der Seeschlange heimkehren. Die Fischnetze hängen über dünnen Stahlstangen, ein Junge in gelben Gummistiefeln gießt den Schwenkeimer über die Planken. Ich steige die steile Treppe zur Straße auf, es sind die Stufen, über die auch Julie und St. Preux gegangen sind, jetzt sind sie blau und abgewetzt, und Julies Schuh ist längst zur Reliquie geworden im Gedächtnis eines empfindsamen Zeitalters.

Der Nachmittag ist gekommen, ich fahre zurück. Als ich in Chillon ankomme, liegt Meillerie schon im Schatten der Berge. Auf das Wasserschloß fällt die frühe Abendsonne, über die Holzbrücke kommen die letzten Touristen ans Ufer. Die Eichenbohlen sind breit und dick, von Astknorren und tiefen Rissen zerklüftet, die härteren Fasern sind aufgewölbt wie Krampfadern, glatt und abgerieben von den Fußtritten der Schloßbesucher. Über die Brücke wölbt sich ein bemoostes Walmdach. Heute ist sie halbiert von einem Holzzaun mit Drehtür und der Aufschrift »Von 10 bis 12, von 13.30 bis 17 Uhr geöffnet, Hunden ist der Zutritt verboten.« Das Verbotsschild zeigt einen Pudel, mit rotem Mal durchgeixt. Im Wasser schwimmen Limonadedosen und Herbstblätter, aus bemoosten Mauerfugen quillt eine Akazie, über den Seeboden schleppen Ketten, die zwei Ruderboote halten.

Hier, im Wasser vor der Burg, endet die Geschichte von Julie; es ist ein trauriges Ende. St. Preux, inzwischen Hauslehrer der beiden Kinder Julies und Wolmars, erfährt es in einem Brief, als er auf einer kleinen Reise unterwegs ist. Julie, vom Landvogt eingeladen, weilt mit den Kindern in Chillon, für einen Nachmittag nur. Bei einem Spaziergang entlang der Uferböschung geschieht das Unglück. Fanchon Anet, St. Preux' Vertrauter, schreibt: »Der Herr Landvogt, der zurückgeblieben war, um mit jemandem zu reden, holte die Gesellschaft ein und reichte der gnädigen Frau den Arm. Um ihn anzunehmen, schickt sie mir Marcellin zurück; er läuft auf mich zu, ich laufe auf ihn zu. Im Laufen tut das Kind einen Fehltritt, der Fuß gleitet ihm aus, und es fällt ins Wasser. Ich stoße einen gellenden Schrei aus; die gnädige Frau kehrt sich um, sieht ihren Sohn fallen, springt wie ein Blitz herzu und stürzt sich ihm nach.«

Julie rettet das Kind, aber sie stirbt, wenige Tage später, an einer Lungenentzündung. Die Moral des 18. Jahrhunderts ist gerettet: Die Liebenden durften zusammen nicht kommen, der gesellschaftlichen Vorschriften wegen, wie schon nicht Abaelard und Heloise in der Geschichte aus dem 12. Jahrhundert. Auf dem Totenbett schreibt Julie an St. Preux: »Mein Freund, gerade zur glücklichsten Stunde scheide ich, mit Ihnen und mir zufrieden; ich scheide mit Freuden, und dieses Scheiden hat nichts Grausames. Nach so vielen Opfern erachte ich das letzte, das ich noch bringen muß, für gering.«

Es ist spät am Abend. Hoch über Chillon, hinter dem Autobahnparkplatz von Glion, ist ein Geläute zu hören. Ein Bauer führt seine vier Kühe heim. Rousseau sagte, ihm hätte eine einzige genügt, um glücklich zu sein. Ich schaue in die Sonne. Sie ist rund und rotbackig wie ein Granatapfel aus Julies Garten, aber nur für diesen Augenblick. Rasch fällt sie hinter die Bergkulisse und reißt den Himmel auf, der hinter dem roten Vorhang hervortritt wie der Hintergrund einer bewegten Rokokobühne.

Das ganze Deutschland soll es sein!

Im Südharz, an der B 27, liegt eine Batteriefabrik, die sich den verblichenen Charme eines Volkseigenen Betriebs bewahrt hat. Doch die Dörfchen entpuppen sich rasch aus ihren engen, unkommoden Hüllen. In Sorge hat sich das SED-Gewerkschaftsheim in ein Hotel *Sorgenfrei* verwandelt; in Elend entwickelt sich die elende Holperstrecke an der kalten Bode in eine stattliche Straßenkreuzung. Es sind die Verbundplatten, jene seltsam geformten, in sich geknickten weißen und rötlichen Hartgußsteine, die so wirksam ineinandergreifen und dauerhafte Gehsteige garantieren. Im effektiven Verbundpflaster wächst Deutschland gleichsam untrennbar zusammen.

Das kleine Café in Schierke ist gut besucht. Hinter dem Haus sitzen schwadronierende Wochenendausflügler unter Sonnenschirmen und besprechen die politische Lage. »Damals war nicht alles schlecht«, resümiert ein Herr mit weißem Lockenkranz und heischt Aufmerksamkeit mit erhobenem Zeigefinger, »fragen Sie die Leute auf der Straße, an der Bushaltestelle, im Betrieb, fragen Sie die Chefin.« »Der Mann hat recht«, erzählt die Wirtsfrau und streicht sich stolz über ihre weiße Schürze, »früher war hier alles vollbelegt. Alle vierzehn Tage Umschichtung, einmal Gewerkschaft, einmal Jugendgruppen, einmal Partei. Heute gibt's nur Tagestourismus, da ist allerdings viel los am Wochenende. Aber wer steht dafür ein, daß es auch so bleibt? Schauen Sie sich die alten Heime an: Das sind heute schicke Hotels, da können Sie sich einmieten, wenn Sie bei Kasse sind.« Die ganze niedrige Decke des kleinen Cafés hängt voller Brockenhexen, wir zählen mehrere Dutzend, jede trägt ein anderes Kleid, jede einen Besen zwischen den Beinen. »Hier bäckt die Chefin noch selbst«, steht von Hand auf einem Schild geschrieben:

Es duftet nach Erdbeeren, Himbeeren, gemischten Waldbeeren und starkem Kaffee. Wir bestellen einen Kräuter-Halbbitter, »Schierker Feuerstein«. »Probieren Sie den mal«, sagt die Wirtin, »nachher wollen Sie nur noch ›Schierker Feuerstein‹.«

In Warnstedt führt uns ein deftiges Abendessen in die eigene Vergangenheit zurück: Der Rosenkohl schmeckt nach Rosenkohl, die Pfifferlinge nach Pfifferlingen, das Hirschkalbsteak nach Hirsch. »Die heiße Waffel dauert eine Viertelstunde«, sagt der Kellner, und er meint es so. Es ist eine echte, keine vorfabrizierte Euro-Waffel. Sozialistisch geblieben ist das Tänzchen im Nebenzimmer: Deutscher Schlager, deutscher Sänger, deutscher Wechselschritt zum Klang der Hammondorgel. Hinterm Haus, sanft beleuchtet, liegt eine künstliche Steingrotte, Figuren aus Plastik sind vor einem kleinen Seerosenteich zur Szenerie erstarrt: ein Storch, ein Jäger, zwei angelnde Gartenzwerge. Die Goldfische an ihrer Angel zappeln im Abendwind.

In Quedlinburg, scheint es, gibt es noch das alte ottonische Pflaster. Vom Schloßgarten blicken wir über die ritzeroten Dächer der Stadt, zwischen denen die wuchtigen Doppeltürme aufragen. Am Abend wird Justus Frantz das Sinfonieorchester des Mitteldeutschen Rundfunks in der Schloßkirche dirigieren: Schuberts Unvollendete und Tschaikowskis e-Moll-Sinfonie stehen auf dem Programm. Junge Männer warten in der Schlange auf die letzten Karten, sie sind in Jeans und Gilets gekleidet, entweder kahlköpfig mit Ohrring oder langhaarig mit Schwänzchen. In einer Viertelstunde wird das Domschatzmuseum schließen. Eine Frau mit Haarknoten und Handtasche sagt zu ihrer Begleiterin: »Alex ist jetzt vierzehn, als er in die Schule kam und noch ganz von den Anschauungen seines Vaters überzeugt war, hat ihn weder Geld noch Gold interessiert, jetzt auf einmal will er unbedingt den Domschatz sehen.«

In der Heilige-Geist-Straße baut der Landkreis Quedlinburg ein multifunktionales Kulturzentrum, gefördert mit

Mitteln des Bundesministeriums des Innern, des Landes Sachsen-Anhalt und des Landkreises Quedlinburg. Schon ganz in Gelb mit schwarzem Fachwerk und mächtigem Erker auf Säulen zeigt sich das Geburtshaus Klopstocks, worin auch GutsMuths' neuzeitliche Körperkultur in einem Museum dokumentiert ist. Während wir durch die malerischen Viertel schlendern, wo vor mehr als tausend Jahren Herzog Heinrich, am Finkenherd sitzend, die Königskrone angeboten bekam, ist jemand damit beschäftigt, den Kofferraum unseres Autos aufzuhebeln. Zum Wagen zurückgekehrt, entdecken wir das malträtierte Schloß, bewundern wir die Technik von Opel, schmähen die Stümperhaftigkeit der Diebe.

»Warum diese Kerle das bloß machen«, klagt der Pächter der Minol-Tankstelle, »dabei brauchen wir jeden aus dem Westen, der hierherkommt und unsere Stadt sehen will. Viel zu viele aus dem Westen gehen in den Harz, wo die Höhlen sind, anstatt daß sie nach Quedlinburg kommen, wo die Kultur ist. Bei uns am Rathaus ist eine kleine Gasse, da können Sie in die Dachrinne fassen, die Häuser sind unter Erich von Polen restauriert worden, aber jetzt sind die Wessis gekommen, die wollen alles abreißen und ihre Geschäftshäuser bauen. Aber wenn die Kultur weg ist, kommt niemand mehr nach Quedlinburg.«

Auch wenn die Dörfchen an den hundert Windungen der Bode, viele Städte zwischen Quedlinburg und Wittenberg noch nicht von den stabilen Verbundsteinen zusammengehalten werden: Der Drang nach dem Wandel ist nicht zu übersehen. Am Eingang der Breiten Straße in Aschersleben steht auf einer Tafel geschrieben: »Rechte Zeit, schlechte Zeit / gehn vorüber allebeid'«, in Großpaschleben lesen wir an einem Haustor: »Frohes Schaffen!« Dessau will nicht zurückstehen: McDonald's hat sich in der Kavalleriestraße angesiedelt; auch in Kakau geht's aufwärts: Schlecker und Lidl verschönern den Ortsrand. Wittenberg ist nicht nur die Lutherstadt, für die sie sich ausgibt: An jeder Straßenecke grüßen Namen aus dem alten Realienbuch: Paul Gerhardt und Simon Dach, Florian Geyer, der Bauernführer, und Friedrich von Schönberg, der Verfasser des Schildbürgerbuchs, Peter der Große von Rußland und Carl XII. von Schweden.

Die 95 Thesen, die Martin Luther an die Tür der Schloßkirche angenagelt hat, sind für die Ewigkeit in Bronze gegossen wie Luther selbst und sein Mitstreiter Melanchthon auf dem Rathausplatz. »Wie heißt der?« fragt mich eine Frau und zeigt auf den schlanken Reformator im langen Pelzmantel. »Melanchthon? Nie gehört. Ist das ein Ausländer gewesen? Der kann unserem Luther die Hand wohl nicht reichen.«

Im Cranach-Hof restauriert die Deutsche Stiftung Denkmalschutz die Werkstätten des Malers Lukas Cranach des Älteren, die sein Sohn Lukas nach dessen Tod weiterbetrieben hat. Unter Schmant und Verputz kommt nach und nach das alte Gemäuer hervor, blitzen die roten Ziegel, glänzt der deutsche Kreuzverband. Im Café am Holzmarkt steht, vom Fußboden bis zur Decke reichend, ein mächtiger Baum mit Schmetterlingsblüten. Eine hoffnungsfrohe violette Schleife ist an den Stamm gebunden, unter dem Geäst sitzt ein älteres Paar. Die Frau liest dem Mann aus dem Quelle-Katalog vor, beim Anblick der vorgegaukelten Warenfülle glänzen ihre Augen, spielt ihre Zunge genüßlich mit der Oberlippe. Sie buchstabiert an einigen Wörtern herum, die sie vielleicht zum erstenmal in ihrem Leben vor Augen bekommen hat: Vielleicht ist das Wort »Accessoire« das schwierigste. Über den Heftrand hinweg kann ich nur Bilder von modischem Zubehör erkennen, Gürtelschnallen und Krawattennadeln, Fingerringe und Ohrklipse. Die Frau neigt sich dem Mann entgegen, flüstert ihm etwas ins Ohr, wirft sich dann mit einem Ruck gegen die Stuhllehne und sagt laut: »Nach fünf Jahren immer wieder etwas Neues! Wo das noch hinführen wird!«

Treuenbrietzen ist ein langgezogenes, behäbiges Straßendorf. Die Hauptstraße verzweigt sich an der neoklassizistischen Kirche, die jedem Durchreisenden besondere Aufmerksamkeit abverlangen muß, denn vor ihrem Säulenportikus thront Sabinchen auf dem Stadtbrunnen. Sabinchen, aus rostigem Stahl fabriziert, trägt Kapotthütchen und Küchenschürze, sieht gediegen und kreuzbrav aus und könnte als Musterstück eines unverwüstlichen Weibsbilds gelten, würde nicht eine Reliefplatte am Denkmalsockel auf ihr schlimmes Ende hinweisen: Darauf läßt sie den Löffel fallen und schwebt engelgleich im schwerelosen Raum. Wie oft lauschte ich als Kind der Moritat vom tugendhaften Frauenzimmer, dem ein versoffener Liebhaber zum Schicksal wurde:

Da kam aus Treuenbrietzen
ein junger Mann daher,
der wollte gern Sabinchen besitzen
und war ein Schuhmacher,

sang meine Mutter mit bedeutungsvoller Stimme; an dieser Stelle grauste mir immer schon vor dem schrecklichen Ende der Geschichte. Der versoffene Schuster bestahl Sabinchens Dienstherrschaft und schnitt dem armen Mädchen die Kehle durch, nachdem sie, aus dem Haus gejagt, den diebischen Liebhaber beschimpft hatte:

Das Blut zum Himmel spritzte,
Sabinchen fiel gleich um.
Der böse Schuster aus Treuenbrietzen,
der stand um ihr herum.

In einem dunklen Keller,
bei Wasser und bei Brot,
da hat er endlich eingestanden
die grausige Moritot.

Fluchtartig verlassen wir die Stätte, die auf einmal ihre behäbige Arglosigkeit verloren hat, und erreichen Potsdam im hektischen Nachmittagsverkehr. Es ist ein warmer Sonntag, mit Liebhabern der frühen Abendsonne und eingefleischten Nachzüglern, die immer den letzten Blick nach dem Schönen erhaschen wollen, drängen wir auf den sich leerenden Parkplatz an der Mühle von Sanssouci. Zuvor hatten wir uns in den Außenbezirken des Parks verfahren und fragten rückkehrende Sonntagsausflügler nach dem Weg zum Schloß. Ein alter Herr mit Honeckerhut gibt uns Auskunft, wir danken ihm freundlich, er lächelt verschmitzt und sagt: »Nix zu danken, drei Mark fuffzig, ick bin Vulgärsozialist jeblieben.«

Durch märkischen Heidewald führt eine Eichbaumallee nach Rheinsberg. Aus dem Waldboden sprießt hohes, hellbraunes Gras; die Böschungen sind mit blühendem Heidekraut übersät. Das Schloß am See ist eingerüstet, ein junger Schweizer Landschaftsarchitekt gräbt zwischen den Putten im Park nach dem Niveau des alten Rasengrundes. Obwohl er mit dem Spaten sticht und Wasen auswirft, als schaufele er sein eigenes Grab, fördert er im Gegenteil ein Stück zukünftige Erde zutage. »Der alte Boulingrin wird sich in einen tausendmal schöneren Parkrasen verwandeln«, schwärmt er und zeigt seine perlweißen Zähne. Für »Rasengrün« benutzt er das französische Wort aus einem Gedicht von Verlaine, das ich vor mehr als vierzig Jahren übersetzt habe: Der alte Faun aus den galanten Festen, eine grinsende Figur aus Terrakotta, die ein tanzendes Liebespaar beobachtet.

Von dieser Szenerie scheint Kurt Tucholsky inspiriert gewesen zu sein, als er in seiner Erzählung für Verliebte, dem kleinen Roman »Rheinsberg«, schrieb: »Am Spätnachmittag kamen sie an; es war heiß, vielleicht würde es abends ein Gewitter geben, sagte der Wirt. Sie gingen in den Park. An einem kleinen Rondell schimmerten weiße Figuren aus dem Blätterwerk. Ein Satyr lehnte an einem Baumstumpf, mit gesenkter Flöte, ein Faun stach eine fliehende Nymphe. Das Schloß leuchtete weiß, violett funkelten die Fensterscheiben in hellen Rahmen, von staubigen Lichtern rosig betupft, alles spiegelte sich im glatten Wasser. Baumgruppen standen da, rötlich-gelb beschienen mit schwärzlichen Schatten, sie warfen lange, dunkle Flächen auf den Rasen. Träge schob sich der See in kleinen Wellchen an die schilfigen Ufer.«

Auch der Parkplatzpächterin gefällt's in Rheinsberg, von Jahr zu Jahr besser. »Ich war schon vor der Wende hier und hab' die gleiche Arbeit getan«, erzählt sie und stemmt die beiden Arme in die Hüfte, »es war immer was los mit Gruppen und Brigaden. Aber seit der Wende geht's gewaltig aufwärts mit dem Tourismus aus dem Westen. Jedes Jahr etwa zweihundert Prozent mehr Umsatz, ist das nix? Da freut sich doch das Finanzamt, und ich freu' mich auch.«

»Zwischen flachen, nur an einer einzigen Stelle steil und kaiartig ansteigenden Ufern liegt er da, rundum von alten Buchen eingefaßt, deren Zweige, von ihrer eigenen Schwere nach unten gezogen, den See mit ihrer Spitze berühren.« Mit diesen Worten beschreibt Theodor Fontane den Stechlin, einen der Seen, der hart an der mecklenburgischen Grenze liegt und nach hundert Jahren immer noch nichts von seiner Stille und Unberührtheit eingebüßt hat. Nur wenn es auf Java zu rollen und zu grollen beginne und der vulkanische Aschenregen bis weit auf die Südsee hinausgetrieben werde, springe hin und wieder ein Wasserstrahl aus dem Stechlin empor, schreibt Fontane, beim Erdbeben von Lissabon sei statt des Wasserstrahls sogar ein roter Hahn aus dem See aufgestiegen.

Es ist zwar jetzt im September genauso still wie zu Fontanes Zeit, als wir nach einem Spaziergang durch das Dorf Neuglobsow ans Ufer des Stechlin treten, doch die Silhouette des Buchenwalds zeigt einen winzigen Makel: Über den Waldrand ragt die Schornsteinspitze eines Atomkraftwerks, und wenn es demnächst einmal zu einem unterirdischen Rumoren und einem aufschießenden Wasserstrahl kommen sollte, wären sicherlich Ausbrüche hawaiischer Vulkane daran schuld.

In Neuruppin, auf neoklassizistischer Steinbank, sitzt Theodor Fontane, ein Bein über das andere geschlagen, dauerhaft in Bronze gegossen. Er ist mit Weste und Mantel bekleidet, trägt die Halsbinde unter dem Vatermörder und hält den Stift in der Rechten. Fontane schaut zur Seite, wo rechts neben ihm Schal, Hut und Stock auf der Banklehne abgelegt sind. Es ist ein episches Denkmal und erzählt die Geschichte des von einer märkischen Wanderung zurückgekehrten Dichters, der nun dasitzt und nach dem besten Ausdruck sinnt, die Höhepunkte seiner Erlebnisse zu formulieren.

Das idyllische Seeufer, von den Zweigen einer alten Linde überschattet, ist Treffpunkt der Penner. Einige flezen sich auf den Bänken der Strandpromenade, andere stehen drum herum und führen das große Wort. »Es geht aufwärts«, sagt ein alter Graukopf zu mir, »zu Erichs Zeiten konnten wir uns nur den billigen Fusel leisten, heute gibt's die handlichen Fläschchen aus dem Westen mit den hochprozentigen Sachen.« Wir übernachten im Hotel *Zum alten Siechenhospital.* Die beiden jungen Besitzer haben das mittelalterliche Altenheim renoviert und nun auch die Genehmigung erhalten, das »Uphus«, Neuruppins ältestes Gebäude, fach- und sachgerecht herzurichten. »Das war einst offenes Haus für alle Notleidenden«, sagt der junge Hotelier, »dahinein kommt jetzt die Gaststätte.«

Noch einmal der Aufmarsch der Brigaden: Im Strandhotel von Binz rücken die Seniorengruppen zum Abendessen in die Speisesäle ein: Warteschlangen bilden sich vor der Salattheke, Ellbogenkämpfe entbrennen an den Tischen, noch hat sich der Pensionstisch nicht zur Table d'hôte entwickelt. Wir fliehen in die Bar. Auch der Barkellner hat die jahrelang eingeübten Allüren konserviert. Er putzt Biergläser, statt zu bedienen. Nach einer Weile nimmt er die Bestellung auf, bringt aber, nach unserem Gaumen und unserer Zunge, ein Viertel Edelzwicker statt einem Viertel Chablis. Entweder hat er den Unterschied nicht kennengelernt und läßt sich täuschen vom raffinierten elsässischen Gebrauch des Wortes »Edel« in »Edelzwicker«, oder hält er den Gast für geschmacksunsicher, ja geschmacksschwach? In der Bar schmeckt der Chablis wie Edelzwicker, im Restaurant der Bordeaux Blanc de Blancs wie Gewürztraminer. Was ist mit dem Wein auf Rügen los? Und welche Rolle spielt der Kellner? Verwechselt auch der Restaurantkellner die Weine aus mangelnder Unterscheidungsfähigkeit, oder tut er es aus Böswilligkeit, um den Gast zu betrügen? Oder schmecken die Weine auf Rügen immer anders als sonstwo?

Die Kellnerin serviert das Menü. Eine Überraschung: Vorzüglich schmeckt die gebratene Scholle, ein Meisterstück des Kochs. Wie ein unwiderlegbares Gegenargument stopft sie unser Lästermaul. Am Nebentisch macht sich eine resche Frührentnerin bemerkbar. Sie unterhält ein geduldig lauschendes Ehepaar mit durchdringender Stimme, lautstark setzt sie ihre Akzente, ihre schrillen Stakkati gehen durch Mark und Bein: Eine quäkende Schalmei. »Die Freiheit, die Freiheit!« ruft sie aus, »ich habe die Freiheit ausgenutzt, die ich bekommen habe. Aber nach vier Jahren ist alles abgeklappert, was ich mir vorgenommen habe: Ich war zweimal in Mallorca und zweimal in der Türkei. Und jetzt? Das gemütliche Leben, das ich in der DDR hatte, ist zu Ende und das aufregende nach der Wende auch. Was soll ich mit der Freiheit anfangen?«

Auf dem Nachttisch liegen »Botschaften der Menschlichkeit« von Seneca bis Dostojewski, von Heraklit bis Oscar Wilde. Ein Spruch von Stifter lautet: »Die großen Taten der Menschen sind nicht die, welche lärmen. Das Große geschieht so schlicht wie das Rieseln des Wassers.« Das Rieseln des Wassers? Im Zimmer stinkt's nach der Kanalisation. Ein Schild auf der Toilette empfiehlt Stoppspülen: »Drücken Sie bitte kurz nach Spülbeginn erneut die Taste, wenn nur wenig wegzuspülen ist!« So ist die Welt: Sie wird immer stinkiger, weil sie am Wasser spart.

Stubbenkammer auf Rügen: Als Kind habe ich mit abenteuerlicher Neugier das Foto mit den beiden Kreidefelsen im alten

Schulatlas betrachtet, später, als kunstinteressierter Schüler, entdeckte ich die Felsen auf einem Gemälde von Caspar David Friedrich wieder. Diesmal sah ich sie in Wirklichkeit. Wir standen dort, wo der Maler seine Staffelei aufgebaut hatte, und wir waren zu dritt, wie auf dem Bild: Ein fremder Mann ging uns vom Königsstuhl über die sanfte Mulde zu der benachbarten Klippe voran, von Zeit zu Zeit schaute er durch sein Fernglas nach den Schiffen, die auf die Ostsee hinausfuhren. Der Kreidefels ist weiß, mit einem zarten Stich ins Gelbe, wie Caspar David Friedrich ihn gemalt hat. Jeder Blick durch das tiefhängende Gezweig ist ein Malerblick, prachtvoll, ein bißchen unwirklich. Tief unten über den Wipfeln des Buchenwalds fliegen die erwachten Nachtvögel, draußen auf dem Meer stampft die Autofähre von Saßnitz nach Trelleborg und erinnert mich an ein Gedicht von Gottfried Benn, worin es heißt: »An jedem Abhang lehnt ein Glück.«

Bei der Rückkehr sind wir allein mit dem Fahrer im Pendelbus, der jede Viertelstunde vom Autoparkplatz zu den Felsen hinüberfährt. »Im Jahr 92 hat der Tourismus eingesetzt«, erzählt er, »früher gab's nur Feriengäste auf Rügen, die Jahr für Jahr wiederkamen. Aber die wollten ja nicht jedes Jahr auf den Königsstuhl kommen. Jetzt strömt jährlich eine ganze Million nach den Felsen und bringt viel Geld auf die Insel. Das ist schön, und das ist ja auch ganz in Ordnung so. Aber was mir zu denken gibt, ist zweierlei: Woher haben solche Leute wie Krause auf einen Schlag so viel Geld, um Häuser und Ländereien zu kaufen? Und zum anderen die Rolle, die von Anfang an die PDS spielt. Ob CDU oder SPD, keiner kommt an der PDS vorbei. Wenn ihr im Westen wüßtet, wie die PDS bei uns hier in den Gemeindeparlamenten die Puppen tanzen läßt, dann würden euch die Augen endlich einmal aufgehen. Schauen Sie sich das Wahlprogramm der PDS einmal genau an!«

Wir fahren quer über die Insel zurück zum Rügendamm, passieren Naturparks, berühren Vogelschutzgebiete, streifen das Biosphärenreservat. Wir fahren auf buckligem Katzenkopfpflaster, tauchen in schattige Alleen ein, verlieren uns zwischen Dörfern und Dünen im welligen Land. An Zeitungskiosken prangt das Boulevardblatt mit den großen Buchstaben: »Killerwal vor Rügen!« So fahren wir, wie es ein Aufkleber auf einem Stralsunder Kombiwagen anrät: »Zurück zur Natur – aber nicht zu Fuß!«

»Was ist des Deutschen Vaterland?
Ist's Preußenland? Ist's Schwabenland?
Ist's, wo am Rhein die Rebe blüht?
Ist's, wo am Belt die Möwe zieht?«
»O nein, nein, nein,
sein Vaterland muß größer sein!«

»Das ganze Deutschland soll es sein!
O Gott, vom Himmel sieh darein
und gib uns rechten deutschen Mut,
daß wir es lieben treu und gut!
Das soll es sein!
Das ganze Deutschland soll es sein!«

Zwei Strophen eines vaterländischen Liedes von Ernst Moritz Arndt, vor hundertachtzig Jahren entstanden, scheinbar prophetisch zugeschnitten auf das wiedervereinigte Deutschland von heute. Doch bei aller Leidenschaftlichkeit seines Auftretens für politische Freiheit und Einheit aller Deutschen in der Frankfurter Nationalversammlung von 1848 hat Arndts Pathos anfänglich zu einem überhitzten Patriotismus aufgeputscht, danach eine verblasene Deutschtümelei eingeleitet. Geboren in Schoritz, einem Bauerndörfchen auf Rügen, hat Arndt in Greifswald studiert und den Professorentitel erworben mit der Schrift: »Historisch-philosophische Erörterung, die einige Gründe aufstellt, mit denen die Zivilisation gegen die Einfälle Rousseaus und anderer verteidigt werden könnte«.

In Garz, nicht weit von seinem Geburtsort entfernt, wurde

1929 ein Museum gebaut, das Leben und Wirken des Dichters und Historikers dokumentiert. In den Vitrinen bestaunen wir Haararbeiten seiner Mutter und Stickereien seiner Schwester, Geldbörse und Brieftasche, Notizbücher und Schnapsflasche. Auf einer Zeichnung spitzt er die Feder, um sein Buch »Geist der Zeit« zu schreiben, worin es heißt: »Tyrannen und Könige werden Staub, Pyramiden und Kolosseen zerbrökkeln, Erdbeben und Vulkane, Feuer und Schwert tun ihr Amt, das Größte verschwindet; nur eine Unsterbliche lebt ewig, die Wahrheit.«

In dem Kampflied »Des Deutschen Vaterland« gibt es zwei Zeilen, die der Philosoph Nietzsche wegen eines fälschlich gesetzten Kommas am Ende des Verses mißverstanden hat. »Soweit die deutsche Zunge klingt / Und Gott im Himmel Lieder singt« verstand Nietzsche nicht als »die Gott im Himmel Lieder singende deutsche Zunge«, sondern er meinte: »Wie wenig gehört zum Glücke! Der Ton eines Dudelsacks. – Ohne Musik wäre das Leben ein Irrtum. Der Deutsche denkt sich selbst Gott liedersingend.«

Wir fahren durch Pommern und die Uckermark. Klosterruine Eldena, mit reich verzierten Spitzbogen, Pfeilern und Risaliten, im brandroten Backstein aufgemauert, ist einst ein romantisches Motiv für Caspar David Friedrich gewesen. Im frischgrünen Gras, zwischen alten Eichen und Platanen, spielt eine junge schwarze Katze, springt über die belebte Straße und rennt mit gestreckten Pfoten ins *Bistro*, in dem es zu Mittag heiße Kartoffelpuffer gibt. »Haben Sie schon mal was vom heiligen Hubertus gehört?« fragt die Wirtin, die vor zwei Jahren erst die kleine Schenke eingerichtet hat. »Schauen Sie hier auf dem eingerahmten Plakat das Jägermeisterkreuz über dem Hirschkopf! Dafür hab' ich mich entschieden. Ich brauchte nicht wie viele andere Hammer und Sichel dagegen einzutauschen.«

Auf dem Friedhof von Ziethen, einem Dörfchen vor Anklam, sitzt die alte Küsterin auf einer Bank und hält den

Schlüssel der Kirche auf dem Schoß. Die Gräber ringsum sind mit peinlicher Akkuratesse gepflegt, die Erde gehäckelt, die Blumen gegossen, die Wege zwischen Gräbern mit dem Rechen geriefelt. »Mit dem Namen unseres Dorfs täuschen Sie sich«, sagt die Küsterin zu mir, »der hat nichts mit dem Reitergeneral des Alten Fritzen zu tun. Hier bei uns gab's nie was Besonderes. In der Kirche haben wir einen alten Taufstein, aber dafür aufzusperren lohnt sich nicht. Da sind Sie vergebens gekommen.«

Neben dem Kirchentor ist ein älteres Paar damit beschäftigt, das Grab eines Angehörigen von Grund auf zu renovieren. Der Mann fährt mit der Schubkarre, die Frau schleppt Steine und Kisten mit Blumen, sie sieht uns bei der Küsterin stehen, stellt ihre Kisten ab und kommt herunter ans Friedhofstor. »Ich bin aus Hinterpommern und hab' im Winter 45 vom Iwan fortgemacht. Was nach dem Krieg hier in Ziethen passiert ist, hab' ich alles mitgekriegt. Wie man die Verhältnisse auch sieht, es läuft immer aufs selbe hinaus. Bei uns in der LPG haben die Bonzen geklaut wie die Raben, dann haben's die Landarbeiter auch getan, aber sie hatten wenigstens ihre Arbeit und bekamen Geld dafür. Nur was Gescheites zu kaufen gab's nichts unter Erich. Nach der Wende hat ein junger Mann das alte Gut gepachtet, aber um es zu bewirtschaften, braucht er statt zwölf nur noch fünf Leute. Die andern sitzen rum und halten sich am Bierglas fest. Zu kaufen gibt's jetzt alles, aber woher das Geld nehmen?«

Vor Pasewalk steht an der Straße ein prächtiges Oktogon von Villeroy und Boch: Zugleich Ausstellungspalais für Porzellan und postmodernes Gotteshaus der freien Marktwirtschaft.

»Was hat Sie denn um Himmels willen nach Angermünde verschlagen?« fragt uns ein Fahrradfahrer, der sein Rad vor sich herschiebt und verwundert das Nummernschild unseres Autos betrachtet, aus dem wir gerade ausgestiegen sind. »Man muß sich ja schämen, was wir für einen Saustall hinterlassen haben! Die schönen alten Häuser sind total vergammelt, das Rathaus eine häßliche Baustelle, die Klosterkirche eine Lagerhalle für allerhand Mist der letzten vierzig Jahre. Und Sie kommen von so weit her, um sich das auch noch anzuschauen? Das begreif' ich nicht.«

Wir spazieren durch die Stadt, bewundern die Renaissance- und Barockfassaden, bedauern ihren miserablen Zustand. Ein Tabakhändler steht vor seiner Tür, wir kommen mit ihm ins Gespräch. Ohne Umschweife erklärt er uns: »Was heißt hier Aufschwung? Die ersten, die aus dem Westen kamen und uns das Geld aus der Tasche ziehen, sind die Banken und Sparkassen, die in jedes Kaff eingezogen sind, und die Autohändler vor den Städten, die uns gesagt haben: Geht auf die Bank, leiht euch Geld für ein schönes neues Auto, und schon fühlt ihr euch besser. Aber wie sollen das die Leute machen, wenn sie keine Arbeit haben? Was wir brauchen, sind keine Banken und Einkaufscenter, sondern Firmen, die neu gegründet werden und Arbeit geben. Dann wird's auch bald wieder anders aussehen in Angermünde.«

Am frühen Abend fahren wir durch den Görlsdorfer Forst zum Wolletzsee, der nach der Karte irgendwo hinter hohen Kiefern im Talgrund liegt. Der Wald ist finster und menschenleer, der See bleibt fern und unsichtbar, und unsere Fahrt wird von Baum zu Baum, von Graben zu Graben mehr und mehr eine gespenstische Suche nach einem Landschaftsgebilde, das es vielleicht nur auf unserer Straßenkarte gibt. Hinter Bäumen verborgen liegt eine Fachklinik für Herzkranke. Die Patienten, bleich und mit starren Blicken, stapfen in Jogginganzügen über die Gehsteige, schattenhafte Kreaturen, versteckt vor den lüsternen Blicken ihrer Nachbarn.

In Angermünde knallt's nur so auf der Weinkarte. Eine Strophe aus Schillers Lied »An die Freude« beschwört einen Geist, der allmählich heranreift für alle:

Freude sprudelt in Pokalen,
In der Traube goldnem Blut

Trinken Sanftmut Kannibalen,
Die Verzweiflung Heldenmut.
Brüder, fliegt von euren Sitzen,
Wenn der volle Römer kreist,
Laßt den Schaum zum Himmel spritzen:
Dieses Glas dem guten Geist!

Mit einem Wahlprogramm der PDS sitze ich in einer Wirtschaft in Pasewalk und versuche, das Schriftstück zu lesen – vergebens. Der Busfahrer auf Rügen hat es gut mit mir gemeint: Ich sollte mir das Programm einmal vornehmen, damit ich mir ein Bild machen könne von Absichten und Plänen der PDS. Da saß ich nun und las den Satz: »Es geht um das Auftreten gegen eine Renaissance des Sozialdarwinismus im Gewand der Bioethik, die den Menschen nur als biologische Kalkulationsmasse bewertet.«

Zwar aus dem Zusammenhang gerissen, nehme ich Buchstaben für Buchstaben, Wort für Wort, Satz für Satz sorgfältig in mich auf, doch irgend etwas behindert mich, hemmt meine Lektüre, dringt nicht mit notwendiger Überzeugungskraft in mein Hirn ein. Warum scheitere ich auch beim zweiten Anlauf? Bin ich zu ungeduldig? Bin ich zu dumm? Auch der dritte Versuch mißlingt mir, doch nun geht mir ein Licht auf: Es ist ja nicht der Inhalt des Programms, es ist seine sprachliche Beschaffenheit, die mich anwidert und davon abhält, weiterzulesen. Doch würde es mir womöglich nicht mit jedem anderen Wahlprogramm jeder anderen Partei auch so ergehen? Ist etwa das Verhalten des Staatsbürgers Ludwig Harig der Sprache eines Wahlprogramms gegenüber von Grund aus verdorben vor lauter Empfindlichkeit und literarischer Prüderie, oder ist die Sprache eines Wahlprogramms tatsächlich so platt abstrakt und begriffsbezogen, daß es vor lauter Sachlichkeit für mich unlesbar ist?

Was ich verabscheue, sind nicht die unvermeidlichen Fremdwörter, von denen es ja zahlreiche gibt, die längst eingedeutscht sind, weil unsere Sprache keine eigenen Wörter für bestimmte Sachverhalte gebildet hat. Nein, es ist das hüben und drüben gleich gräßliche, stromlinienförmige Begriffsdeutsch, das mich abstößt, in den neuen Ländern ein nach bundesrepublikanischen Beispielen weiterentwickeltes latinisiertes, substantiviertes Neuenglisch, das von Amerika aus unaufhaltsam mit Waren und Wertvorstellungen herüberschwemmt und sich auch schon im Journalisten- und Politiker-, ja sogar im Wissenschaftlerdeutsch niedergeschlagen hat.

Pasewalk, mit Hospital und Stadtbefestigung aus dem 15. und 16. Jahrhundert, ist geschichtsträchtig geblieben bis in unsere Zeit: Als er seine Gasvergiftung hier im Reservelazarett auskurierte, hat Adolf Hitler damals den Entschluß gefaßt, Politiker zu werden.

Als wir durch Prenzlau fuhren, dachte ich an meinen Vater: Prenzlau war die Garnisonsstadt seines brandenburgischen Regiments. 1918, nach seiner schweren Verwundung vor Verdun, die er hier auskurierte, kehrte er nach Hause zurück, 22jährig. Ich sah den Bahnhof, das Lazarett, das Ufer des Ueckersees, wo er vor einer Mühle photographiert wurde: Ich konnte nichts finden, was mich an ihn erinnert. Er war zu jung, um Vater zu sein.

Hinter Angermünde unscheinbare, oft nur aus wenigen Häusern bestehende Dörfchen am Straßenrand und in der näheren Umgebung: Ihre Namen erinnern an Schlachtorte des Siebenjährigen Krieges. Wenn sie auf »itz« oder »ow« enden, klingen die Namen nach Zigeunerbaronen und Figuren aus dem Eiskunstlauf. Zuweilen SS-Runen auf ein Holztor gemalt, allenthalben eine Wolfsangel auf eine Mauer geschmiert. Eine Schulklasse ist auf dem Weg zur Ökowiese. Rübenfelder, Sonnenblumenfelder, Getreidefelder sind abgeerntet, ein Traktor ackert für die neue Saat. Die Erde glänzt im Frühlicht, in dem das Gasthaus *Zur Oderbruchperle* tatsächlich wie ein Juwel hervorschimmert.

Unsere Fahrt durch Schorfheide und Oderbruch führt uns

entlang schmuckloser, weltabgelegener Siedlungen, die dennoch unsere Aufmerksamkeit erregen: Fällt erst einmal ein Orts- oder Familienname, der das Gedächtnis mobilisiert, belebt sich die Landschaft mit plastischen Figuren. Die Mauern von Kloster Chorin liegen blaßrot in der Morgensonne, noch ist der Pförtner nicht erschienen, doch das Tor steht offen, und wir schlendern mutterseelenallein durch den romantischen Ruinenbezirk. Erst im Abendlicht wird der fotogene Westgiebel der Kirche in seinen märchenhaften Gelb- und Rotfarben erstrahlen.

Lebus an der Oder ist der Geburtsort des Dichters Günter Eich.

> Die Fähre in Lebus und das Haus
> rechts der Oder, wo ich geboren bin,
> die Schmiede in Podelzig und die Erzählungen
> der Großmutter, die den Mörder Sternickel sah,
> die Ferne fährt in Kähnen vorbei,
> gleichgültig und mit Flaggen am Bug.

Hier, scheint es, ist Deutschland mit Brettern zugenagelt. Es gibt keine Brücke nach Polen hinüber, die Ufer sind versumpft, versandet, zwischen Bruchsteinen am Boden blühen Sumpfdotter und Knöterich, ein Frosch quakt, Fische springen aus dem Wasser. Schon ist der Pferdeampfer verdorrt, der Dichter längst im Bayrischen begraben, kann den Wechsel der Jahreszeiten nicht mehr besingen. In seinem Odergedicht heißt es:

> Aber hier wurden die Stunden in Wasser verwandelt,
> meine Jahre wachsen als Gras,
> aus Augenblicken baute man Häuser.

Die Rathausfassade von Frankfurt an der Oder ist ein weltliches Chorin. Hier wurde der Dichter Heinrich von Kleist geboren. Im Museum sind Waffenrock und Schreibgerät, Bücher und Miniaturen, Möbel und Bühnenmodelle in Vitrinen ausgestellt. An der Wand hängen Kleist-Porträts aus allen Zeiten, Slevogts von 1911, Ursula Mattheuers von 1976 und Schadows Gesichtsmaske. Über einer Tür lese ich Kleists Worte von 1805, die mir als Leitgedanke für diese Reisegeschichte dienen: »Es kommt überall nicht auf den Gegenstand, sondern auf das Auge an, das ihn betrachtet.« Auch ein Zitat aus einem Brief an seine Braut Wilhelmine von Zenge gibt mir zu denken: »Vor kurzem ward ich mit der neueren sogenannten Kantischen Philosophie bekannt – . . . Wir können nicht entscheiden, ob das, was wir Wahrheit nennen, wahrhaft Wahrheit ist, oder ob es uns nur so scheint.« Die Beschließerin des Museums ist erst seit kurzem angestellt. »Seit 1969 gibt es das Museum«, sagt sie, »und da hat sich bis heute nichts geändert.«

Ein paar Schritte weiter hängt die Friedensglocke, 1953 aus Anlaß der Unterzeichnung des Vertrags mit Polen über die Oder-Neiße-Grenze gestiftet, in gemauertem Turm vor dem Oderufer. Bauarbeiter, beim Verlegen der neuen deutschen Verbundsteine, erklären mir das unübersehbare Vorhandensein eines schwarzrotgold gestreiften Grenzpfahls: »Dieser Pfahl ist nicht symbolisch gesetzt. Hier ist leider unsere Ostgrenze, solche Pfähle können Sie entlang der ganzen Oder-Neiße-Grenze sehen.« Zwischen Friedensglocke und Rathaus, auf den Bänken der unteren Fußgängerzone, hat sich eine Handvoll Neonazis versammelt. Sie sind in schwarzes Leder gekleidet, großgewachsen und kahlgeschoren, einer trägt Handschellen am Gürtel. Auf meine Frage, was er damit zu tun gedenke, antwortet er: »Das kannst im Klartext hören, Opa: Die Handschellen sind für die Polacken, die wir heut nacht aufmischen. Und jetzt zisch ab! Mach bloß nicht den Klugscheißer und zieh den Leuten aus der Nase, was dir in den Kram paßt!«

Bei der Einfahrt nach Eisenhüttenstadt beeindruckt die kilometerlange Reihe der Hochöfen, Schornsteine, Kühltürme, das notdürftig plombierte Gebiß des Leviathans der sechziger und siebziger Jahre. Die Menschen, die ihn gefüttert und die er in seinen Eingeweiden genährt hat, spuckt er wieder aus. Zum Skelett wird er abmagern und jeder von ihm Genährte auch. »Anfang der fünfziger Jahre wurde die Stadt gegründet«, erzählt mir ein Angestellter, der jetzt arbeitslos ist, »zuerst hieß sie Stalinstadt, dann Eisenkombinat Ost und schließlich Eisenhüttenstadt, worauf wir alle stolz waren. Aber von den zwölftausend Beschäftigten sind nur dreitausend übriggeblieben, und es wird noch weiter abgebaut. Was aus der Stadt werden soll, sehen Sie ja: Ein westdeutsches postmodernes Verkaufszentrum für Leute, die kein Geld in der Tasche haben. Was Sie hier auf der Straße fahren sehen, sind zwar alles neue Autos, aber für das bißchen Verkehr ist die Straße viel zu breit. Vor der Wende war sie gerade breit genug, so viel Trabbis und Wartburgs und Skodas sind hier gefahren. Vor zwei Jahren ist sie durch die modernen Läden halbiert worden, das ist das Ende vom Lied.«

Hinter breiter Freitreppe thront im sozialistisch-klassizistischen Stil das Friedrich-Wolf-Theater mit der Feierlichkeit eines griechischen Tempels. Am Rande der Treppe steht eine nackte Arbeiterkleinfamilie in Bronze, Vater, Mutter und Söhnchen wie einst vor den nationalsozialistischen Tempelbauten. Aus Bussen werden Hunderte von Kindern in das Kino geführt, das im Theater untergebracht ist. »Familie Feuerstein« wird gespielt, das unverwüstliche Märchen von der Großfamilie im Steinzeitlook. »Keine Bonnmanie!« steht auf der Wand des *City-Cafés* gesprayt: Die Eisenhüttenstädter warnen sich selbst vor der Wiedervereinigungsgefahr.

»Es war nicht alles schlecht in der DDR«, fährt der Angestellte mit seiner Erzählung fort, »und wenn Erich Honecker erst alles gewußt hätte, was hinter seinem Rücken geschah, wäre vieles noch weniger schlecht gewesen. Lesen Sie mal die Briefe an Erich, die zur Zeit in ›Bild‹ abgedruckt sind. Meinen Sie, Erich hätte zugelassen, daß Kinder auf blanken Matratzen schlafen mußten, wenn er's gewußt hätte?«

Wo die Lindenallee auf die Ausfallstraße stößt, lesen wir:

»Dieser Stahl ist hier gekocht. So wird es bleiben.« Ein trotziger Spruch auf einem mächtigen Stahlblock, der aber schon Rost angesetzt hat.

Nach einer Lesung aus meinem Roman »Ordnung ist das ganze Leben« im Forum der »Lausitzer Rundschau« in Cottbus kommt ein lebhaftes Gespräch zustande. Zwei Schriftsteller, die schon vor der Wende enge Kontakte zu Saarbrükker Literaten unterhielten, sitzen beim Geschäftsführer der »Rundschau« am Tisch, einem kompakten, fröhlichen Saarländer, der den Cottbuser Aufschwung enthusiastisch begrüßt. »Hier in Cottbus sind zweiundvierzig Kräne im Einsatz!« ruft er aus, und seine hellen Augen glänzen.

Der Kollege, ein guter Freund, wollte sich dem Konkurrenzkampf des Literaturbetriebs entziehen, er ließ sich umschulen und arbeitet als Sozialarbeiter in der Altenpflege. Die Kollegin, vor der Wende noch Stadtschreiberin von Saarbrükken, beklagt den Zusammenbruch der frühen Wendeeuphorie der Westdeutschen. »Oder seid ihr eingeschnappt, weil ihr die Ergänzungsabgabe zahlen müßt?« fragt sie. »Wenn ich diese Ergänzungsabgabe zahlen müßte, hätt' ich die Schnauze von der Wiedervereinigung auch voll«, gesteht ein Herr mit grauem Bart und elegant gezwirbeltem Schnauzer, »mit diesem Wort will man euch die Augen zuschmieren. Sie ist am Ende aber nichts anderes als eine Steuer, die euch aus der Tasche gezogen wird, damit Kohl das Loch stopfen kann, das in der Staatskasse entstanden ist, als er erst den guten Umtausch und jetzt den flotten Aufschwung damit bezahlt hat. Aber Lügen haben kurze Beine.«

Er gibt sich philosophisch und entlarvt den Aufruf zur Solidarität als scheinheilige politische Devise für die Wessis und den Zwang zur Ergänzungsabgabe als demütigende Handhabe gegen die Ossis. Er präzisiert: »So wie einst der Sozialismus die Beschaffenheit der menschlichen Natur falsch eingeschätzt hat aus ideologischer Überspanntheit, appelliert jetzt das freie Marktdenken fälschlicherweise an die menschliche Solidarität. Auch wir hier müssen uns selbst aus dem Dreck ziehen wie ihr damals in den Fünfzigern. Wir müssen uns ohne falsche Hilfe und geheucheltes Mitleid dem Wettbewerb und Konkurrenzkampf stellen. Wir waren Schafe unter Schafen, jetzt müssen wir Wölfe unter Wölfen sein.« Er hat den Philosophen Thomas Hobbes gelesen und weiß, daß der Drang nach Genuß den Menschen beherrscht. »Zur Selbsterhaltung ist jeder Mensch seinem Mitmenschen ein Wolf«, sagt er, »aber das hat Marx nicht begriffen, und wir waren als Marx-Gläubige die Dummen.«

»Euphorie hin, Ergänzungsabgabe her!« ruft der saarländische Geschäftsführer mit den optimistischen Augen. »Zweiundvierzig Kräne in Cottbus: Hier jedenfalls hat der Aufschwung Ost längst schon begonnen.«

Über den Roten Nil dringen wir in den Spreewald ein. An seinem nördlichen Rande, auf dem Friedhof von Märkisch Buchholz, liegt Franz Fühmann begraben, Schriftsteller und gutes Gewissen der aufkeimenden DDR-Bürgerrechtsbewegung der frühen achtziger Jahre. Sein Grabstein, zwischen Geranien und Fleißigen Lieschen, zitiert testamentartig den Satz: »Ich grüße alle jungen Kollegen, die sich als obersten Wert ihres Schreibens die Wahrheit erwählt haben.« Doch was ist oberster Wert, was ist Wahrheit? Im krassen Relativismus der Zeit beschwört Fühmanns Gebrauch des Wortes ein hohes Maß an Allgemeingültigkeit, erinnert, von der ganz anderen Seite her, an Ernst Moritz Arndts heftigen, uneinschränkenden Anspruch und leugnet zugleich Kleists philosophische Zweifel. Der Gipsengel auf Fühmanns Grab trägt Rosen in der linken Armbeuge, es sind echte Rosen, doch der rechte Flügel ist in der Mitte abgebrochen, und der Sturz des Engels ist nicht aufzuhalten.

In Teupitz, an der Gaststätte *Schenk von Landsberg* vorbei, führt eine Kastanienallee zum Wasserschloß. Teupitz ist ein Ort mit Backsteinkirche und Tante-Emma-Läden, üppig blühender Zaunwinde und Kräutchen Rührmichnichtan, die

Briefkästen sind mit Posthorn und preußischem Adler verziert. Als Fontane auf seinen Wanderungen durch die Mark hier vorbeikam, kehrte er zur Nacht bei Wirt und Bäcker Kaatsch ein wie wir zu Mittag und schrieb: »Unter allen Gewerksmeistern steht doch der Bäcker unserem inneren Menschen am nächsten.«

Die Besitzerin der Schloßboutique arrangiert Kleider auf Haken und Puppen, sie bittet mich einzutreten und klärt mich auf: »Das hier ist kein Schloß, das Sie besichtigen können. Heute ist es als Hotel und Restaurant in privater Hand, vor der Wende war's was ganz Offizielles, irgendein Erholungs- oder Schulungsheim der Partei. Da war der Eintritt für den kleinen Mann verboten.« Womöglich ist der zähnefletschende Porzellanhund in der Tür der Boutique damals aus Fleisch und Blut gewesen. Vor dem Eingangstor arbeiten zwei Elektriker in orangefarbenen Overalls an den Laternen. Einer hält die Treppenleiter, der andere fuchtelt mit dem Schraubenzieher in der Luft herum und erzählt: »Genau gesagt war das Schloß ein Nobelhotel für die SED-Bonzen. Die empfingen hier die sozialistischen Negerkönige aus Afrika, haben gefressen und gesoffen und wer weiß was gemacht. Wir zwei haben damals schon Lampen montiert, die waren nicht gerade so schick wie heutzutage, und unsere Klamotten auch nicht. Das ist aber auch alles.«

Die russische Militärzentrale Wünsdorf in der Zossener Heide ist seit einigen Tagen geräumt. Die Besatzungstruppe ist abgezogen, schreibt die Berliner Zeitung, das bewaldete Areal liegt verödet. Wir fahren eine Stunde lang an verrotteten Betonmauern entlang, die Stahltore sind geschlossen, die Wege von Panzerraupen durchfurcht. An versteckten Kreuzungen ragen hin und wieder skurrile Pfeiler mit kyrillischen Schriftzeichen aus dem Waldboden. Hinter einem Stacheldrahtzaun steht ein letzter Soldat, bleich im Gesicht und mit todernster Miene, das Käppi übers linke Ohr gezogen. Was wird aus ihm, was wird aus Rußland werden?

»Dieses Land mit seiner herrlich flektierten Sprache, die des Ausdrucks subtilster Nuancen der menschlichen Psyche fähig ist, mit einem unglaublichen ethischen Feingefühl ... hatte alle Voraussetzungen für ein geistig-kulturelles Paradies, für ein wahres Gefäß der Zivilisation. Statt dessen wurde es eine öde Hölle mit einem schäbigen materialistischen Dogma und kläglichen konsumorientierten Tastversuchen.« Das schreibt Joseph Brodsky in seinen »Erinnerungen an Leningrad« – nicht von der DDR und ihrer Sprache, auch nicht von den neuen Ländern, sondern von Rußland zur Zeit der sozialistischen Herrschaft. Brodskys Wortlaut samt Botschaft von der »herrlich flektierten Sprache« weist mit prophetischem Fingerzeig herüber in die Bundesrepublik (auch das Deutsche ist wie das Russische eine stark flektierte Sprache). Doch wo ist es geblieben, dieses Biegsame, dieses Elastische, dieses wortwörtlich Flexible unserer Sprache, seit man auch bei uns mit »kläglichen konsumorientierten Tastversuchen« nach und nach ein unaussprechliches Euro-Deutsch zurechtzimmert?

Schon vor sieben Jahren habe ich in einer Dankrede ausgeführt, jenseits von Politik und Wissenschaft und flottem Journalismus kämen in der Literatur Stimmen zur Sprache, die sonst nirgendwo zu vernehmen seien mit ihren körperhaften Atemzügen, die ja von ihrem Wesen und ihrer Verbreitung her eher ätherisch sein müßten. In der Literatur drücke sich das Verhältnisspiel dieser Welt und ihrer paradoxen Zusammenhänge eigentümlicher und nachhaltiger aus als sonst irgendwo in ablenkender Szenerie, in Hörsälen oder Schaubuden, im wissenschaftlichen Seminar oder im Bundestag. Und ich fragte Helmut Kohl, der in der ersten Reihe saß: »Warum schreibt der Bundeskanzler nicht einmal ein Hörspiel statt einer Regierungserklärung?«

Einfache und doppelte Begonien in Hülle und Fülle: Der Schloßgarten von Gotha ist eine blühende Landschaft für sich. Nimmt man das blaue Gitter des Fußgängerüberwegs am Stadteingang, die flieder- und malven- und rosenfarbenen neuen Autos im Straßenverkehr, die knallgelben Schriftzeichen von Teppich Frick und Lidl hinzu, dann entfaltet sich am Ende unserer Reise ein bunter thüringischer Strauß.

Die Zwiebeldächer auf den Ecktürmen des Schlosses gemahnen an Riesenknospen auf dicken Stempeln, goldgelb glänzen die Fensterblenden, aus steinernen Löwenmäulern fließt Wasser, die Pracht zu begießen. Barocke Kränze und Girlanden zieren die Decke der Schloßkirche, mit Rosen und Reihern bestickte Kissen türmen sich vor den Sitzbänken, die Küsterin im roten Kleid ist eine Paradiesblume. Die Lukas-Cranach-Ausstellung, Vater und Sohn, im Schloßmuseum zeigt Bildnisse der Kaiser und Kurfürsten, Erzengel Michael als Seelenwäger und Martin Luther mit der Warze über der linken Augenbraue als Seelenfänger. Ein Augenschmaus in 157 kleinen und großen Bildern ist der Gothaer Tafelaltar und auch das Urteil des Paris, das die drei Grazien mit breiten Cranach-Hüften, ausladenden Cranach-Bäuchen und knospigen Cranach-Brüstchen zeigt. Das Gemälde »Verdammnis und Erlösung« ist ein erzählendes Bild, das sich sogar der Worte bedient. Es schließt sich ein Kreis: Die Bilder Lukas Cranachs des Älteren und Jüngeren sind in der Wittenberger Werkstatt entstanden, die nicht mehr lange in Trümmern liegt.

Vom Schloßhof wenden wir uns zur Stadt, die am Fuße der weitläufigen Treppenanlage beginnt. Ernst dem Frommen in Bronze läuft seit Jahren schon ein Rinnsal Grünspan vom Mittelscheitel über die Stirn, das Kainsmal der Unvergänglichkeit. Das Rathaus, neu renoviert, blüht ochsenzungenrot, und in den Schaufenstern der Lessing-Buchhandlung schwellen die Schutzumschläge der Herbsttitel in den grellsten Farben. In der Konditorei am Marktplatz mustert ein alter Mann die reiche Palette der Torten, zeigt auf eine davon und fragt mindestens ein dutzendmal: »Ist das Heidelbeer?« Ganz Gotha ist auf den Beinen und genießt den warmen Freitagnachmittag. Auf einem Plakat lesen wir: »Kopfüber ins Glück!«

Die großen Städte haben wir gemieden, um Berlin einen weiten Bogen gemacht. Und doch: Bei einem Blitzbesuch in Berlin, zwei Wochen nach unserer Reise, sprach ich mit einem Taxifahrer und bekam so etwas wie ein Urteil zu hören. Ich hatte für einen Tag in Berlin zu tun, fuhr mit ihm vom Literaturhaus zum Flughafen Tempelhof und trug ein paar Prospekte unterm Arm, auf denen Motive brandenburgischer Schlösser zu sehen waren. »Kommen Sie aus der alten Zone?« fragte er. »Haben Sie eine Reise in die blühenden Landschaften gemacht?« Das sei vor kurzem geschehen, sagte ich, doch er kam jedem Versuch einer Schilderung von mir zuvor und entschied, knapp und doch mit einer unbeugsamen Dreistigkeit: »Ich kenn' ja das ganze Umland überhaupt nicht. Ich kenn' nur die Bahamas und Thailand, wo es die knusprigen Mädchen gibt. Das genügt mir vollauf. Und Sie? Haben Sie da drüben was Besonderes gesehen?« Ich erzählte ihm, was mir gerade einfiel. Aber er hörte nur mit einem halben Ohr zu, lächelte süffisant und antwortete: »Alles schön und gut, aber die Begeisterung der Leute ist weg. Jetzt kommt das Finanzielle, das ist die Wahrheit, und die ist hart.«

Lesereise mit Meisterwerken

»Bald ziehen die Jäger aus!« ruft der dänische Schriftsteller Svend Fleuron, »es wird dünn in den munteren Scharen um die Table d'hôte-Aufsätze herum ... wie Vogelflüge ziehen die Herrschaften ab, sobald die Luft rauh und das Wasser kalt wird, um den großen Kulturzentren zuzueilen, wo es zur Überwinterung wohlig und hell und lustig ist ...!« Da ziehen die Sommergäste aus. Da ziehen die Jäger aus. Da ziehen die Schriftsteller aus. Ihr neuer Roman ist auf der Herbstmesse erschienen, nun packen sie ihn in die Reisetasche und müssen bis in den Winter hinein von zu Hause fort sein, um in der Fremde daraus vorzulesen. Auch ich begebe mich auf Lesereise mit meinem neuen Buch »Wer mit den Wölfen heult, wird Wolf«, begierig zu erfahren, wie man im größeren Deutschland die Erzählung einer Befreiung aufnimmt.

Thomas Mann, per Schiff unterwegs nach Amerika, versorgte sich mit Reiselektüre in orangefarbenen Leinenbändchen zu einer »Meerfahrt mit Don Quijote« – ich selbst, mit der Bahn unterwegs, von Kiel bis München, von Aachen bis Frankfurt an der Oder mein Wolfsgeheul auszustoßen, habe mir zur Stillung meiner Leselust den dtv-Band mit Erzählungen aus dem 19. Jahrhundert in die Tasche gesteckt zu einer Lesereise mit Meisterwerken. Ich folge sogar den Jägern, die auch mir vorausgezogen sind, Weidmänner aus der Dichterfeder: der Jäger Renald aus Eichendorffs »Schloß Dürande«, der ungarische Major aus Stifters »Brigitta«, der Oberstleutnant vom russischen Jägerkorps aus Kleists »Marquise von O...«.

Ich reise und lese. Auf dem Buchumschlag ist ein lesendes Mädchen zu sehen: Es sitzt in alter Bauernstube auf einem Stuhl, die Haare zu einem flachen Knoten geschürzt, braungebrannt, barfuß. Ich bilde mir ein, das Mädchen zu kennen.

Obwohl schon 1884 gemalt, sieht es aus wie eine Schülerin von mir aus den fünfziger Jahren, die mich an Tage gründlichen Lesens und Vorlesens erinnern. »Phantasie haben heißt nicht, sich etwas ausdenken; es heißt, sich aus den Dingen etwas zu machen«, schreibt Thomas Mann auf seiner Meerfahrt, »und das ist natürlich nicht weltmännisch.« Da mir jedoch diese »unterhaltliche, aber provinzielle Gabe der Phantasie zuteil wurde«, ziehe auch ich voller Neugier die Augenbrauen hoch und wundere mich über die Sonderbarkeiten der Menschen- und Weltgeschicke.

Mit Eichendorffs »Schloß Dürande« geht die Zugfahrt rheinabwärts von Mainz nach Köln: Im Geratter der Waggons über die Binger Brücke tönen die Gewehrsalven der provenzalischen Revolutionäre auf, werden lauter und schärfer, lösen das Räderrollen ab und erfüllen den Kopf mit stakkatoähnlichem Hämmern. Burg Katz und Burg Maus, Schloß Liebeneck und Schloß Stolzenfels, hintereinandergestellt wie die Ruinen auf einem Rheinpanorama, verwandeln sich lesend in Eichendorffs Phantasieschloß: Im Kopf entfaltet sich das Bild einer deutschen Provence mit schlagenden Nachtigallen und zirpenden Heimchen in mondbeglänzten Wäldern hoch über der Stadt Marseille. Waldhörner schallen, verspätete Wandervögel ziehen über den Berg, vom stillen Glanz der Ferne schwatzend. Durch die Felder fliegt Altweibersommer, ein Fluß rauscht in der Tiefe – es ist längst nicht mehr der deutsche Rhein. Im turbulenten Phantasiespiel der Erzählung treten die Gestalten wie Schauspieler zwischen die Kulissen eines Verwechslungsdramas: Nach schicksalhafter Mißachtung und Verkennung fällt sich das gewaltsam getrennte Brautpaar endlich in die Arme, der Braut flimmert's beseligend vor Augen, daß nun alles, alles wieder gut ist, da pfeift plötzlich eine Kugel durchs Fenster herein, und der Bräutigam greift sich sterbend ans Herz. »Du aber hüte dich, das wilde Tier in dir zu wecken in der Brust«, mahnt der Dichter, »daß es nicht plötzlich ausbricht und dich selbst zerreißt.«

Weiter geht es nach Köln. In der Hohe Straße steht ein Akkordeonspieler: Raubvogelgesicht mit pechschwarzem Haar und glühenden Augen, gelbhäutig, rappeldürr. Er spielt die »Donauwellen« von Ivanovici, greift mit breit gespreizten Fingern eine volle Oktave, zieht alle Register und transponiert die Melodie in die abwegigsten Tonarten. Er schwenkt sein Instrument in weit ausholenden Armschwüngen, als sei er einer der durchziehenden Zigeunermusikanten aus Stifters »Brigitta«. Beim abendlichen Weiterlesen versinke ich in der Geschichte jener rätselhaften Frau, deren Erscheinung den Dichter mitten im Erzählen beunruhigt, ja verwirrt: »In dem Angesichte eines Häßlichen ist für uns oft eine innere Schönheit, die wir nicht auf der Stelle von seinem Werte herzuleiten vermögen, während uns oft die Züge eines anderen kalt und leer sind, von denen alle sagen, daß sie die größte Schönheit besitzen.« Zwei Liebende, eine häßliche Frau und ein schöner Mann, finden auf Ab- und Umwegen zueinander, keine Psychologie entschlüsselt dieses Geheimnis, nur im Erzählen beweist sich Glaubwürdigkeit.

Wie oft trifft man auf Spitzfindige, die das Unerklärbare für erklärbar erklären: Einmal wollen meine Zuhörer von mir wissen, was wahr und was wirklich ist; ein andermal erwägen sie, ob Erinnerung womöglich nicht Erfindung ist; in Köln zerbrechen sie sich den Kopf über den Unterschied von Vergessen und Verdrängen. Ich habe mich mit Alexander Szombati verabredet, dem ungarischen Schriftsteller und Journalisten, der in Brüssel lebt und einen Film über den Judenmord dreht. Im Bahnhofscafé sitzt er mir gegenüber, zurückgekämmtes rötlichgraues Haar, blaue Augen über melancholischen Tränensäcken, rechteckiger Siegelring mit prächtigen Initialen. Er bittet mich um einen Beitrag zu seinem Film, erhebt sich nach unserem Gespräch theatralisch von seinem Stuhl, sagt in seinem säuselnden Pußtadeutsch: »Sie haben mir zwei Stunden Ihres Lebens geschenkt« – und verbeugt sich tief, als sei er der weltmännische Major, Stifters Novelle entsprungen.

Diese Erzählung begleitet mich nächsten Tags weiter vom Rheinland nach Bayern. In Pfaffenhofen meint eine Zuhörerin, die sich als Kinderärztin zu erkennen gibt: »Wie Sie erzählen, ist ja erschütternd, aber die Psychologie verlangt nach einer Hierarchie der erzählten Ereignisse. Sie pocht mit Recht auf Freilegung der Wurzeln verborgener Antriebe und läßt nicht damit nach.« Die Seelenkunde habe ja manches beleuchtet und erklärt, lese ich in Stifters Novelle, aber vieles sei ihr dunkel und in großer Entfernung geblieben, liege in einem unermeßlichen Abgrund. »Die Dichtkunst in kindlicher Unbewußtheit lüftet ihn zuweilen«, erzählt Stifter, »aber die Wissenschaft mit ihrem Hammer und Richtscheite steht häufig erst an dem Rande, und mag in vielen Fällen noch gar nicht einmal Hand angelegt haben.«

Vielleicht ist es der Strom des Vergessens, der durch diesen Abgrund fließt. Wem gelingt es schon, das Schreckliche vergessen zu machen, in das der eine hineinsteigt und das der andere trinkt? Beides tut seine Wirkung: Die griechischen Helden tauchten in den Strom Lethe, Jean Paul besprengte seine grauen Zellen mit Bayreuther Bier. In Bronze gegossen, Notizbuch und Schreibstift in den Händen, steht er in Bayreuth auf seinem Denkmalsockel, der Bierbauch strammt den Überrock und läßt ihn tiefe Falten schlagen. In der Frühsonne spaziere ich hinaus zur Rollwenzelei, wo Jean Pauls Bierkrug und Tintenfaß an ihrem alten Platze stehn, schlendere die Laubengänge und Boskettallee hinab zum Märchenschloß der Eremitage, das aus Tausenden von blauen und grünen Glassplittern gemauert ist. Es ist Spätherbst, »das grünende Lustlager« des Siebenkäs, im Sommer von blühenden Blumen überrankt, ist nun mit gelben und roten Blättern aufgeschüttet: Hier war er der häßlichen Welt entronnen und konnte ungestört die stillen Arten des Scheintods sterben im Heilschlaf des Vergessens. In Bayreuth und in Bamberg rede ich mit meinen Zuhörern bis in die Nacht hinein vom heilenden Wachsein des Schreibens, denn, meint Jean Paul, es sei »mehr das poetisch Vorgemalte als das wirklich im Dreck Dastehende«, das den Menschen bewege. Die Sprache erschafft eine vorgestellte Welt, in der die Wirklichkeit erhellender aufglänzt als in engstirniger Tatsachenhuberei.

Auf der Fahrt über Hannover und Magdeburg nach Berlin klingt mir die Jean Paulsche Schöpfungslust aus der Erzählung »Die Majoratsherren« in der romantischen Ironie Achim von Arnims entgegen: »Ich kann genau unterscheiden, was ich mit dem Auge der Wahrheit sehen muß, oder was ich mir gestalte.« Ein fast beiläufig geäußerter Satz des Majoratsherrn, doch ein unscheinbares Passepartout, das einer poetischen Verwandlungskunst Tür und Tor öffnet in die Phantasiewelt der Hellseherei und Geisterbeschauung. Beschwörungsformeln einer orientalischen Geheimlehre spuken in den grotesken Liebesbeziehungen einer besseren Gesellschaft, die sich den Ausschweifungen eines bizarren Hochzeitsmahls hingibt. Katzen und Hunde tafeln an reichgedeckten Tischen, einige wischen ihre schmutzigen Pfoten am großen Wappen des Majorats-Damastgedecks ab. Die Unmäßigkeit dieser Freßorgie treibt mich zum Frühstück zu *Aschinger*: Dort gibt's ein Rieseneisbein, mindestens tausend Gramm, Sauerkraut mit Speck und Stampfkartoffeln. Ich aß appetitlos nur ein Butterbrötchen und hörte lieber dem unverständlichen Gebrabbel eines schon in aller Herrgottsfrühe Betrunkenen zu: Meine Lesung im Literaturhaus am Abend zuvor hatte ein paar Freunde auf die Beine gebracht, die das Gestaltete gleichfalls mit dem Ohr genossen. Jedes Wort fand seinen Weg ins Kleinhirn, das ja geschaffen ist, die Balance zu halten.

Im IC von Berlin nach Kiel lese ich Theodor Storms Novelle »Hans und Heinz Kirch«. Es ist die Geschichte eines Vaters, Schiffer und emporgekommener Deputierter in Heiligenhafen, der Großes mit seinem Sohn vorhat, ihn aber hartherzig aus dem Hause ekelt. In Kiel miete ich ein Auto und fahre nach Heiligenhafen. Der stumpfe Turm schaut noch immer auf die Ostsee hinaus, wo sich ein paar Kabellängen vom Ufer entfernt die schmale Landzunge des Stein- und Graswarders quer am Meerstrand hinstreckt. Immer noch hängt der Schwanz des Riesenfisches, den ein Heiligenhafener Fischer Anno siebzig gefangen hat, zum Gedächtnis über der Rathaustür: Doch die Tür ist hoch, und ich kann von unten her nicht nachprüfen, ob der Walschwanz fachmännisch präpariert oder eine kunstvoll gewirkte Trophäe aus Seemannsgarn ist.

Und immer noch prangt die Marmorbüste des stattlichen Schiffskommandeurs in gewaltiger Allongeperücke an der Kirchenwand, wo Vater Kirch sie von der Empore des Schifferstuhls her neidvoll betrachtete und Hoffnung faßte, auch sein Sohn Heinz werde einst diese Ehrung erfahren. Ich steige die Stufen zum Schifferstuhl hoch und setze mich in die erste Bankreihe: Man muß allerdings ein großgewachsener Norddeutscher sein, damit man über die Brüstung hinweg den Kopf des Pastors auf der Kanzel sehen kann, und wenn man das Marmorhaupt mit der gelockten Perücke im Blick haben will, darf man nicht hinter einer der beiden massigen Säulen sitzen. Zur Mittagszeit, umgeben von gemalten Seestücken und aufgepinnten Schifferknoten, esse ich im *Café am Markt* ein Vesperbrot und lese Storms Erzählung zu Ende. Heinz Kirch war nicht wiedergekommen. Vater und Braut schlenderten am Ufer hin, warteten und alterten. »Er ist tot«, sagte der Alte, »ich weiß es jetzt gewiß; aber – in der Ewigkeit, da will ich meinen Heinz schon wiedererkennen.« Inzwischen sind auf dem Steinwarder, wo die jungen Leute sich einst auf Karussells und in Jahrmarktsbuden amüsiert hatten, Hotels und Seniorenhäuser, das Chinarestaurant und die *Schinkenkate*, der *Dünenhof* und der Nachtclub *Kiki* in die Höhe geschossen, die Vater-Sohn-Konflikte werden in illustrierten Zeitungen und Boulevardblättern abgehandelt.

»Wie sind Sie eigentlich in den endvierziger Jahren mit Ihrem Vater zurechtgekommen?« fragt anderntags ein junger Mann nach meiner Lesung im Kieler *Katharinenhof*. »Sie wollten sich doch sicher nicht von einem preußisch gedrillten und amusisch geratenen Vater die Jugend verderben lassen.« Ich hatte in Kiel leider keine Hans-und-Heinz-Kirch-Geschichte zu bieten, in der ein harter Vater schreit und prügelt und Bücher in die Ecke wirft. Als wir uns hätten wer weiß worüber auseinandersetzen müssen, lebten wir getrennt voneinander. Vater war im Krieg, ich studierte auf einer Internatsschule. Und nach dem Krieg war's zu spät dafür: Gemeinsam beschäftigten wir uns mit dem Neuen, das auf uns einstürmte. Es ist schwer zu erklären, daß ein verpaßter Vater-Sohn-Konflikt nicht nachgeholt werden kann. Nur im wahrhaftigen Erzählen schließt sich das Geheimnis eines Streites auf, auch eines ausgebliebenen.

Mit dem Interregio durchs Elb- und Havelland zurück nach Berlin; mit dem Regionalexpreß durch den märkischen Kiefernforst nach Frankfurt an der Oder. Herbstliches Blattgelb der Birke hellt das dunkle Nadelgrün der Kiefern auf, das sich durch schnurgerade parallele Baumreihen im tiefsten Schwarz verliert. Ich lese Gerhart Hauptmanns Novelle, worin Bahnwärter Thiel seine Frau und deren Söhnchen erschlägt – die Frau hatte den Tod seines Sohns aus erster Ehe fahrlässig verschuldet: Und lesend phantasiere ich mir den von Not und Leidenschaften getriebenen Menschen herbei. Mir ist zuweilen, als träte er bei jeder Station an die Schranke und bückte sich nach der Kurbel.

Doch die Vor- und Hauptsignale sind automatisch geschaltet, kein Bahnwärter Thiel arbeitet an der Strecke, wo sich an Bahnübergängen halbseitige Schranken mit blitzenden Katzenaugen wie von Geisterhand gezogen öffnen und schließen. Wo tappte er täglich durch den Forst, wo stand sein Bahnwärterhäuschen wirklich? Bei Erkner, bei Hangelsberg, bei Fürstenwalde? Oder stand es bei Berkenbrück, bei Briesen, bei Jacobsdorf? Es gibt ein Neu-Zittau an der Spree, doch die Kolonie Schön-Schornstein, wo Thiel mit seiner ersten Frau gewohnt haben soll, suche ich vergebens. Auch die emsigen Literaturtopographen, die Thiels Wohnung und Bahnwärterhäuschen schon in den zwanziger Jahren gesucht haben, standen verwirrt an der Bahnlinie und forschten vergebens nach dem Tatort.

Manchmal tritt der Wald zurück, macht einer braunen Steppe Platz, und man vermutet, hier könnte gut und gerne das sandige Kartoffelstück Thiels gelegen haben. Manchmal führt ein aufgeweichter Sandweg zu einem Teich, an dem das Söhnchen gespielt haben könnte, doch die regelmäßigen Aufschüttungen an den Rändern weisen die Krater als mit Regenwasser gefüllte Granattrichter des Zweiten Weltkrieges aus. Hier ein ausrangierter Schäferkarren zwischen Viehhürden, dort ein alter Trabbi an der Müllhalde, Raben auf den Telegraphenstangen, Birkhühner am Bahndamm. Thiels Häuschen stand überall und nirgendwo, so wie diese schauderhaft banalen Katastrophen überall und nirgendwo geschehen, alltägliche Schicksalsschläge, von deren Erzählung die zeitgenössische Kritik nicht das geringste hielt: »Bietet unser Zeitalter wirklich nichts, was der Aufgabe eines Dichters würdiger wäre?« Als hinter Pillgram sich mein Zug den Vororten von Frankfurt an der Oder näherte, goß die Sonne ihre letzte Glut über den Forst. Wie aus der Feder Gerhart Hauptmanns bestellt, streckten die Stämme der Kiefern sich zwischen die Wipfel, ein bleiches, verwestes Gebein. Ein verspätetes Rosengewölk verfärbte sich, bleigraue Wolken schoben sich rasch vor die Sonne, und in Frankfurt regnete es schon.

Im Kleist-Museum betrachtete ich mir die Radierung von Heinz Zander aus dem Jahre 1968, seine Illustration zur »Marquise von O...«: Auf der einen Seite Vater, Mutter und Bruder, hoch zugeknöpft, auf der anderen die Marquise, tief dekolletiert. Zwischen ihnen geht ein Riß durch die Tapete, die Wand, die ganze Familie. Es ist der Augenblick, in dem die Marquise sich auf sich selbst besinnt und, will sie nicht untergehen, jäh von der Familie trennt: »Durch diese schöne Anstrengung mit sich selbst bekannt gemacht, hob sie sich plötzlich, wie an ihrer eigenen Hand, aus der ganzen Tiefe, in welche das Schicksal sie herabgestürzt hatte, empor.« Doch der Dichter Kleist, bei aller scheinbaren Sympathie für seine erfundene, durch virtuose Gestaltung ihm selbst gehörende Figur, leidet nicht mit ihr. Er, dem man es am wenigsten zugetraut hätte, freut sich seiner poetischen Schöpfungslaune im »unerhörten Spiel« wie Schiller vor ihm, wie Kafka nach ihm. Auf den Vorwurf einer Kritik, die Personen seiner Geschichte benähmen sich alle so inkonsequent, albern, selbst moralisch unmoralisch, daß für keinen Charakter irgendein Interesse gewonnen werden könne, antwortet er beißend spöttisch in einem Epigramm: »Dieser Roman ist nicht für dich, meine Tochter. In Ohnmacht! / Schamlose Posse! Sie hielt, weiß ich, die Augen bloß zu.«

Ich las im Kleist-Museum zu Frankfurt an der Oder, in der Stadtbibliothek von Leipzig, im Volkstheater von München: Überall las ich Kapitel meines Romans, in denen ich davon erzähle, wie ein junger Mensch nach Jahren der Verführung ein zweites Leben beginnt. Jedesmal geht's ums Freiwerden, ums Neuwerden, ums Anderswerden des Hitlerjungen von einst. Im Rittersaal des Schlosses von Idstein, dem Speiseraum der damaligen nationalsozialistischen Lehrerbildungsanstalt, las ich Auszüge aus dem Jazzkapitel, worin der Satz vorkommt: »Diese unbefangene Lässigkeit, einen musikalischen Einfall nach Lust und Laune auszuspinnen, erweckte in mir eine Idee von Freiheit, wie ich sie nie zuvor verspürt hatte« – ein verspäteter Skandal mit umgekehrten Vorzeichen, denn hier spielte, sang und tanzte ich nach der Trillerpfeife und hatte keine Ahnung von wahrhaftiger Freiheit.

Jetzt spielte hier die saarländische Jazz-Combo »Safer Sax«, eine junge Frau und vier junge Männer mit Posaune und Saxophonen, frisch und unbefangen, als gäbe es diese beschworene Freiheit schon bis in den hintersten Winkel der Welt. Zwischen den Säulen des Rittersaals sprangen die Töne und Wörter hin und her, prallten ab von den gewölbten Wänden und verebbten ohne scheppernden Nachhall. Sie musizierten wie der arme Spielmann von Grillparzer, der des Abends ohne Noten aus der Einbildung spielt – weil er die Gesetze der Harmonie kennt. Eine Posaune und vier Saxophone phantasierten über das Thema Freiheit.

Als Thomas Mann mit Don Quijote übers Meer fuhr,

waren sie im Deckorchester auch zu fünft: Ein Potpourri aus »Carmen« und eine »Traviata«-Fantasie hatten sie im Repertoire, in ehrgeizigen Fällen ahmten ihre Teepiecen sogar Puccini nach. Der Schriftsteller las derweilen ein Werk der Weltliteratur, kopfschüttelnd über die weitverbreitete Meinung, »was man auf Reisen lese, müsse vom Leichtesten und Seichtesten sein, dummes Zeug, das die Zeit vertreibe«. Ich lese deutsche Meistererzählungen aus dem vergangenen Jahrhundert, kunterbunt durcheinandergewürfelt und doch alle in eigenartiger Verkettung miteinander auf mich selbst bezogen, als spinne sich ein geheimer Faden durch diese Geschichten wie die Tonfolgen einer Melodie, manchmal festgelegt in strenger Partitur, manchmal frei in der Ausführung des Themas.

Meine Lesereise endet im Rheingau. Zusammen mit Wolfram Siebeck trete ich in Felix Krulls Geburtshaus auf. Im Garten gibt es immer noch die von Thomas Mann beschriebenen Springbrunnen und entzückenden Kaskaden, anstelle der Zwerge und Pilze und des täuschend nachgeahmten Getiers aus Steingut posieren moderne Plastiken, Mitteldinger zwischen lasziv vorgestülpten Lippenpaaren und Tentakeln fleischfressender Pflanzen. In einem der kunstreich renovierten Sälchen der Villa, in der Felix Krulls Vater die untergegangene Sektmarke »Lorley extra cuvée« erzeugte, lesen wir Geschichten vom Essen und Trinken, jeder auf seine Weise.

Es ist Winter geworden. Mit den Jägern war ich ausgezogen, beim Wildbraten findet die Reise ihr Ende. Zu Erbach im Hotel *Schloß Reinhardtshausen*, wo es »zur Überwinterung wohlig und hell und lustig ist«, war für anderthalb Dutzend Gäste die Tafel gedeckt: Eine verfeinerte, eine wahrhaft höhere Stufe der Table d'hôte – über die unsere träumerischen Blicke hinwegschweiften und durch die wir uns vielgängig hinschlemmten vom Langustinen-Sushi mit marinierten Gurken in Kaviarvinaigrette und Agnolotti in Spinatsauce und Albatrüffeln über Cassolette von Wildkaninchen und Kalbsbries auf gebratener Kichererbsenpolenta in Artischokkensauce und Rehcarrée mit Hirschmark und Rosmarin gratiniert mit Rotwein-Zwiebel-Marmelade und sautiertem Rosenkohl bis zu lauwarmer Schokoladentarte mit Physalis-Mango-Grütze und Bananensorbet. Jeder stöhnt, jeder schnauft, jeder rätselt an den geheimnisvollen Speisen herum. »Wie kommt das Ei zu den Albatrüffeln?« fragt eine Dame. »Wo ist das Hirschmark?« fragt ein Herr. Es gab Menschen bei Tisch, die das Langustinen-Sushi für rohen Fisch hielten und das Kaninchen für Gemüse. Während Siebeck den Kopf schüttelte über soviel gastronomische Ignoranz, wurden alle anderen rund und stattlich und sahen gar nicht mehr träumerisch aus.

Quellennachweise

Dieses Buch ist ein Lesebuch. Die einzelnen Lesestücke sind Auszüge aus Reisetagebüchern und Reisegeschichten, die zum großen Teil in Zeitungen und Zeitschriften erschienen sind.

»Die Rosen blühen wie dazumal. In Theodor Storms Landschaft.« In: MERIAN, 38. Jhg., Nr. 12, 1985.

»Zwischen Sansibar und Samoa. Ein Frühlingsbrief von der Insel Sylt.« In: DIE ZEIT Nr. 18, 24. 4. 1992.

»Promenade mit Fräulein Annette. Ein Herbsttag auf Schloß Hülshoff.« In: MERIAN, 39. Jhg., Nr. 9, 1986.

»Schade um die schönen Rosen. Bei Agnes Bernauer in Straubing.« In: MERIAN, 39. Jhg., Nr. 11, 1986.

»Es war ein Leuchten und Flimmern. Worpsweder Tagebuch.« Geschrieben 1991, Erstdruck. Auszugsweise veröffentlicht in: DIE ZEIT Nr. 48, 22. 11. 1991.

»Ein Dichter im Elsaß. Mit Jakob Michael Reinhold Lenz durchs Gebirg.« In: MERIAN, 33. Jhg., Nr. 7, 1980.

»Spaziergänge mit Flaubert. Ein Frühling in der Bretagne.« In: MERIAN, 35. Jhg., Nr. 8, 1982.

»Tristesse und schöner Schein.« In: MERIAN, 44. Jhg., Nr. 9, 1991.

»Mohn und Stoppelfeld. Spurensuche im Niemandsland.« In: Süddeutsche Zeitung Nr. 213, 16./17. 9. 1989.

»Austiner Torte. Geschichten aus dem texanischen Tagebuch.« Geschrieben 1982, Erstdruck. Teilweise veröffentlicht in verschiedenen Zeitungen und Zeitschriften.

»Pfannkuchen à la Peter der Große.« In: Saarbrücker Zeitung Nr. 110, 12./13. 5. 1994 und Nr. 116, 20. 5. 1994.

»Was bleibt vom eigentlichen Leben? Auf Shelleys Todesspur im Ligurischen Meer.« In: MERIAN, 37. Jhg., Nr. 3, 1984.

»So fern vom Leben. Bei Friedrich Nietzsche in Sils-Maria.« In: MERIAN, 34. Jhg., Nr. 2, 1981.

»Ein Herbsttag mit Julie. Auf den Fußstapfen der Neuen Heloise.« In: MERIAN, 37. Jhg., Nr. 8, 1984.

»Das ganze Deutschland soll es sein!« Erster Teil veröffentlicht in: Wochenpost Nr. 48, 24. 11. 1995, zweiter Teil unter dem Titel »Brüder, fliegt von euren Sitzen!« in: Der Tagesspiegel Nr. 15137, 31. 12. 1994/1. 1. 1995. Vom 26.–30. 9. 1994 in der Sendung »Infozeit« bei SR 1 Europawelle (Saarländischer Rundfunk).

»Lesereise mit Meisterwerken.« In: Süddeutsche Zeitung Nr. 32, 8./9. 2. 1997.

Inhalt